동아출판이 만든 진짜 기출예상문제집

특급기출

기말고사

중학 영어 2-2

How to Study

이 책의 구성과 특징

STEP A 영역별로 교과서 핵심 내용을 학습하고, 연습 문제로 실력을 다집니다. 실전 TEST로 학교 시험에 대비합니다.

Words 만점 노트
교과서 흐름대로 핵심 어휘와 표현을 학습합니다.

Words Plus 만점 노트
대표 어휘의 영어 뜻풀이 및 다의어, 반의어 등을 학습하며 어휘를 완벽히 이해합니다.

Words 연습 문제 &
Words Plus 연습 문제
다양한 유형의 연습 문제를 통해 어휘 실력을 다집니다.

Words 실전 TEST
학교 시험 유형의 어휘 문제를 풀며 실전에 대비합니다.

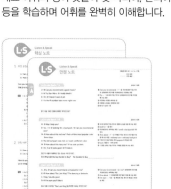

Listen & Speak 핵심 노트
교과서 속 핵심 의사소통 기능을 학습하고, 시험 포인트를 확인합니다.

Listen & Speak 만점 노트
교과서 속 모든 대화문의 심층 분석을 통해 대화문을 철저히 학습합니다.

Listen & Speak 연습 문제
빈칸 채우기와 대화 순서 배열하기를 통해 교과서 속 모든 대화문을 완벽히 이해합니다.

Listen & Speak 실전 TEST
학교 시험 유형의 Listen & Speak 문제를 풀며 실전에 대비합니다. 서술형 실전 문항으로 서술형 문제까지 대비합니다.

Grammar 핵심 노트
교과서 속 핵심 문법을 명쾌한 설명과 시험 포인트로 이해하고, Quick Check로 명확히 이해했는지 점검합니다.

Grammar 연습 문제
핵심 문법별로 연습 문제를 풀며 문법의 기본을 다집니다.

Grammar 실전 TEST
학교 시험 유형의 문법 문제를 풀며 실전에 대비합니다. 서술형 실전 문항으로 서술형 문제까지 대비합니다.

Reading 만점 노트
교과서 속 읽기 지문을
심층 분석하여 시험에
나올 내용을 완벽히
이해하도록 합니다.

Reading 연습 문제
빈칸 채우기, 바른 어휘·어법 고르기, 틀린 문장
고치기, 배열로 문장 완성하기 등 다양한 형태의
연습 문제를 풀며 읽기 지문을 완벽히 이해하고,
시험에 나올 내용에 완벽히 대비합니다.

Reading 실전 TEST
학교 시험 유형의 읽기 문제를
풀며 실전에 대비합니다. 서술형
실전 문항으로 서술형 문제까지
대비합니다.

**기타 지문 만점 노트 &
기타 지문 실전 TEST**
학교 시험에 나올 만한 각 영역의
기타 지문들을 학습하고 실전
문제를 풀며 시험에 빈틈없이
대비합니다.

STEP B 내신 만점을 위한 고득점 TEST 구간으로, 다양한 유형과 난이도의 학교 시험에 완벽히 대비합니다.

고득점을 위한 연습 문제
- Listen & Speak 영작하기
- Reading 영작하기

영작 완성 연습 문제를 통해, 대화문과
읽기 지문을 완벽히 암기합니다.

고득점 맞기 TEST
- Words 고득점 맞기   - Listen & Speak 고득점 맞기
- Grammar 고득점 맞기   - Reading 고득점 맞기

고난도 문제를 각 영역별로 풀며 실전에 대비합니다.
수준 높은 서술형 실전 문항으로 서술·논술형 문제까지
영역별로 완벽히 대비합니다.

서술형 100% TEST
다양한 유형의 서술형 문제를
통해 학교 시험에서 비중이
확대되고 있는 서술형 평가에
철저히 대비합니다.

내신 적중 모의고사 학교 시험과 유사한 모의고사로 실전 감각을 기르며, 내신에 최종적으로 대비합니다.

[1~3회] 대표 기출로 내신 적중 모의고사
학교 시험에 자주 출제되는 대표적인 기출 유형의
모의고사를 풀며 실전에 최종적으로 대비합니다.

[4회] 고난도로 내신 적중 모의고사
학교 시험에서 변별력을 높이기 위해 출제되는
고난도 문제 유형의 모의고사를 풀며 실전에
최종적으로 대비합니다.

오답 공략
모의고사에서 틀린 문제를 표시한 후, 부족한
영역과 학습 내용을 점검하여 내신 대비를
완벽히 마무리합니다.

Contents 차례

Special Lesson 2　　Frindle

정답 및 해설

The future belongs to those who believe in the beauty of their dreams.

- Eleanor Roosevelt -

Lesson

7

Can I Trust It?

Words

만점 노트

☆ 자주 출제되는 어휘

* 완벽히 외운 단어는 □ 안에 √표 해 봅시다.

Listen & Speak

□□ adventure	명 모험	□□ perfect	형 완벽한
□□ check out	~을 확인하다	□□ pocket	명 주머니
□□ difficult	형 어려운, 힘든 (= tough)	□□ popular☆	형 인기 있는
□□ else	부 또(그 밖의) 다른	□□ price	명 가격
□□ fantastic	형 환상적인, 굉장한	□□ side	명 옆(면), 측면
□□ main character	명 주인공	□□ recommend☆	동 추천하다
□□ meal	명 식사	□□ right now	지금, 지금 당장
□□ navy	명 남색 형 남색의	□□ touching	형 감동적인 (= moving)
□□ number one	명 (인기 순위) 1위	□□ worth	형 ~의 가치가 있는
□□ favorite	형 매우 좋아하는 명 좋아하는 것(사람)	□□ yet	부 아직

Reading

□□ advertisement	명 광고 (= ad)	□□ including	전 ~을 포함하여
□□ award	명 상	□□ lie	동 거짓말하다 (-lied-lied)
□□ based on	~을 바탕으로	□□ make a choice☆	선택하다
□□ be full of	~으로 가득 차다	□□ mix	동 섞다
□□ belief	명 신념, 믿음	□□ mix A with B	A와 B를 섞다
□□ choice	명 선택	□□ opinion☆	명 의견
□□ connection	명 관련성, 연관성	□□ prove☆	동 증명하다
□□ difference☆	명 차이(점) (↔ similarity)	□□ purple	명 보라색, 자색
□□ explain☆	동 설명하다	□□ rest	명 나머지
□□ express☆	동 나타내다, 표현하다	□□ simple	형 간단한, 단순한 (↔ complex)
□□ fact☆	명 사실	□□ trust	동 신뢰하다, 믿다
□□ follow	동 이해하다	□□ truth	명 진실, 사실
□□ for example	예를 들어	□□ unlike☆	전 ~와 달리
□□ from now on	지금부터	□□ wisely	부 현명하게
□□ hold on	기다리다	□□ win	동 (상을) 타다 (-won-won)

Language Use

□□ heavy	형 무거운	□□ solve	동 (문제 등을) 풀다, 해결하다
□□ miss	동 놓치다, 그리워하다	□□ wake up	(잠에서) 깨다
□□ lift	동 들어 올리다	□□ whole	형 전체의, 전부의

Think and Write · Project

□□ especially	부 특히	□□ review	명 논평, 비평
□□ fantasy	명 공상	□□ strongly	부 강력하게
□□ friendship	명 우정	□□ traditional	형 전통적인

연습 문제

A 다음 단어의 우리말 뜻을 쓰시오.

01 prove _____

02 unlike _____

03 adventure _____

04 solve _____

05 express _____

06 fact _____

07 meal _____

08 review _____

09 whole _____

10 touching _____

11 side _____

12 lie _____

13 award _____

14 yet _____

15 else _____

16 lift _____

17 fantastic _____

18 advertisement _____

19 miss _____

20 follow _____

B 다음 우리말에 해당하는 영어 단어를 쓰시오.

21 선택 _____

22 인기 있는 _____

23 전통적인 _____

24 차이(점) _____

25 ~을 포함하여 _____

26 주인공 _____

27 ~의 가치가 있는 _____

28 좋아하는 것(사람) _____

29 섞다 _____

30 의견 _____

31 설명하다 _____

32 (인기 순위) 1위 _____

33 신뢰하다, 믿다 _____

34 주머니 _____

35 관련성, 연관성 _____

36 추천하다 _____

37 간단한, 단순한 _____

38 나머지 _____

39 특히 _____

40 (상을) 타다 _____

C 다음 영어 표현의 우리말 뜻을 쓰시오.

01 make a choice _____

02 hold on _____

03 check out _____

04 for example _____

05 based on _____

06 from now on _____

07 right now _____

08 mix A with B _____

Words Plus
만점 노트

영어 뜻풀이

☐☐	advertisement	광고	a notice, picture, or short film telling people about something
☐☐	award	상	a prize such as money, etc. for something that somebody has done
☐☐	connection	관련성, 연관성	the way in which two things are related to each other
☐☐	especially	특히	very much; more than usual
☐☐	explain	설명하다	to tell somebody about something in a way that is easy to understand
☐☐	express	나타내다, 표현하다	to show what you think or feel
☐☐	fact	사실	something that is known to be true
☐☐	lie	거짓말하다	to say or write something that is not true
☐☐	lift	들어 올리다	to move something to a higher position
☐☐	meal	식사	the food eaten or prepared at one time
☐☐	mix	섞다	to add something to something else
☐☐	navy	남색(의)	very dark blue
☐☐	opinion	의견	ideas or feelings about something
☐☐	pocket	주머니	a small bag that is attached to something
☐☐	prove	증명하다	to use facts, evidence, etc. to show that something is true
☐☐	simple	간단한, 단순한	easy to understand or do
☐☐	trust	신뢰하다, 믿다	to believe that something is true
☐☐	truth	진실, 사실	the real facts about something
☐☐	wisely	현명하게	in a way that shows good judgment
☐☐	worth	~의 가치가 있는	important, good or enjoyable enough for something

단어의 의미 관계

● **유의어**
fantastic = wonderful (굉장한)
fact = truth (사실)
touching = moving (감동적인)
difficult = tough (힘든)

● **반의어**
difference (차이점) ↔ similarity (유사점)
like (~처럼, ~ 같은) ↔ unlike (~와 달리)
simple (간단한, 단순한) ↔ complex (복잡한)

● **동사 – 명사**
advertise (광고하다) – advertisement (광고)
choose (선택하다) – choice (선택)
connect (관련시키다) – connection (관련성)
express (표현하다) – expression (표현)
recommend (추천하다) – recommendation (추천)

다의어

● **lie** 1. ⑧ 거짓말하다 (– lied – lied) 2. ⑧ 눕다 (– lay – lain)

1. Don't trust her. She's **lying**.
그녀를 믿지 마. 그녀는 거짓말을 하고 있어.

2. A cat **lay** in front of the fire.
고양이 한 마리가 불 앞에 누워 있었다.

● **rest** 1. ⑲ 나머지 2. ⑲ 휴식 3. ⑧ 쉬다

1. The **rest** of the money is for you.
그 돈의 나머지는 네 거야.

2. He took a short **rest** in the afternoon.
그는 오후에 짧은 휴식을 취했다.

3. We stopped and **rested** for a while.
우리는 멈춰서 잠시 쉬었다.

Words Plus
연습 문제

A 다음 뜻풀이에 알맞은 말을 [보기]에서 골라 쓴 후, 우리말 뜻을 쓰시오.

[보기]	lie	meal	prove	express	truth	award	lift	opinion

1 _____ : the real facts about something : _____
2 _____ : to show what you think or feel : _____
3 _____ : ideas or feelings about something : _____
4 _____ : the food eaten or prepared at one time : _____
5 _____ : to move something to a higher position : _____
6 _____ : to say or write something that is not true : _____
7 _____ : to use facts, evidence, etc. to show that something is true : _____
8 _____ : a prize such as money, etc. for something that somebody has done : _____

B 다음 짝 지어진 두 단어의 관계가 같도록 빈칸에 알맞은 말을 쓰시오.

1 simple : complex = similarity : _____
2 express : expression = _____ : advertisement
3 fantastic : wonderful = _____ : moving
4 connect : connection = choose : _____

C 다음 빈칸에 알맞은 말을 [보기]에서 골라 쓰시오.

[보기]	connection	rest	solve	adventure	recommend

1 Who would you _____ for this job?
2 He always used to tell us about his _____ at sea.
3 Are there any better ways to _____ the problem?
4 There is a(n) _____ between pollution and the death of trees.
5 The first question was difficult, but the _____ were pretty easy.

D 다음 우리말과 같도록 빈칸에 알맞은 말을 쓰시오.

1 기다려! 난 준비가 안 되었어. → _____ _____ ! I'm not ready.
2 그 영화는 실화를 바탕으로 하였다. → The film is _____ _____ a real-life story.
3 그는 몇 가지 중요한 결정을 해야 한다. → He has to _____ some important _____ .
4 밀가루와 계란과 버터를 섞어라. → _____ the flour _____ the eggs and butter.
5 지금부터 너는 혼자 일할 수 있다. → _____ _____ _____ you can work by yourself.

Words

실전 TEST

STEP A

01 다음 중 짝 지어진 두 단어의 관계가 나머지와 <u>다른</u> 것은?

① fact – truth
② difficult – tough
③ simple – complex
④ touching – moving
⑤ fantastic – wonderful

02 다음 영어 뜻풀이에 해당하는 단어로 알맞은 것은?

ideas or feelings about something

① opinion
② adventure
③ connection
④ difference
⑤ advertisement

03 다음 빈칸에 들어갈 말로 알맞은 것은?

Never _____ a man who doesn't look you in the eye.

① lift
② trust
③ lie
④ solve
⑤ express

04 다음 밑줄 친 단어와 같은 의미로 쓰인 것은?

I'm not really hungry. Do you want the <u>rest</u>?

① I'm sure you need a good <u>rest</u>.
② He stopped work and took a <u>rest</u>.
③ You should go and get some <u>rest</u>.
④ How would you like to spend the <u>rest</u> of the day?
⑤ The doctor told him that he should <u>rest</u> for a few days.

05 다음 중 밑줄 친 부분의 우리말 뜻이 알맞지 <u>않은</u> 것은?

① Can you <u>hold on</u> a minute, please?
(붙잡다)
② If you <u>mix</u> blue <u>with</u> yellow, you get green.
(~와 …를 섞다)
③ Please try to be more careful <u>from now on</u>.
(지금부터)
④ What time do you usually <u>wake up</u> in the morning?
(깨다)
⑤ The novel is <u>based on</u> his experiences in the war.
(~을 바탕으로)

06 다음 빈칸에 들어갈 수 <u>없는</u> 단어는?

ⓐ What's the _____ between an ape and a monkey?
ⓑ Stories about animals are more _____ than any human stories.
ⓒ The recipe is very _____.
ⓓ You're wrong, and I can _____ it.

① simple
② prove
③ award
④ touching
⑤ difference

07 다음 우리말과 같도록 빈칸에 알맞은 말을 쓰시오.

그녀는 두 방법 중에서 선택을 해야 했다.
= She had to _____ _____
_____ between the two ways.

핵심 노트

1 추천 요청하기

A: **Can you recommend** a musical for me?

B: **How about** *The Lion King*?

나에게 뮤지컬을 추천해 줄래?

"The Lion King"은 어때?

Can you recommend ~?는 '~을 추천해 줄래?'라는 뜻으로, 상대방에게 무언가를 추천해 달라고 요청하는 표현이다. 이에 답해 무언가를 추천해 줄 때 How about ~?, Why don't you ~?, I recommend ~., Try ~., I think ~. 등으로 말할 수 있다.

e.g.
- A: **Can you recommend** a good movie? 좋은 영화를 추천해 줄래요?

  Can you suggest a good movie?

  What do you recommend? 무엇을 추천하나요?

  What do you think would be the best? 무엇이 가장 좋다고 생각하나요?

  B: **Why don't you** see *Star Wars*? "Star Wars"를 보는 게 어때요?

  I recommend watching this movie. 나는 이 영화를 볼 것을 추천해요.

  Try *Star Wars*. "Star Wars"를 봐요.

- A: I'm looking for a backpack. **Can you recommend** one? 나는 배낭을 찾고 있어요. 하나 추천해 주시겠어요?

  B: **I think** the brown bag is good. 저는 갈색 가방이 좋다고 생각해요.

> **point**
> 시험 포인트
> 추천해 달라고 하는 범주에 알맞은 대상을 추천하는지 살펴야 해요.

2 만족 여부 묻고 답하기

A: **How do you like** your bicycle?

B: I'm really **happy with** it.

네 자전거가 마음에 드니?

나는 정말 만족스러워.

How do you like ~?는 '~이 마음에 드니?'라는 뜻으로, 상대방에게 특정 물건이나 장소 등에 대해 만족하는지를 묻는 표현이다. 이에 대한 대답으로 만족을 표현할 때는 I'm happy with ~.로, 불만족을 표현할 때는 I'm not happy with ~.로 말할 수 있다.

e.g.
- A: **How did you like** your trip to Gyeongju? 경주 여행은 마음에 들었니?

  B: **I was** very **happy with** it. The weather was great. 매우 즐거웠어. 날씨가 좋았어.

- A: **How do you like** your new smartphone? 네 새 스마트폰이 마음에 드니?

  B: **I'm not happy with** it. It's a little heavy. 마음에 들지 않아. 조금 무거워.

- A: **How do you like** the service? 서비스는 마음에 드니?

  B: **I'm satisfied/pleased with** it. 매우 만족스러워.

  I'm disappointed with it. 실망스러워.

  It's perfect/great/fantastic. 완벽해/매우 좋아/환상적이야.

> **point**
> 시험 포인트
> 만족 여부를 답하는 말과 그 뒤에 이어지는 이유가 자연스럽게 연결되는지 확인하는 문제가 출제돼요.

L&S

Listen & Speak

만점 노트

대화문 해석 보기 >> 16~17쪽

주요 표현
구문 해설

STEP A

Listen and Speak 1-A

교과서 118쪽

B: ❶ Can you recommend a good movie?

G: ❷ Try *Star Wars*. ❸ I really liked it.

B: Oh, ❹ I haven't seen it yet.

G: It's the ❺ number one movie right now.

❶ Can you recommend ~?: '~을 추천해 줄래?'라는 뜻으로 상대방에게 무언가를 추천해 달라고 요청하는 표현

❷ Try ~.: '~을 해 봐.'라는 뜻으로 상대방에게 무언가를 추천할 때 쓰는 표현

❸ 추천하는 이유를 나타내는 말

❹ '경험'을 나타내는 현재완료 문장

❺ ⑲ (인기 순위) 1위

Q1 지금 1위인 영화의 제목은 무엇인가요?

Listen and Speak 1-B

교과서 118쪽

W: ❶ May I help you?

B: Yes. I'm ❷ looking for a backpack. ❸ Can you recommend one?

W: ❹ How about this red one? Red is ❺ the most popular color these days.

B: My old backpack was red, so I want a different color.

W: ❹ How about this navy one? It has side pockets.

B: Oh, that ❻ looks good. ❼ I'll take it.

❶ '도와드릴까요?'라는 뜻으로 점원이 손님을 맞을 때 쓰는 표현

❷ look for: ~을 찾다

❸ 추천해 달라고 부탁하는 표현 / one은 a backpack을 가리킨다.

❹ How about ~?: '~은 어때요?'라는 뜻으로 무언가를 추천할 때 쓰는 표현 / red(navy) one = red(navy) backpack

❺ '가장 인기 있는'이라는 뜻의 popular의 최상급 표현

❻ look + 형용사: ~하게 보이다

❼ '그것을 살게요.'라는 뜻으로 구매를 결정할 때 쓰는 표현

Q2 두 사람이 대화하고 있는 장소는 어디인가요?

Q3 What did the boy decide to buy?　He decided to buy _____.

Listen and Speak 1-C

교과서 118쪽

A: Jiho, ❶ can you recommend a musical for me?

B: ❷ How about *The Lion King*? The dancing is fantastic.

A: Okay. Sounds good.

B: ❸ I'm sure you'll like it.

❶ Can you recommend ~ for me?: 상대방에게 무언가를 추천해 달라고 부탁하는 표현

❷ How about ~?: 상대방에게 무언가를 추천할 때 쓰는 표현

❸ I'm sure ~.: '나는 ~을 확신해.'라는 뜻으로 확신을 나타내는 표현

Q4 지호가 뮤지컬 "The Lion King"을 추천한 이유는 무엇인가요?

Listen and Speak 2-A

교과서 119쪽

G: Tom, ❶ you got a new smartphone.

B: Yes, I did. ❷ I'm really happy with it.

G: ❸ What do you like most about it?

B: I love the camera. It takes great pictures.

❶ You got ~.: '너 ~이 생겼구나.'라는 뜻의 표현

❷ I'm really happy with ~.: 특정 대상에 대해 매우 만족함을 나타내는 표현 / it은 새로 생긴 스마트폰을 가리킨다.

❸ What do you like most about ~?: ~에 대해 무엇이 가장 마음에 드니?

Q5 Tom은 자신의 스마트폰의 어떤 점을 가장 마음에 들어 하는지 우리말로 쓰세요.

Listen and Speak 2-B

B: Hi, Suji. ❶ How did you like your trip to Gyeongju?

G: ❷ I was very happy with it.

B: Where did you visit?

G: I visited Cheomseongdae. It was great.

B: Where ❸ else did you go?

G: Bulguksa. It was a wonderful place.

B: ❹ Sounds like the perfect trip.

G: Yeah, but walking up to Seokguram was difficult.

B: But I'm sure it was ❺ worth it.

❶ How did you like ~?: '~이 마음에 들었니?'라는 뜻으로 과거에 경험한 일에 대해 만족 여부를 묻는 표현

❷ I was very happy with ~.: 과거에 경험한 일에 대해 매우 만족함을 나타내는 표현

❸ ⑨ 또(그 밖의) 다른

❹ sound like+명사(구): ~인 것 같다 / 앞에 주어 It 또는 That 이 생략되었다.

❺ 그만한 가치가 있는

Q6 수지가 경주에서 방문한 세 곳을 우리말로 쓰세요.

Q7 What was not easy for Suji?   ⓐ visiting Cheomseongdae ⓑ walking up to Seokguram

Listen and Speak 2-C

A: How do you like your bicycle?

B: I'm really happy with it.

A: ❶ What do you like about it?

B: It's light and fast.

A: How do you like your bicycle?

B: ❷ I'm not happy with it.

A: ❸ Why not?

B: It's ❹ too heavy.

❶ 특정 대상에 대해 만족하는 점이 무엇인지 묻는 표현 / it = your bicycle

❷ I'm not happy with ~.: 특정 대상에 대해 만족하지 못함을 나타내는 표현

❸ = Why aren't you happy with it?

❹ 형용사나 부사 앞에 쓰여 '너무나, 지나치게'를 뜻하는 부사

Q8 B는 왜 자신의 자전거가 마음에 들지 않나요?

Real Life Talk > Watch a Video

Brian: Mina, can you recommend a good pizza restaurant?

Mina: ❶ Why don't you try Antonio's? It's my ❷ favorite.

Brian: What do you like about ❸ it?

Mina: The food is delicious. ❹ I recommend the bulgogi pizza.

Brian: How are the prices?

Mina: ❺ I think the prices are good, too.

Brian: Sounds like a good restaurant. How do you like the service?

Mina: ❻ It's a little slow on the weekends.

Brian: Okay. I'll ❼ check it out. Thanks.

Mina: ❽ No problem. Enjoy your meal!

❶ Why don't you ~?: '~하지 그래?'라는 뜻으로 상대방에게 어떤 일을 해 볼 것을 추천하는 표현

❷ ⑨ 좋아하는 것(곳)

❸ it은 식당 Antonio's를 가리킨다.

❹ I recommend ~.: '나는 ~을 추천해.'라는 뜻으로 상대방에게 무언가를 추천하는 표현

❺ I think ~.: 나는 ~이라고 생각해.

❻ It = the service

❼ check out: ~을 확인하다

❽ '천만에.'라는 뜻으로 감사를 표현하는 말에 대해 응답하는 표현

Q9 What food does Mina recommend to Brian?

Q10 What does Mina think about the prices?   ⓐ good ⓑ a little expensive

Listen & Speak
빈칸 채우기

우리말과 일치하도록 대화의 빈칸에 알맞은 말을 쓰시오.

1 Listen and Speak 1-A

B: _____ _____ _____ a good movie?

G: Try *Star Wars*. I really liked it.

B: Oh, I _____ _____ _____ yet.

G: It's the number one movie right now.

B: 좋은 영화를 추천해 줄래?

G: "Star Wars"를 봐. 정말 좋았어.

B: 오, 나는 아직 그 영화를 본 적이 없어.

G: 지금 1위 영화야.

2 Listen and Speak 1-B

W: May I help you?

B: Yes. _____ _____ _____ a backpack. Can you recommend one?

W: _____ _____ _____ _____ _____? Red is the most popular color these days.

B: My old backpack was red, so I want _____ _____ _____.

W: How about this navy one? It _____ _____ _____.

B: Oh, that looks good. _____ _____ _____.

W: 도와드릴까요?

B: 네. 배낭을 찾고 있어요. 하나 추천해 주시 겠어요?

W: 이 빨간 배낭은 어떤가요? 빨간색은 요즘 가장 인기 있는 색이에요.

B: 제 옛 배낭이 빨간색이어서, 다른 색을 원 해요.

W: 이 남색 배낭은 어떤가요? 양옆에 주머니 가 있어요.

B: 오, 좋아 보여요. 그걸로 살게요.

3 Listen and Speak 1-C

A: Jiho, _____ _____ _____ _____ _____ _____ _____ _____?

B: How about *The Lion King*? _____ _____ _____ _____ _____.

A: Okay. Sounds good.

B: _____ _____ _____ _____ _____ _____.

A: 지호야. 나에게 뮤지컬을 추천해 줄래?

B: "The Lion King"은 어때? 춤이 환상적 이야.

A: 알겠어. 좋을 것 같네.

B: 나는 네가 그 뮤지컬을 좋아할 거라고 확신 해.

4 Listen and Speak 2-A

G: Tom, you got a new smartphone.

B: Yes, I did. _____ _____ _____ _____ it.

G: _____ _____ _____ _____ _____ about it?

B: I love the camera. It _____ _____ _____.

G: Tom. 새 스마트폰을 샀구나.

B: 응, 그래. 나는 정말 만족스러워.

G: 무엇이 가장 마음에 드니?

B: 카메라가 정말 좋아. 사진이 정말 잘 나와.

5 Listen and Speak 2-B

B: Hi, Suji. _____ _____ _____ _____ _____
   _____ to Gyeongju?
G: I was very happy with it.
B: _____ _____ _____ _____ _____?
G: I visited Cheomseongdae. It was great.
B: _____ _____ did you go?
G: Bulguksa. It was _____ _____ _____.
B: _____ _____ the perfect trip.
G: Yeah, but walking up to Seokguram was difficult.
B: But I'm sure _____ _____ _____ _____.

B: 안녕, 수지야. 경주 여행은 마음에 들었니?
G: 매우 즐거웠어.
B: 어디를 방문했니?
G: 첨성대를 방문했어. 좋았어.
B: 또 어디를 방문했니?
G: 불국사. 멋진 곳이었어.
B: 완벽한 여행이었던 것 같네.
G: 응, 하지만 석굴암까지 걸어 올라가는 것은 힘들었어.
B: 하지만 그것이 그만한 가치가 있었을 거라고 확신해.

6 Listen and Speak 2-C

A: _____ _____ _____ _____ _____ _____ _____?
B: I'm really happy with it.
A: _____ _____ _____ _____ _____?
B: It's light and fast.

A: How do you like your bicycle?
B: _____ _____ _____ _____ _____ _____.
A: Why not?
B: It's _____ _____.

A: 네 자전거는 마음에 드니?
B: 나는 정말 만족스러워.
A: 무엇이 마음에 드니?
B: 그것은 가볍고 빨라.

A: 네 자전거는 마음에 드니?
B: 나는 만족스럽지 않아.
A: 왜 만족스럽지 않은데?
B: 그것은 너무 무거워.

7 Real Life Talk > Watch a Video

Brian: Mina, _____ _____ _____ a good pizza restaurant?
Mina: _____ _____ _____ _____ _____ Antonio's? It's
      _____ _____.
Brian: What do you like about it?
Mina: The food is delicious. _____ _____ the bulgogi pizza.
Brian: How are the prices?
Mina: I think _____ _____ _____, too.
Brian: Sounds like a good restaurant. _____ _____ _____ _____ _____?
Mina: It's a little _____ _____ _____ _____.
Brian: Okay. I'll _____ _____ _____. Thanks.
Mina: No problem. _____ _____ _____!

Brian: 미나야. 괜찮은 피자 식당을 추천해 줄래?
미나: Antonio's에 가 보는 게 어때? 내가 가장 좋아하는 곳이야.
Brian: 그곳의 무엇이 마음에 드니?
미나: 음식이 맛있어. 나는 불고기 피자를 추천해.
Brian: 가격은 어때?
미나: 가격도 괜찮다고 생각해.
Brian: 괜찮은 식당 같네. 서비스는 마음에 드니?
미나: 주말에는 좀 느려.
Brian: 알겠어. 내가 확인해 볼게. 고마워.
미나: 천만에. 맛있게 먹어!

Listen & Speak

대화 순서 배열하기

자연스러운 대화가 되도록 순서를 바르게 배열하시오.

1 Listen and Speak 1-A
교과서 118쪽

ⓐ Try *Star Wars*. I really liked it.
ⓑ It's the number one movie right now.
ⓒ Oh, I haven't seen it yet.
ⓓ Can you recommend a good movie?

(   ) – (   ) – (   ) – (   )

2 Listen and Speak 1-B
교과서 118쪽

ⓐ May I help you?
ⓑ Yes. I'm looking for a backpack. Can you recommend one?
ⓒ Oh, that looks good. I'll take it.
ⓓ How about this navy one? It has side pockets.
ⓔ How about this red one? Red is the most popular color these days.
ⓕ My old backpack was red, so I want a different color.

(ⓐ) – (   ) – (   ) – (   ) – (   ) – (   )

3 Listen and Speak 1-C
교과서 118쪽

ⓐ Okay. Sounds good.
ⓑ Jiho, can you recommend a musical for me?
ⓒ How about *The Lion King*? The dancing is fantastic.
ⓓ I'm sure you'll like it.

(   ) – (   ) – (   ) – (   )

4 Listen and Speak 2-A
교과서 119쪽

ⓐ Yes, I did. I'm really happy with it.
ⓑ What do you like most about it?
ⓒ Tom, you got a new smartphone.
ⓓ I love the camera. It takes great pictures.

(   ) – (   ) – (   ) – (   )

5 Listen and Speak 2-B

ⓐ Hi, Suji. How did you like your trip to Gyeongju?
ⓑ I visited Cheomseongdae. It was great.
ⓒ Yeah, but walking up to Seokguram was difficult.
ⓓ I was very happy with it.
ⓔ Sounds like the perfect trip.
ⓕ Where did you visit?
ⓖ Where else did you go?
ⓗ But I'm sure it was worth it.
ⓘ Bulguksa. It was a wonderful place.

(ⓐ) – ( ) – ( ) – (ⓑ) – ( ) – ( ) – ( ) – ( ) – ( )

6 Listen and Speak 2-C ①

ⓐ What do you like about it?
ⓑ I'm really happy with it.
ⓒ It's light and fast.
ⓓ How do you like your bicycle?

( ) – ( ) – ( ) – ( )

7 Listen and Speak 2-C ②

ⓐ How do you like your bicycle?
ⓑ Why not?
ⓒ I'm not happy with it.
ⓓ It's too heavy.

( ) – ( ) – ( ) – ( )

8 Real Life Talk > Watch a Video

ⓐ Mina, can you recommend a good pizza restaurant?
ⓑ The food is delicious. I recommend the bulgogi pizza.
ⓒ It's a little slow on the weekends.
ⓓ What do you like about it?
ⓔ How are the prices?
ⓕ Okay. I'll check it out. Thanks.
ⓖ Why don't you try Antonio's? It's my favorite.
ⓗ No problem. Enjoy your meal!
ⓘ I think the prices are good, too.
ⓙ Sounds like a good restaurant. How do you like the service?

(ⓐ) – ( ) – ( ) – ( ) – (ⓔ) – ( ) – ( ) – ( ) – ( )

01 다음 대화의 빈칸에 알맞은 말이 순서대로 짝 지어진 것은?

> A: _____ do you like your jacket?
> B: I'm really happy with it.
> A: _____ do you like about it?
> B: It's stylish and cool.

① How – Who
② How – What
③ Who – What
④ Who – How
⑤ What – How

[02-03] 다음 대화의 빈칸에 들어갈 말로 알맞은 것을 고르시오.

02
> A: Can you recommend a good movie?
> B: _____
> A: Oh, I haven't seen it yet.

① Try *Star Wars*.
② I don't like horror movies.
③ What's your favorite movie?
④ What time is the next movie?
⑤ We still have ten minutes before the movie.

03
> A: How do you like your bicycle?
> B: _____ It's too heavy.

① It's fantastic.
② I'm satisfied with it.
③ I'm not happy with it.
④ I'm really happy with it.
⑤ I often enjoy riding my bicycle.

04 자연스러운 대화가 되도록 (A)~(D)를 순서대로 배열한 것은?

> (A) I love the camera. It takes great pictures.
> (B) Tom, you got a new smartphone.
> (C) What do you like most about it?
> (D) Yes, I did. I'm really happy with it.

① (B)-(A)-(D)-(C)
② (B)-(D)-(C)-(A)
③ (C)-(A)-(D)-(B)
④ (C)-(D)-(B)-(A)
⑤ (D)-(C)-(A)-(B)

[05-07] 다음 대화를 읽고, 물음에 답하시오.

> Clerk: May I help you? (①)
> Minho: Yes. I'm looking for a backpack. (②)
> Clerk: How about this _____ one? Red is the
>   most popular color these days. (③)
> Minho: My old backpack was red, so I want a different
>   color.
> Clerk: How about this _____ one? It has side
>   pockets. (④)
> Minho: Oh, that looks good. I'll take it. (⑤)

05 위 대화의 ①~⑤ 중 주어진 문장이 들어갈 알맞은 곳은?

> Can you recommend one?

①   ②   ③   ④   ⑤

06 위 대화의 빈칸에 알맞은 말이 순서대로 짝 지어진 것은?

① red – red
② red – navy
③ navy – red
④ white – navy
⑤ white – red

07 위 대화의 내용과 일치하지 <u>않는</u> 것은?

① 민호는 배낭을 사려고 한다.

② 민호는 점원에게 배낭 추천을 부탁한다.

③ 점원은 요즘 유행하는 색의 배낭을 추천한다.

④ 민호가 사려고 하는 배낭에는 주머니가 없다.

⑤ 민호는 점원의 추천에 따라 배낭을 구입할 것이다.

고난도

08 다음 대화의 밑줄 친 부분의 의도로 알맞은 것은?

A: How do you like your camera?

B: <u>I'm not happy with it.</u>

① to introduce oneself

② to give information about something

③ to express interest in something

④ to recommend something to someone

⑤ to express dissatisfaction about something

고난도 신유형

09 다음 대화의 빈칸 ⓐ~ⓔ에 들어갈 말로 알맞지 <u>않은</u> 것은?

A: Hi, Suji. How did you like your trip to Gyeongju?

B: _____ ⓐ _____

A: _____ ⓑ _____

B: I visited Cheomseongdae. It was great.

A: _____ ⓒ _____

B: Bulguksa. It was a wonderful place.

A: _____ ⓓ _____

B: Yeah, but walking up to Seokguram was difficult.

A: _____ ⓔ _____

① ⓐ I wasn't very happy with it.

② ⓑ Where did you visit?

③ ⓒ Where else did you go?

④ ⓓ Sounds like the perfect trip.

⑤ ⓔ But I'm sure it was worth it.

 서술형

10 다음 대화의 빈칸에 알맞은 말을 [보기]에서 골라 쓰시오.

[보기]

• How are the prices?

• What do you like about it?

• How do you like the service?

• Can you recommend a good pizza restaurant?

Brian: (1) _____

Mina: Why don't you try Antonio's? It's my favorite.

Brian: (2) _____

Mina: The food is delicious. I recommend the bulgogi pizza.

Brian: (3) _____

Mina: I think the prices are good, too.

Brian: Sounds like a good restaurant.

(4) _____

Mina: It's a little slow on the weekends.

Brian: Okay. I'll check it out. Thanks.

11 다음 대화의 빈칸에 알맞은 말을 괄호 안의 단어들을 사용하여 쓰시오. (7단어)

A: _____

(can, recommend, for)

B: How about *The Little Prince*? It's my favorite book.

고난도

12 다음 대화에서 흐름상 어색한 문장을 찾아 밑줄을 긋고 바르게 고쳐 쓰시오.

A: What did you do yesterday?

B: I went to Blue Boys' concert.

A: Why did you like it?

B: I was really happy with it. It was fantastic.

→ _____

Grammar
핵심 노트

1 so ~ that

- The movie is **so** boring **that** I want to cry.
  so+형용사+that절
- Last night, Nick was **so** tired **that** he went to bed early.
  so+형용사+that절
- The book is **so** difficult **that** children can't understand it.
  so+형용사+that절

그 영화는 너무 지루해서 나는 울고 싶다.

어젯밤, Nick은 너무 피곤해서 일찍 잠자리에 들었다.

그 책은 너무 어려워서 어린이들이 이해할 수 없다.

(1) so+형용사/부사+that+주어+동사 ...

'너무 ~해서 …하다'는 뜻으로, so 뒤의 형용사나 부사가 원인이 되어 that절의 결과로 나타날 때 쓴다.

- She is **so** cute **that** many people like her.

  그녀가 너무 귀여워서 많은 사람들이 그녀를 좋아한다.

- The problem was **so** easy **that** I could solve it in no time.

  그 문제가 너무 쉬워서 나는 곧 그것을 풀 수 있었다.

- He ran **so** fast **that** I couldn't catch him.

  그가 너무 빠르게 달려서 나는 그를 잡을 수 없었다.

> **시험 포인트** **point**
> so ~ that 구문과 too ~ to 구문을 바꿔 쓰기 하거나 같은 의미를 가진 문장을 찾는 문제가 자주 출제돼요. too ~ to 구문에 부정의 의미가 포함되어 있음에 주의하세요.

(2) so+형용사/부사+that+주어+can't+동사원형 ...

'너무 ~해서 …할 수 없다'는 뜻으로, 「too+형용사/부사+to+동사원형 ....」으로 바꿔 쓸 수 있다.

- Cathy was **so** tired **that** she **could not** wake up at six.

  Cathy는 너무 피곤해서 6시에 일어날 수 없었다.

  = Cathy was **too** tired **to** wake up at six.

- Tony is **so** young **that** he **can't** read books by himself.

  Tony는 너무 어려서 혼자서 책을 읽을 수 없다.

  = Tony is **too** young **to** read books by himself.

QUICK CHECK

1 다음 괄호 안에서 알맞은 것을 고르시오.

(1) The speech was (so / too) long that everybody was bored.

(2) The weather was so hot (and / that) I was thirsty.

(3) She is so busy that she (can / can't) visit her parents.

2 다음 괄호 안의 말을 바르게 배열하여 문장을 완성하시오.

(1) He speaks _____ understand him. (that, so, can't, fast, I)

(2) The weather was _____ the trip. (so, we, that, canceled, cold)

(3) That ice is _____ on. (to, stand, too, thin)

2 목적격 관계대명사

- In the *Forrest Gump* ad, "Best Picture" is the award **which** the movie won.
  └──── 관계대명사절이 앞의 선행사 수식

  "Forrest Gump" 광고에서, "Best Picture"는 그 영화가 받은 상이다.

- She is the girl **whom(who)** Tom likes so much.
  └──── 관계대명사절이 앞의 선행사 수식

  그녀는 Tom이 매우 좋아하는 소녀이다.

- Chris found the bicycle **that** he lost yesterday.
  └──── 관계대명사절이 앞의 선행사 수식

  Chris는 어제 잃어버린 자전거를 찾았다.

(1) 쓰임

목적격 관계대명사는 목적어 역할을 하는 명사나 대명사를 대신하는 대명사의 역할과 문장을 연결하는 접속사의 역할을 한다. 관계대명사가 이끄는 절은 앞의 명사나 대명사를 수식한다. 목적격 관계대명사는 생략할 수 있다.

- Lucy will call **the doctor**. My mother knows **him**.
  → Lucy will call the doctor **(whom)** my mother knows.
       선행사 └── 관계대명사절
  Lucy는 내 어머니가 아는 의사에게 전화를 걸 것이다.

(2) 종류

선행사	주격 관계대명사	목적격 관계대명사
사람	who	whom / who
동물/사물	which	which
사람/동물/사물	that	that

참고! 현대 영어에서는 선행사가 사람일 때 목적격 관계대명사로 whom과 who를 모두 써요.

- The people **(who)** we met in France have sent us a card.
  우리가 프랑스에서 만났던 사람들이 우리에게 카드를 보냈다.

- She loves the chocolate **(which)** I bought.
  그녀는 내가 사 준 초콜릿을 매우 좋아한다.

시험 포인트   point

① 선행사에 따라 어떤 목적격 관계대명사를 쓰는지 구분할 수 있어야 해요.
② 관계대명사절 안에 빠진 문장 성분이 무엇인지를 살펴, 어떤 관계대명사가 필요한지 파악해요. 주어가 빠진 경우는 주격 관계대명사가, 목적어가 빠진 경우는 목적격 관계대명사가 들어가야 해요.

주격 관계대명사
I ate the apple **which** was on the table. 나는 식탁 위에 있던 사과를 먹었다.
[중2 4과]

한 단계 | 더!

관계대명사가 전치사의 목적어일 때 전치사를 관계대명사 앞에 둘 수 있는데, 이때 관계대명사는 생략할 수 없다. 단, 관계대명사 who와 that 앞에는 전치사를 둘 수 없다.
The people **who(m)** I work *with* are very friendly. (who(m) 생략 가능)
= The people *with* **whom** I work are very friendly. (whom 생략 불가능)
내가 같이 일하는 사람들은 매우 다정하다.

QUICK CHECK

1 다음 괄호 안에서 알맞은 것을 모두 고르시오.

(1) The woman (who / whom) my uncle loves is from Mexico.

(2) They found the bag (whom / which) I lost.

(3) This is the book (that / what) I borrowed from Mr. Simon.

2 다음 두 문장을 한 문장으로 바꿔 쓰시오.

(1) The food was delicious. David cooked it.   → _____

(2) The girl is on TV now. I met her yesterday. → _____

(3) I visited the town. You told me about it.   → _____

STEP
A

1 so ~ that

A 다음 괄호 안에서 알맞은 것을 고르시오.

1 He was (so / such) weak that he could hardly stand up.

2 Everything happened so quickly (that / which) I didn't have time to think.

3 She is still (to / too) upset (to / too) talk about it.

B 다음 두 문장을 so ~ that 구문을 사용하여 한 문장으로 바꿔 쓰시오.

1 He was very lazy. He did nothing all day long.

→ _____

2 The painting was very beautiful. Diana wanted to buy it.

→ _____

3 The book is very interesting. I can't put it down.

→ _____

C 다음 문장을 괄호 안의 구문을 사용하여 바꿔 쓰시오.

1 I'm so hungry that I can't walk. (too ~ to …)

→ _____

2 He is very humorous, so he can make anyone laugh. (so ~ that …)

→ _____

3 I was too excited to sleep. (so ~ that …)

→ _____

D 다음 우리말과 같도록 괄호 안의 말을 바르게 배열하시오.

1 그는 너무 어려서 자동차를 운전할 수 없다.

→ _____

(a car, to, too, drive, he, young, is)

2 그녀는 매우 일찍 일어나서 첫 기차를 탈 수 있었다.

→ _____

(the first train, early, got up, that, she, catch, so, could, she)

3 너는 너무 작아서 이 놀이 기구를 탈 수 없다.

→ _____

(to, this ride, too, you, take, are, small)

2 목적격 관계대명사

A 다음 빈칸에 알맞은 관계대명사를 쓰시오.

1 The table _____ you made for me was really nice.

2 The library did not have the book _____ I wanted.

3 The child _____ we see often is playing in the garden.

4 The doctor _____ my grandmother liked lives in New York.

B 다음 문장에서 생략할 수 있는 말이 있으면 밑줄을 그으시오.

1 The man who had long hair smiled.

2 The fruit that I bought is on the table.

3 The teacher who I like most is Ms. Harrison.

C 다음 우리말과 같도록 괄호 안의 말과 관계대명사를 사용하여 문장을 완성하시오.

1 그는 어제 산 시계를 차고 있다. (buy)

→ He is wearing the watch _____.

2 내가 지난주에 만난 여자는 중국어를 할 수 있다. (meet)

→ The woman _____ can speak Chinese.

3 나는 도서관에서 빌린 책을 찾을 수가 없다. (borrow, from)

→ I can't find the books _____.

4 우리가 공원에서 본 남자는 새에게 먹이를 주고 있었다. (see, at)

→ The man _____ was feeding the birds.

D 다음 우리말과 같도록 괄호 안의 말을 바르게 배열하여 문장을 완성하시오.

1 그들은 내가 돌보고 있는 아이들이다.

→ _____

(the children, taking care of, I, are, they, who, am)

2 내가 작년에 산 의자가 부러졌다.

→ _____

(bought, broken, is, the chair, I, last year, which)

3 그녀는 그가 그녀에게 준 반지를 잃어버렸다.

→ _____

(her, that, he, she, the ring, gave, lost)

4 그는 자신이 자랑스러워하는 딸이 하나 있다.

→ _____

(a daughter, is proud, has, he, whom, he, of)

[01-02] 다음 빈칸에 들어갈 말로 알맞은 것을 [보기]에서 골라 쓰시오.

[보기]   so   too   much   a lot   very

01 The weather was _____ nice that we went out.

02 I'm _____ tired even to think.

[03-04] 다음 빈칸에 알맞은 말이 순서대로 짝 지어진 것을 고르시오.

03
• This is the letter _____ I got yesterday.
• I remember the girl _____ you met at the bus stop.

① who – that   ② who – which
③ whom – that   ④ that – which
⑤ which – whom

04
• She was _____ angry to calm down.
• The soup is _____ hot that I can't eat it.

① enough – so   ② enough – much
③ too – so   ④ too – not
⑤ too – much

05 다음 빈칸에 들어갈 말로 알맞은 것을 모두 고르면?

This is my best friend _____ I told you about.

① who   ② that   ③ whom
④ which   ⑤ whose

[06-07] 다음 빈칸에 들어갈 말로 알맞은 것을 고르시오.

06 Robin spoke so _____ that I couldn't hear what he said.

① clear   ② clearly   ③ really
④ quiet   ⑤ quietly

한 단계 더!

07 This is the book about _____ everyone is talking.

① who   ② what   ③ that
④ whom   ⑤ which

08 다음 빈칸에 들어갈 말로 가장 알맞은 것은?

> The box is so light that _____.

① he can't lift it easily
② she can carry it easily
③ you can't buy it
④ you can make it easily
⑤ you can put lots of things in it

09 다음 문장의 밑줄 친 ①~⑤ 중 생략할 수 있는 것은?

> The school ①which I go ②to ③is ④too far ⑤from my house.

신
유형
10 다음 우리말을 영어로 옮길 때 쓰이지 <u>않는</u> 것은?

> 그녀는 너무 행복해서 춤을 췄다.

① too   ② so   ③ danced
④ happy   ⑤ she

[11-12] 다음 빈칸에 공통으로 들어갈 말로 알맞은 것을 고르시오.

11
• This is the house _____ he was born in.
• Look at the man and his dog _____ are running over there.

① who   ② that   ③ which
④ whom   ⑤ whose

12
• I was very excited, _____ I couldn't get to sleep.
• The exam was _____ hard that I couldn't pass it.

① to   ② so   ③ too
④ much   ⑤ but

13 다음 문장과 의미가 같은 것은?

> She is so young that she can't travel abroad alone.

① She is too young to travel abroad alone.
② She is too young, but she can travel abroad alone.
③ She is not young and she can travel abroad alone.
④ She is very young and she can travel abroad alone.
⑤ She can travel abroad alone although she is young.

한 단계 더!
14 다음 문장의 ①~⑤ 중 in이 들어갈 수 있는 곳을 <u>모두</u> 고르면?

> (①) P.E. is (②) the subject (③) which I am (④) interested (⑤).

15 다음 중 어법상 **틀린** 것은?

① This cake is too sweet to eat.
② I'll keep the secret John told me.
③ The police arrested a man lived next door.
④ The dog is so smart that it can guide a blind person.
⑤ It is so dark that I cannot see my hands.

16 다음 중 밑줄 친 who의 쓰임이 나머지 넷과 다른 하나는?

① Who are all those people?
② I don't know who I should talk to.
③ Can you tell me who I should believe?
④ The girl who you talked with is my sister.
⑤ I asked the man who would pick me up at the airport.

17 다음 중 밑줄 친 부분을 생략할 수 있는 것은?

① Where is the waiter who served us?
② He likes films which come from Asia.
③ We have some tennis balls that you can play with.
④ That's the woman who showed me the way.
⑤ I want to meet someone with whom I can go on a trip.

18 다음 우리말을 영어로 바르게 옮긴 것은?

나는 너무 바빠서 그녀를 도울 수 없었다.

① I was too busy to help her.
② I was so busy that I could help her.
③ I was too busy in order to help her.
④ I couldn't help her, so I was too busy.
⑤ As I wasn't very busy, I could help her.

19 다음 중 어법상 **틀린** 문장의 개수는?

ⓐ I like the dress whose Ann is wearing.
ⓑ They saw the man whom closed the door.
ⓒ Do you remember the photos which I showed you?
ⓓ This is the book about that everyone is talking.

① 0개　② 1개　③ 2개　④ 3개　⑤ 4개

20 다음 중 의미가 같은 문장끼리 짝 지어진 것은?

ⓐ He got up too late to get on the first train.
ⓑ Although he got up early, he couldn't get on the first train.
ⓒ He got up so late that he couldn't get on the first train.
ⓓ He got up early, but he couldn't get on the first train.
ⓔ As he got up very early, he could get on the first train.

① ⓐ, ⓑ　② ⓐ, ⓒ　③ ⓑ, ⓒ, ⓓ
④ ⓒ, ⓔ　⑤ ⓒ, ⓓ, ⓔ

서술형

21 자연스러운 문장이 되도록 〈A〉와 〈B〉에서 알맞은 말을 하나씩 골라 so ~ that 구문을 사용하여 문장을 완성하시오.

〈A〉
- his wife was weak
- the fire spread fast
- the laptop was expensive

〈B〉
- she often got ill
- Brian didn't buy it
- we couldn't save anything

(1) _____

(2) _____

(3) _____

22 다음 두 문장을 관계대명사를 사용하여 한 문장으로 바꿔 쓰시오.

(1) Have you been to the restaurant?
   It has just opened in town.

   → _____

   _____

(2) The girl was very kind.
   I met her in Canada.

   → _____

(3) I haven't read any of the books.
   I bought them last month.

   → _____

   _____

23 다음 우리말과 같도록 [조건]에 맞게 문장을 완성하시오.

[조건] 1. so ~ that 또는 too ~ to 구문을 한 번씩 사용할 것
       2. 괄호 안의 말을 이용할 것

(1) 그 바다가 너무 아름다워서 나는 사진을 많이 찍었다.

   → The sea was _____

   of it. (beautiful, take)

(2) Lucy는 너무 아파서 친구들과 놀 수 없었다.

   → Lucy was _____ with her

   friends. (sick, play)

한 단계 **더!**

24 다음 괄호 안의 말을 바르게 배열하여 문장을 완성하시오.

(1) I can't find the money _____.
   (I, under my bed, that, hid)

(2) I love reading the book _____.
   (last year, which, wrote, he)

(3) The woman _____ is
   a dentist. (with, talked, whom, I)

25 다음 두 문장의 의미가 같도록 빈칸에 알맞은 말을 쓰시오.

I was too sleepy to keep my eyes open.
= I was so sleepy _____.

R ▸ Reading
만점 노트

STEP A

현명한 선택을 하는 것

Making Good Choices

01 뭐 하고 있니, Kyle?

Emma: 01 What are you doing, Kyle?

02 오, Emma. 난 컴퓨터로 영화 "Y-Men 7" 을 보고 있어.

Kyle: 02 Oh, Emma. I'm watching the movie, *Y-Men 7* on my computer.
전 ~으로(수단을 나타냄)

03 어때?

Emma: 03 How is it?
┌ 영화 "Y-Men 7"을 가리킴
How is ~?: 어떤 대상이 어떠한지 의견을 묻는 표현
= What do you think of ~? / How do you like ~?

04 묻지 마.

Kyle: 04 Don't ask.
Don't + 동사원형: 부정명령문

05 너무 지루해서 울고 싶어.

05 It's so boring that I want to cry.
so + 형용사 + that + 주어 + 동사 ...:
너무 ~해서 …하다

06 유감이야.

Emma: 06 I'm sorry to hear that.
형 유감스러운 └ 부사적 용법의 to부정사(감정의 원인)

07 난 정말 화가 나.

Kyle: 07 I'm so mad.
형 몹시 화가 난

08 영화 광고에는 이것이 "올해의 가장 흥미 진진한 영화"라고 쓰여 있었어.

08 The movie advertisement said it was "The Most Exciting Movie
┌ = Y-Men 7
명사절을 이끄는 (that)   형용사 exciting의 최상급
접속사 that 생략
of the Year."
of + 명사: 최상급의 비교 범위를 나타냄

09 음, 넌 네가 읽는 모든 것을 믿을 수는 없어.

Emma: 09 Well, you can't believe everything [that you read].
선행사 ↑   └ 목적격 관계대명사

10 그들은 광고에 거짓말을 한 거야.

Kyle: 10 They lied on the advertisement.
lie 동 거짓말하다 (-lied-lied)

11 돈을 환불해 달라고 할 거야.

11 I'm going to ask for my money back.
요청하다, 청구하다   부 (이전의 상태로) 다시

12 기다려, Kyle!

Emma: 12 Hold on, Kyle!

13 그들은 사실이 아닌 의견을 사용했기 때문에 꼭 거짓말을 한 것은 아니야.

13 They didn't really lie because they used opinions, not facts.
~ 때문에(이유를 나타내는 접속사)   부 ~이 아니라
의문을 나타내는 표현

14 뭐라고? 네 말을 이해하지 못하겠어.

Kyle: 14 Huh? I'm not following you.
follow 동 이해하다

15 의견은 "사막은 아름다워."와 같이 사람들의 감정을 표현하는 거야.

Emma: 15 Opinions express people's feelings like, "The desert is beautiful."
전 ~처럼, ~같이

16 그것이 사실인지 아닌지 말할 수는 없어.

16 You can't say that it's true or not.
명사절을 이끄는 접속사

17 하지만, 사실은 증명할 수 있어.

17 But, facts can be proven.
조동사 + be + 과거분사(조동사를 포함한 수동태)

18 For example, "The Atacama Desert is in Chile," is a fact.

19 You can check that on the map.
앞 문장의 The Atacama Desert is in Chile.를 가리킴

Kyle: **20** Okay.... But what's the connection with movies?
(명) 연관성, 관련성

Emma: **21** Let me explain.
사역동사(let)+목적어+동사원형: (목적어)가 …하게 하다 (5형식)

22 What's your favorite movie?

Kyle: **23** It's *Forrest Gump*.

Emma: **24** Okay. Let's look for its advertisement.
it의 소유격

25 What does it say?
= its advertisement

Kyle: **26** It says, "Winner of 6 Academy Awards including Best Picture."
say (동) 나타내다, ~라고 쓰여 있다   (전) ~을 포함하여

Emma: **27** See? It uses facts unlike the *Y-Men 7* advertisement.
(동) 이해하다   (전) ~와 달리

28 Do you see the difference?
(명) 차이(점)

Kyle: **29** Not exactly.
'정확히는 아니다.'라는 뜻

30 The *Y-Men 7* ad says "Most Exciting Movie" and the *Forrest Gump*
advertisement의 줄임말

ad says "Best Picture."

부정의문문 '둘 다'라는 뜻의 대명사
31 Aren't they both opinions?
앞 문장의 "Most Exciting Movie"와 "Best Picture"를 가리킴

Emma: **32** That's a great question, Kyle.

33 When people use words like "best" or "most," they are usually
~할 때(시간을 나타내는 접속사)   (전) ~처럼, ~같이

expressing opinions.

34 But in the *Forrest Gump* ad, "Best Picture" is the award [which
선행사   목적격
관계대명사

the movie won].

---

18 예를 들어, "아타카마 사막은 칠레에 있다." 는 사실이야.

19 넌 그것을 지도에서 확인할 수 있어.

20 알겠어…. 하지만 그게 영화와 무슨 관련 이 있니?

21 설명해 줄게.

22 네가 가장 좋아하는 영화가 뭐니?

23 "Forrest Gump"야.

24 좋아. 그 영화의 광고를 찾아보자.

25 그 광고에 뭐라고 쓰여 있니?

26 "최우수 작품상을 포함한 6개 부문 아카데 미상 수상작"이라고 쓰여 있어.

27 알겠니? "Y-Men 7" 광고와는 달리 사실 을 사용하고 있어.

28 차이를 알겠니?

29 잘 모르겠어.

30 "Y-Men 7" 광고는 "Most Exciting Movie"라고 쓰여 있고 "Forrest Gump" 광고는 "Best Picture"라고 쓰여 있잖아.

31 둘 다 의견 아니니?

32 좋은 질문이야, Kyle.

33 사람들이 'best'나 'most'와 같은 말을 사 용할 때, 그들은 대개 의견을 표현하는 거야.

34 하지만 "Forrest Gump" 광고에서, "Best Picture"는 그 영화가 받은 상이야.

STEP A

35 우리는 인터넷에서 그것을 확인할 수 있어.

35 We can check that on the Internet.
앞 문장의 "Best Picture" is the award which the movie won을 가리킴

36 그건 사실이야.

36 That's a fact.

37 아하! 난 지금부터 사실로 이루어진 광고만 믿을 거야.

Kyle: **37** Aha! From now on I'm only going to trust ads with facts.

38 그게 그렇게 간단하지 않아.

Emma: **38** It's not that simple.
(부) 그렇게, 그 정도로

39 대부분의 광고에는 사실과 의견이 섞여 있어.

39 Most ads mix facts with opinions.
(형) 대부분의   mix A with B: A와 B를 섞다
have to + 동사원형: ~해야 한다

40 그러니 그 둘을 바탕으로 현명한 선택을 해야 해.

40 So you have to make a smart choice based on both of them.
그래서, 그러니까 (결과를 나타내는 접속사)   앞 문장의 facts와 opinions를 가리킴

41 알겠어!

Kyle: **41** Got it!
(I) 주어 I 생략

42 Emma, "Y-Men 7"의 남은 부분을 나와 함께 볼래?

42 Emma, do you want to watch the rest of Y-Men 7 with me?
~의 남은 부분
명사적 용법의 to부정사(목적어 역할)

43 고맙지만, 사양할게.

Emma: **43** Thanks, but no thanks.
상대방의 제안을 거절하는 표현

44 영화의 남은 부분 잘 봐!

44 Enjoy the rest of the movie!

빈칸 채우기

우리말 뜻과 일치하도록 교과서 본문의 문장을 완성하시오.

중요 문장

01 What _____ _____ _____, Kyle?

01 뭐 하고 있니, Kyle?

02 Oh, Emma. I'm _____ _____ _____, *Y-Men 7* on my computer.

02 오, Emma. 난 컴퓨터로 영화 "Y-Men 7"을 보고 있어.

03 _____ is it?

03 어때?

04 _____ ask.

04 묻지 마.

05 It's _____ _____ _____ I want to cry.

05 너무 지루해서 울고 싶어.

06 I'm sorry _____ _____ that.

06 그 말을 들으니 유감이야.

07 I'm so _____.

07 난 정말 화가 나.

08 The movie advertisement _____ it was "The Most Exciting Movie of the Year."

08 영화 광고에는 이것이 "올해의 가장 흥미 진진한 영화"라고 쓰여 있었어.

09 Well, you can't believe _____ _____ _____ _____.

09 음, 넌 네가 읽는 모든 것을 믿을 수는 없어.

10 They _____ on the advertisement.

10 그들은 광고에 거짓말을 한 거야.

11 I'm going to _____ _____ my money _____.

11 돈을 환불해 달라고 할 거야.

12 _____ _____, Kyle!

12 기다려, Kyle!

13 They didn't really lie because they _____ _____, _____ _____.

13 그들은 사실이 아닌 의견을 사용했기 때문에 꼭 거짓말을 한 것은 아니야.

14 Huh? I'm not _____ you.

14 뭐라고? 네 말을 이해하지 못하겠어.

15 Opinions _____ _____ _____ like, "The desert is beautiful."

15 의견은 "사막은 아름다워."와 같이 사람들의 감정을 표현하는 거야.

16 You can't say that _____ _____ _____ _____.

16 그것이 사실인지 아닌지 말할 수는 없어.

17 But, facts _____ _____ _____.

17 하지만, 사실은 증명할 수 있어.

18 _____ _____, "The Atacama Desert is in Chile," is a fact.

18 예를 들어, "아타카마 사막은 칠레에 있다."는 사실이야.

19 You _____ _____ that on the map.

19 넌 그것을 지도에서 확인할 수 있어.

20 Okay.... But what's _____ _____ _____ movies?

20 알겠어···. 하지만 그게 영화와 무슨 관련이 있니?

21 Let me _____.

21 설명해 줄게.

22 What's your _____ movie?

22 네가 가장 좋아하는 영화가 뭐니?

23 _____ *Forrest Gump*.

24 Okay. Let's _____ _____ its advertisement.

25 _____ _____ _____ _____ ?

26 _____ _____ , "Winner of 6 Academy Awards including Best Picture."

27 See? It uses facts _____ the *Y-Men 7* advertisement.

28 Do you _____ _____ _____ ?

29 _____ exactly.

30 The *Y-Men 7* ad says "Most Exciting Movie" and the *Forrest Gump* _____ _____ "Best Picture."

31 Aren't they _____ _____ ?

32 That's a great _____ , Kyle.

33 When people use words like "best" or "most," they are _____ _____ _____ .

34 But in the *Forrest Gump* ad, "Best Picture" is the award which _____ _____ _____ .

35 We can _____ that _____ _____ _____ .

36 That's a _____ .

37 Aha! _____ _____ _____ I'm only going to trust ads with facts.

38 It's not that _____ .

39 Most ads _____ facts with opinions.

40 So you have to _____ _____ _____ _____ based on both of them.

41 Got _____ !

42 Emma, do you want to _____ _____ _____ of *Y-Men 7* with me?

43 Thanks, but _____ _____ .

44 _____ the rest of the movie!

23 "Forrest Gump"야.

24 좋아. 그 영화의 광고를 찾아보자.

25 그것에 뭐라고 쓰여 있니?

26 그것은 "최우수 작품상을 포함한 6개 부문 아카데미상 수상작"이라고 쓰여 있어.

27 알겠니? "Y-Men 7" 광고와는 달리 사실을 사용하고 있어.

28 차이를 알겠니?

29 잘 모르겠어.

30 "Y-Men 7" 광고는 "Most Exciting Movie"라고 쓰여 있고 "Forrest Gump" 광고는 "Best Picture"라고 쓰여 있잖아.

31 둘 다 의견 아니니?

32 좋은 질문이야, Kyle.

33 사람들이 'best'나 'most'와 같은 말을 사용할 때, 그들은 대개 의견을 표현하는 거야.

34 하지만 "Forrest Gump" 광고에서, "Best Picture"는 그 영화가 받은 상이야.

35 우리는 인터넷에서 그것을 확인할 수 있어.

36 그건 사실이야.

37 아하! 난 지금부터 사실로 이루어진 광고만 믿을 거야.

38 그게 그렇게 간단하지 않아.

39 대부분의 광고에는 사실과 의견이 섞여 있어.

40 그러니 그 둘을 바탕으로 현명한 선택을 해야 해.

41 알겠어!

42 Emma, "Y-Men 7"의 남은 부분을 나와 함께 볼래?

43 고맙지만, 사양할게.

44 영화의 남은 부분 즐겨!

Reading

바른 어휘 • 어법 고르기

글의 내용과 문장의 어법에 맞게 괄호 안에서 알맞은 어휘를 고르시오.

01 What are you (does / doing), Kyle?

02 Oh, Emma. I'm (watching / watched) the movie, *Y-Men 7* on my computer.

03 (What / How) is it?

04 Don't (ask / asking).

05 It's (very / so) boring that I want to cry.

06 I'm sorry (hearing / to hear) that.

07 I'm (so / such) mad.

08 The movie (advertisement / appointment) said it was "The Most Exciting Movie of the Year."

09 Well, you can't believe everything (whom / that) you read.

10 They (lied / lay) on the advertisement.

11 I'm going to ask for my money (again / back).

12 (Hold on / Watch out), Kyle!

13 They didn't really lie (because of / because) they used opinions, not facts.

14 Huh? I'm not (following / understand) you.

15 Opinions (expresses / express) people's feelings like, "The desert is beautiful."

16 You can't say that it's true (and / or) not.

17 But, facts can (prove / be proven).

18 For example, "The Atacama Desert is in Chile," is a(n) (fact / opinion).

19 You can (check / checked) that on the map.

20 Okay.... But (why's / what's) the connection with movies?

21 (Let / Don't) me explain.

22   What's your (like / favorite) movie?

23   (It's / They're) *Forrest Gump*.

24   Okay. Let's (write / look for) its advertisement.

25   What (do / does) it say?

26   It says, "Winner of 6 Academy Awards (included / including) Best Picture."

27   See? It uses facts (like / unlike) the *Y-Men 7* advertisement.

28   Do you see the (difference / different)?

29   Not (exactly / same).

30   The *Y-Men 7* ad says "Most Exciting Movie" and the *Forrest Gump* ad (say / says) "Best Picture."

31   Aren't they (both / only) opinions?

32   That's a great (answer / question), Kyle.

33   When people use words like "best" or "most," they are usually expressing (facts / opinions).

34   But in the *Forrest Gump* ad, "Best Picture" is the award (when / which) the movie won.

35   We can check that (on / to) the Internet.

36   That's a(n) (fact / opinion).

37   Aha! (For example / From now on) I'm only going to trust ads with facts.

38   It's not (that / this) simple.

39   Most ads mix facts (at / with) opinions.

40   So you have to make a smart choice (based on / because of) both of them.

41   (Get / Got) it!

42   Emma, do you want to (look / watch) the rest of *Y-Men 7* with me?

43   Thanks, but (any / no) thanks.

44   Enjoy the (first / rest) of the movie!

밑줄 친 부분이 내용이나 어법상 바르면 ○, 어색하면 ×에 표시하고 고쳐 쓰시오.

01   <u>Who</u> are you doing, Kyle?   ○ ×

02   Oh, Emma. I'm watching the movie, *Y-Men 7* <u>on my computer.</u>   ○ ×

03   How <u>it is</u>?   ○ ×

04   <u>Don't</u> ask.   ○ ×

05   It's so boring <u>to</u> I want to cry.   ○ ×

06   I'm sorry <u>hear</u> that.   ○ ×

07   I'm so <u>mad</u>.   ○ ×

08   The movie advertisement <u>said</u> it was "The Most Exciting Movie of the Year."   ○ ×

09   Well, you can't believe <u>everyone</u> that you read.   ○ ×

10   They <u>lay</u> on the advertisement.   ○ ×

11   I'm going to <u>ask for</u> my money back.   ○ ×

12   <u>Hold on</u>, Kyle!   ○ ×

13   They didn't really lie because they used <u>facts, not opinions</u>.   ○ ×

14   Huh? I'm <u>following</u> you.   ○ ×

15   Opinions express people's <u>feelings</u> like, "The desert is beautiful."   ○ ×

16   You <u>can</u> say that it's true or not.   ○ ×

17   But, facts can be <u>prove</u>.   ○ ×

18   <u>For example</u>, "The Atacama Desert is in Chile," is a fact.   ○ ×

19   You can check <u>that</u> on the map.   ○ ×

20   Okay.... But what's the <u>connect</u> with movies?   ○ ×

21   Let me <u>explain</u>.   ○ ×

22 Who's your favorite movie? ○ ×

23 It's *Forrest Gump*. ○ ×

24 Okay. Let's look for its adventure. ○ ×

25 What does they say? ○ ×

26 It says, "Winner of 6 Academy Awards including Best Picture." ○ ×

27 See? It uses opinions unlike the *Y-Men 7* advertisement. ○ ×

28 Do you see the different? ○ ×

29 Never exactly. ○ ×

30 The *Y-Men 7* ad says "Most Exciting Movie" and the *Forrest Gump* ad says "Best Picture." ○ ×

31 Aren't they both opinion? ○ ×

32 That's a great question, Kyle. ○ ×

33 When people use words like "best" or "most," they are usually express opinions. ○ ×

34 But in the *Forrest Gump* ad, "Best Picture" is the award who the movie won. ○ ×

35 We can check that on the Internet. ○ ×

36 That's an opinion. ○ ×

37 Aha! From now on I'm only going to trust ads with facts. ○ ×

38 It's not that simply. ○ ×

39 Most ad mix facts with opinions. ○ ×

40 So you have to make a smart choose based on both of them. ○ ×

41 Got it! ○ ×

42 Emma, does she want to watch the rest of *Y-Men 7* with me? ○ ×

43 Thanks, but thanks. ○ ×

44 Enjoy the rest of the movie! ○ ×

주어진 단어를 바르게 배열하여 문장을 쓰시오.

01 뭐 하고 있니, Kyle? (Kyle / doing, / what / are / you)

→

02 오, Emma. 난 컴퓨터로 영화 "Y-Men 7"을 보고 있어.

(Emma / oh, / I'm / on my computer / watching / *Y-Men 7* / the movie,)

→

03 어때? (it / is / how)

→

04 묻지 마. (ask / don't)

→

05 너무 지루해서 울고 싶어. (want / it's / that / I / so / to cry / boring)

→

06 그 말을 들으니 유감이야. (to hear / sorry / I'm / that)

→

07 난 정말 화가 나. (mad / I'm / so)

→

08 영화 광고에는 이것이 "올해의 가장 흥미진진한 영화"라고 쓰여 있었어.

("The Most Exciting Movie of the Year." / advertisement / the movie / was / said / it)

→

09 음, 넌 네가 읽는 모든 것을 믿을 수는 없어. (can't believe / well, / that / you / everything / you read)

→

10 그들은 광고에 거짓말을 한 거야. (they / on the advertisement / lied)

→

11 돈을 환불해 달라고 할 거야. (I'm / back / ask for / my money / going to)

→

12 기다려, Kyle! (Kyle / hold on,)

→

13 그들은 사실이 아닌 의견을 사용했기 때문에 꼭 거짓말을 한 것은 아니야.

(because / they / used / didn't really lie / they / not facts / opinions,)

→

14 뭐라고? 네 말을 이해하지 못하겠어. (huh? / following / not / you / I'm)

→

15 의견은 "사막은 아름다워."와 같이 사람들의 감정을 표현하는 거야.

(like, / express / people's feelings / "The desert is beautiful." / opinions)

→

16 그것이 사실인지 아닌지 말할 수는 없어. (true or not / it's / can't say / you / that)

→

17 하지만, 사실은 증명할 수 있어. (facts / but, / can be proven)

→

18 예를 들어, "아타카마 사막은 칠레에 있다."는 사실이야.

(is / "The Atacama Desert is in Chile," / a fact / for example,)

→

19 넌 그것을 지도에서 확인할 수 있어. (on the map / can check / you / that)

→

20 알겠어…. 하지만 그게 영화와 무슨 관련이 있니? (what's / but / with movies / the connection / okay....)

→

21 설명해 줄게. (let / explain / me)

→

22 네가 가장 좋아하는 영화가 뭐니? (favorite movie / your / what's)

→

23 "Forrest Gump"야. (*Forrest Gump* / it's)

→

24 좋아. 그것의 광고를 찾아보자. (its advertisement / let's / look for / okay)

→

25 그것에 뭐라고 쓰여 있니? (does / what / it / say)

→

26 그것은 "최우수 작품상을 포함한 6개 부문 아카데미상 수상작"이라고 쓰여 있어.

(it / "Winner of 6 Academy Awards including Best Picture." / says,)

→

27 알겠니? 그것은 "Y-Men 7" 광고와는 달리 사실을 사용하고 있어.

(unlike / it / uses / see / the *Y-Men 7* advertisement / facts)

→

28 차이를 알겠니? (the difference / do / you / see)

→

29 잘 모르겠어. (exactly / not)

→

30 "Y-Men 7" 광고는 "Most Exciting Movie"라고 쓰여 있고 "Forrest Gump" 광고는 "Best Picture"라고 쓰여 있잖아.

("Most Exciting Movie" / and / the *Y-Men 7* ad / says / "Best Picture." / the *Forrest Gump* ad / says)

→

31 둘 다 의견 아니니? (aren't / both / opinions / they)

→

32 좋은 질문이야, Kyle. (a / that's / Kyle / question, / great)

→

33 사람들이 'best'나 'most'와 같은 말을 사용할 때, 그들은 대개 의견을 표현하는 거야.

(people / when / like "best" or "most," / are / use words / usually / expressing / they / opinions)

→

34 하지만 "Forrest Gump" 광고에서, "Best Picture"는 그 영화가 받은 상이야.

(but / which / the award / the movie won / "Best Picture" / is / in the *Forrest Gump* ad,)

→

35 우리는 인터넷에서 그것을 확인할 수 있어. (we / on the Internet / check / can / that)

→

36 그건 사실이야. (a fact / that's)

→

37 아하! 난 지금부터 사실로 이루어진 광고만 믿을 거야. (aha / trust / from now on / with facts / ads / I'm only going to)

→

38 그게 그렇게 간단하지 않아. (it's / that simple / not)

→

39 대부분의 광고에는 사실과 의견이 섞여 있어. (facts / mix / with opinions / most ads)

→

40 그러니 그 둘을 바탕으로 현명한 선택을 해야 해. (have to / so / both of them / make a smart choice / based on / you)

→

41 알겠어! (got / it)

→

42 Emma, "Y-Men 7"의 남은 부분을 나와 함께 볼래?

(Emma, / to watch / with me / want / do / you / the rest of *Y-Men 7*)

→

43 고맙지만, 사양할게. (thanks, / no thanks / but)

→

44 영화의 남은 부분 잘 봐! (enjoy / of / the rest / the movie)

→

STEP
A

[01-03] 다음 대화를 읽고, 물음에 답하시오.

> (A) How is it?
> (B) Don't ask. ⓐIt's so boring that I want to cry.
> (C) Oh, Emma. I'm watching the movie, *Y-Men 7* on my computer.
> (D) I'm sorry ⓑto hear that.
> (E) What are you doing, Kyle?

01 자연스러운 대화가 되도록 (A)~(E)를 순서대로 배열한 것은?

① (C)-(A)-(E)-(B)-(D)
② (C)-(B)-(A)-(E)-(D)
③ (E)-(B)-(A)-(C)-(D)
④ (E)-(C)-(A)-(B)-(D)
⑤ (E)-(D)-(C)-(A)-(B)

02 위 대화의 밑줄 친 ⓐ와 의미가 같은 것은?

① The movie is very boring, so I want to cry.
② The movie is not boring, but I want to cry.
③ The movie is very boring because I want to cry.
④ I want to cry because the movie is not boring.
⑤ The movie is not boring, and I don't want to cry.

03 위 대화의 밑줄 친 ⓑ와 쓰임이 같은 것은?

① This is the only way to solve the problem.
② The dog is looking for something to eat.
③ They were disappointed to hear the news.
④ Does your sister have homework to finish by tomorrow?
⑤ It is very difficult to get up early in the morning.

[04-07] 다음 대화를 읽고, 물음에 답하시오.

> Kyle: I'm so mad. The movie advertisement said it was "The Most Exciting Movie of the Year."
> Emma: Well, you can't believe everything ____ⓐ____ you read.
> Kyle: They (A) lay / lied on the advertisement. I'm going to (B) give / ask for my money back.
> Emma: (C) Hold on / Keep going, Kyle! They didn't really lie because they used opinions, not facts.
> Kyle: Huh? ⓑI'm not following you.

04 위 대화의 빈칸 ⓐ에 들어갈 말로 알맞은 것은?

① how   ② who   ③ that
④ what   ⑤ whom

고
/난도
05 위 대화의 (A)~(C)에서 문맥상 알맞은 말이 순서대로 짝지어진 것은?

	(A)		(B)		(C)
①	lay	–	give	–	Hold on
②	lay	–	ask for	–	Keep going
③	lied	–	give	–	Hold on
④	lied	–	ask for	–	Hold on
⑤	lied	–	ask for	–	Keep going

06 다음 영어 뜻풀이에 해당하는 단어를 위 대화에서 찾아 쓰시오.

> a notice, picture, or short film telling people about something

→ _____

07 위 대화의 밑줄 친 ⓑ와 바꿔 쓸 수 있는 것은?

① I agree with you.

② Let me follow you.

③ I'll follow after you.

④ I'm tired of chasing you.

⑤ I don't understand what you said.

[08-11] 다음 글을 읽고, 물음에 답하시오.

(①) Opinions express people's feelings ⓐ<u>like</u>, "The desert is beautiful." (②) You can't say that it's true or not. (③) But, facts can be ⓑ<u>prove</u>. (④) For example, "The Atacama Desert is in Chile," is a fact. (⑤)

08 윗글의 주제로 가장 알맞은 것은?

① 사실을 검증하는 방법

② 사실과 의견의 차이점

③ 사실과 의견의 공통점

④ 효과적인 의사 전달 방법

⑤ 사실과 의견을 적절히 제시하는 방법

09 윗글의 ①~⑤ 중 주어진 문장이 들어갈 알맞은 곳은?

> You can check that on the map.

①   ②   ③   ④   ⑤

10 윗글의 밑줄 친 ⓐ와 쓰임이 같은 것은?

① I'd <u>like</u> some Italian food.

② Which story do you <u>like</u> best?

③ The garden looked <u>like</u> a jungle.

④ What did you <u>like</u> about the movie?

⑤ I would <u>like</u> to thank you all for coming tonight.

11 윗글의 밑줄 친 ⓑ<u>prove</u>의 형태로 알맞은 것은?

① proves   ② proof   ③ proven

④ proving   ⑤ to prove

[12-14] 다음 대화를 읽고, 물음에 답하시오.

Emma: Let me explain. What's your favorite movie?

Kyle: ⓐ<u>It</u>'s *Forrest Gump*.

Emma: Okay. Let's look for ⓑ<u>its advertisement</u>. What does ⓒ<u>it</u> say?

Kyle: ⓓ<u>It</u> says, "Winner of 6 Academy Awards including Best Picture."

Emma: See? ⓔ<u>It</u> uses facts unlike the *Y-Men 7* advertisement. Do you see the difference?

Kyle: (A)<u>Not exactly.</u>

12 위 대화의 밑줄 친 ⓐ~ⓔ 중 가리키는 것이 <u>다른</u> 하나는?

① ⓐ   ② ⓑ   ③ ⓒ   ④ ⓓ   ⑤ ⓔ

13 위 대화의 밑줄 친 (A)가 뜻하는 바로 알맞은 것은?

① 잘 모르겠다.

② 하나도 모르겠다.

③ 정확히 이해했다.

④ 네 말에 전부 동의하는 것은 아니다.

⑤ 네 말이 꼭 맞는 것은 아니다.

^고_{난도} ^신_{유형}
14 위 대화를 읽고 답할 수 <u>없는</u> 질문을 <u>모두</u> 고르면?

> ⓐ What's Kyle's favorite movie?
>
> ⓑ What does Emma think about the movie *Forrest Gump*?
>
> ⓒ What does the *Y-Men 7* advertisement say?
>
> ⓓ Which movie is the winner of 6 Academy Awards including Best Picture?

① ⓐ, ⓑ   ② ⓐ, ⓒ   ③ ⓑ, ⓒ

④ ⓑ, ⓓ   ⑤ ⓒ, ⓓ

STEP
A

[15-19] 다음 대화를 읽고, 물음에 답하시오.

Kyle: The *Y-Men 7* ad says "Most Exciting Movie" and the *Forrest Gump* ad says "Best Picture." ①Don't they both opinions?

Emma: That's a great question, Kyle. When people use words like "best" or "most," they ②are usually express opinions. But in the *Forrest Gump* ad, "Best Picture" is the award ③who the movie won. We can check that on the Internet. That's a fact.

Kyle: Aha! _____ I'm only going to trust ads with facts.

Emma: It's not that simple. Most ads mix facts ④for opinions. So you have to make a smart choice ⑤based on both of them.

Kyle: Got it! Emma, do you want to watch the rest of *Y-Men 7* with me?

Emma: Thanks, but no thanks. Enjoy the rest of the movie!

고
산도
15 위 대화의 밑줄 친 ①~⑤ 중 어법상 옳은 것은?

①   ②   ③   ④   ⑤

16 위 대화의 빈칸에 들어갈 말로 알맞은 것은?

① Until now   ② Up to now

③ For a while   ④ From now on

⑤ The day before

17 위 대화의 밑줄 친 rest와 같은 의미로 쓰인 것은?

① The doctor told me to rest.

② Why don't you have a rest?

③ Get some rest while you can.

④ It's too hot. You'd better rest for a while.

⑤ Eat some cake and put the rest in the refrigerator.

18 위 대화의 내용을 바탕으로 다음 중 의견으로만 이루어진 광고는?

①

Chicken Sandwich
8 out of 10 customers come back.

②

BEST SHOES IN THE WORLD
It's like walking on air!

③

Buy One, Get One FREE

④

FREE DRINK WITH EVERY PIZZA
Order Pizza Online, Save $2

⑤
40% off
Only One Week!

19 위 대화의 내용을 바르게 이해한 사람은?

① 미나: 영화에 관한 감상은 광고에 넣어서는 안 돼.

② 호진: 광고는 사실 정보만을 담고 있어.

③ 지민: 광고에서 영화에 관한 사실 정보를 기대할 수 없구나.

④ 기우: 수상 경력이 없다고 꼭 훌륭하지 않은 영화는 아니야.

⑤ 혜진: 광고의 사실과 의견을 바탕으로 현명한 선택을 해야 해.

[20-21] 다음 대화를 읽고, 물음에 답하시오.

> Emma: How is the movie?
> Kyle: Don't ask. 그것이 너무 지루해서 나는 울고 싶어.
> Emma: (1) _____.
> Kyle: I'm so mad. The movie advertisement said it was "The Most Exciting Movie of the Year."
> Emma: Well, you can't believe everything that you read.
> Kyle: They lied on the advertisement.
> (2) _____.
> Emma: (3) _____, Kyle!
> They didn't really lie because they used opinions, not facts.

20 위 대화의 빈칸에 들어갈 알맞은 말을 [보기]에서 골라 쓰시오.

> [보기] • Hold on
> • I'm sorry to hear that
> • I'm going to ask for my money back

21 위 대화의 밑줄 친 우리말을 so ~ that 구문을 사용하여 영어로 쓰시오.

→ _____

22 다음 대화를 읽고, 질문에 완전한 영어 문장으로 답하시오.

> Emma: Opinions express people's feelings like, "The desert is beautiful." You can't say that it's true or not. But, facts can be proven. For example, "The Atacama Desert is in Chile," is a fact. You can check that on the map.
> Kyle: Okay.... But what's the connection with movies?
> Emma: Let me explain. What's your favorite movie?
> Kyle: It's *Forrest Gump*.

> Emma: Okay. Let's look for its advertisement. What does it say?
> Kyle: It says, "Winner of 6 Academy Awards including Best Picture."
> Emma: See? It uses facts unlike the *Y-Men 7* advertisement.

(1) Q: What is something that can be proven?

A: _____

(2) Q: What does the *Y-Men 7* ad use?

A: _____

[23-24] 다음 대화를 읽고, 물음에 답하시오.

> Kyle: The *Y-Men 7* ad says "Most Exciting Movie" and the *Forrest Gump* ad says "Best Picture." Aren't they both opinions?
> Emma: That's a great question, Kyle. When people use words like "best" or "most," they are usually expressing opinions. But in the *Forrest Gump* ad, "Best Picture" is the award whom the movie won. We can check that on the Internet. That's a fact.
> Kyle: Aha! From now on I'm only going to trust ads with facts.
> Emma: It's not that simple. Most ads mix facts with opinions. So _____.

23 위 대화의 Emma의 말 중 어법상 틀린 문장을 찾아 바르게 고쳐 쓰시오.

→ _____

_____

24 위 대화의 빈칸에 알맞은 말이 되도록 괄호 안의 말을 바르게 배열하시오.

→ _____

(have to, based on, a smart choice, you, both of them, make)

만점 노트

After You Read_A

Need help?

Q. I want ❶ to watch a good movie. ❷ What kind of ads can I trust?

Ben: ❸ Don't trust ads because they ❹ are full of ❺ lies.
Ann: Watch only movies ❻ that use opinions in their ads.
Tony: Check ❼ both facts and opinions and choose wisely.

도움이 필요하세요?

질문: 저는 좋은 영화를 보고 싶어요. 어떤 종류의 광고를 신뢰할 수 있을까요?

Ben: 광고는 거짓말로 가득 차 있으니까 신뢰하지 마세요.
Ann: 광고에 의견을 사용한 영화만 보세요.
Tony: 사실과 의견을 둘 다 확인하고 현명하게 선택하세요.

❶ 동사 want의 목적어 역할을 하는 명사적 용법의 to부정사
❸ 「Don't + 동사원형 ~」은 '~하지 마라.'는 뜻의 부정명령문
❺ lie(거짓말)의 복수형
❼ both A and B: A와 B 둘 다

❷ What kind of ~?: 어떤 종류의 ~? (kind = type)
❹ be full of: ~으로 가득 차 있다
❻ movies를 선행사로 하는 주격 관계대명사

Think and Write

❶ Book Review by Semi

Title: Harry Potter   ❷ Genre: fantasy
Author: J. K. Rowling   ❸ Rating: ★★★★☆

Harry Potter is a fantasy novel. It ❹ was written by J. K. Rowling. Harry Potter is the ❺ main character of the book. When Harry goes to magic school, his adventures begin. I especially like the friendship of Harry and his friends. The book was ❻ so interesting that I couldn't ❼ put it down. I strongly recommend it to everyone.

세미의 독서 감상문

제목: Harry Potter   장르: 공상 소설
저자: J. K. Rowling   평가: ★★★★☆

"Harry Potter"는 공상 소설이다. 이 책은 J. K. Rowling에 의해 쓰였다. Harry Potter는 이 책의 주인공이다. Harry가 마법 학교에 갈 때, 그의 모험은 시작된다. 나는 특히 Harry와 그의 친구들의 우정을 좋아한다. 이 책은 너무 재미있어서 나는 책을 내려놓을 수가 없었다. 나는 모두에게 이 책을 강력히 추천한다.

❶ book review: 서평, 독서 감상문
❸ rating: 평가
❺ main character: 주요 등장인물, 주인공
❼ put down: 내려놓다

❷ genre: (예술 작품의) 장르, 유형
❹ be동사 + 과거분사 + by + 행위자: 수동태 구문
❻ so + 형용사 + that + 주어 + can't + 동사원형 …: 너무 ~해서 …할 수 없다

Project

Korean ❶ folk village

Facts
- It ❷ is located in Yongin.
- ❸ There are Korean traditional houses.
- Visitors can watch nongak and Jultagi.

Opinions
- It's a fun place in Yongin.
- Korean traditional houses are beautiful.
- Nongak and Jultagi will be ❹ exciting.

한국 민속촌

사실
- 용인에 위치해 있다.
- 한국 전통 가옥들이 있다.
- 방문객들은 농악과 줄타기를 관람할 수 있다.

의견
- 용인에 있는 재미있는 장소이다.
- 한국 전통 가옥들은 아름답다.
- 농악과 줄타기는 흥미진진할 것이다.

❶ folk village: 민속촌, 민속 마을
❸ there are + 복수 명사: ~들이 있다

❷ be located in: ~에 위치해 있다
❹ 주어인 '농악과 줄타기'는 감정을 일으키는 대상이므로 현재분사 exciting 사용

실전 TEST

[01-02] 다음 글을 읽고, 물음에 답하시오.

> **Need help?**
>
> Q. I want to watch a good movie. What kind of ads can I trust?
>
> Ben: Don't trust ads because they are full of ⓐlies.
>
> Ann: Watch only movies ⓑthat use opinions in their ads.
>
> Tony: Check both facts and opinions and choose wisely.

01 윗글의 밑줄 친 ⓐ와 같은 의미로 쓰인 것은?

① Are you lying to me?

② I lay on the grass and fell asleep.

③ Clothes were lying all over the floor.

④ I told a lie when I said I liked her haircut.

⑤ I love to lie down in front of the fire and read.

02 윗글의 밑줄 친 ⓑ와 쓰임이 같은 것은?

① The bag that I saw was red.

② Donate the items that you don't use.

③ Is this the train that goes to Seoul?

④ This is the worst movie that I have ever watched.

⑤ The decision that the company made will cause a lot of problems.

[03-05] 다음 글을 읽고, 물음에 답하시오.

> *Harry Potter* is a fantasy novel. It was written by J. K. Rowling. Harry Potter is the main character of the book. When Harry goes to magic school, his adventures begin. I especially like the friendship of Harry and his friends. The book was so interesting that I could put it down. I strongly recommend it to everyone.

03 윗글의 종류로 가장 알맞은 것은?

① travel essay ② order sheet

③ book review ④ letter of invitation

⑤ letter of recommendation

서술형 **1**

04 윗글의 밑줄 친 문장을 문맥상 자연스럽게 고쳐 다시 쓰시오.

→ _____

05 윗글 속 소설 "Harry Potter"에 관해 알 수 없는 것은?

① 장르 ② 저자 ③ 내용

④ 주인공 ⑤ 출판 연도

[06-07] 다음 표를 보고, 물음에 답하시오.

Korean folk village

Facts	Opinions
It is located in Yongin.	It's a fun place in Yongin.
(1) _____	(2) _____

06 위 표의 빈칸에 알맞은 문장을 [보기]에서 골라 기호를 쓰시오.

> [보기] ⓐ Nongak and Jultagi will be exciting.
>
> ⓑ There are Korean traditional houses.
>
> ⓒ Visitors can watch nongak and Jultagi.
>
> ⓓ Korean traditional houses are beautiful.

(1) _____ (2) _____

서술형 **2**

07 위 표의 내용을 참고하여, 다음 문장을 완성하시오.

> You can see (1) _____ and enjoy (2) _____ and Jultagi at the Korean folk village.

Words

고득점 맞기

01 다음 짝 지어진 단어의 관계가 같도록 빈칸에 알맞은 말을 쓰시오.

advertise : advertisement = connect : _____

02 다음 중 단어의 성격이 나머지와 다른 것은?

① meal ② prove ③ choice
④ opinion ⑤ difference

03 다음 중 주어진 영어 뜻풀이에 해당하는 단어가 쓰인 문장은?

to show what you think or feel

① The hotel is highly recommended.
② The lesson is pretty easy to follow.
③ Words can't express how happy I am.
④ I don't think it's worth talking about it anymore.
⑤ The book is full of facts about the World Cup.

04 다음 빈칸에 알맞은 말이 순서대로 짝 지어진 것은?

• Mix the butter _____ the sugar and then add the egg.
• I made a phone call to check _____ his address.

① for – in ② for – out
③ with – in ④ with – out
⑤ up – with

05 다음 빈칸에 들어갈 말로 알맞은 것은?

If you _____ something, you move it to a higher position.

① mix ② lift ③ prove
④ explain ⑤ recommend

06 다음 중 밑줄 친 부분의 쓰임이 알맞지 않은 것은?

① Hold on a minute and I'll get you one.
② We're very busy right now.
③ He has to make some important choices.
④ You can be eco-friendly by, based on, using recycled paper.
⑤ I go to sleep on my back but I always wake up in a different position.

07 다음 중 단어의 영어 뜻풀이가 알맞지 않은 것은?

① truth: the real facts about something
② lie: to believe that something is true
③ wisely: in a way that shows good judgment
④ meal: the food eaten or prepared at one time
⑤ pocket: a small bag that is attached to something

08 다음 빈칸에 공통으로 들어갈 말로 알맞은 것은?

• Can we stop for a minute? I need a _____.
• He lived here with his family for the _____ of his life.

① rest ② trust ③ check
④ express ⑤ follow

고 난도

09 다음 중 밑줄 친 단어의 의미가 서로 다른 것끼리 짝 지어진 것은?

① Don't lie in the sun for too long.
Movie stars often lie about their age.
② Coffee is probably the most popular drink in the world.
The singer is more popular among the elderly.
③ You'll miss your flight if you don't hurry up.
I missed the beginning of the show.
④ The film is recommended for teens.
Which type of oil do you recommend for my car?
⑤ The speech was very touching.
He wrote me a touching letter of thanks.

10 다음 영어 뜻풀이를 참고하여 빈칸에 알맞은 말을 쓰시오.

to tell somebody about something in a way that is easy to understand

Hold on! I will _____ how the machine works.

신 유형

11 다음 문장의 빈칸에 들어갈 수 없는 것을 두 개 고르면?

ⓐ The _____ between stress and illness is well known.
ⓑ One of the pictures is _____ $50,000.
ⓒ The recipe is very _____. You can make the dish within 5 minutes.

① expression
② worth
③ connection
④ complex
⑤ simple

12 다음 중 밑줄 친 This가 가리키는 것으로 알맞은 것은?

This means a prize such as money, etc. for something that somebody has done.

① award
② fact
③ favorite
④ adventure
⑤ advertisement

13 다음 중 밑줄 친 단어의 우리말 뜻으로 알맞지 않은 것을 모두 고르면?

① You're wrong, and I can prove it. (증명하다)
② I asked for their opinions about her new novel. (의견)
③ His choice of words made Rodney angry. (선택)
④ He'll be in a wheelchair for the rest of his life. (휴식)
⑤ I can't really see the difference between these two colors. (어려움)

고 난도

14 다음 중 밑줄 친 부분에 대한 설명으로 알맞지 않은 것은?

① I'm not feeling very good right now.
(at the present time)
② I don't think I can hold on longer.
(to wait for a short time)
③ From now on I'll be more careful.
(from this moment and always in the future)
④ She didn't wake up to the sound of the alarm clock. (to stop sleeping, or to make someone stop sleeping)
⑤ Check out the new comedy show on tonight.
(used when giving an example of the type of thing you mean)

우리말과 일치하도록 대화를 바르게 영작하시오.

교과서 118쪽

1 Listen and Speak 1-A

B: _____
G: _____
B: _____
G: _____

해석

B: 좋은 영화를 추천해 줄래?
G: "Star Wars"를 봐. 정말 좋았어.
B: 오, 나는 아직 그 영화를 본 적이 없어.
G: 지금 1위 영화야.

교과서 118쪽

2 Listen and Speak 1-B

W: _____
B: _____
W: _____
B: _____
W: _____
B: _____

W: 도와드릴까요?
B: 네. 배낭을 찾고 있어요. 하나 추천해 주시겠어요?
W: 이 빨간 배낭은 어떤가요? 빨간색은 요즘 가장 인기 있는 색이에요.
B: 제 옛 배낭이 빨간색이어서, 다른 색을 원해요.
W: 이 남색 배낭은 어떤가요? 양옆에 주머니가 있어요.
B: 오, 좋아 보여요. 그걸로 살게요.

교과서 118쪽

3 Listen and Speak 1-C

A: _____
B: _____
A: _____
B: _____

A: 지호야, 나에게 뮤지컬을 추천해 줄래?
B: "The Lion King"은 어때? 춤이 환상적이야.
A: 알겠어. 좋을 것 같네.
B: 나는 네가 그 뮤지컬을 좋아할 거라고 확신해.

교과서 119쪽

4 Listen and Speak 2-A

G: _____
B: _____
G: _____
B: _____

G: Tom, 새 스마트폰을 샀구나.
B: 응, 그래. 나는 정말 만족스러워.
G: 무엇이 가장 마음에 드니?
B: 카메라가 정말 좋아. 사진이 정말 잘 나와.

5 Listen and Speak 2-B

B: _____
G: _____
B: _____
G: _____
B: _____
G: _____
B: _____
G: _____
B: _____

해석   교과서 119쪽

B: 안녕, 수지야. 경주 여행은 마음에 들었니?
G: 매우 즐거웠어.
B: 어디를 방문했니?
G: 첨성대를 방문했어. 좋았어.
B: 또 어디를 방문했니?
G: 불국사. 멋진 곳이었어.
B: 완벽한 여행이었던 것 같네.
G: 응, 하지만 석굴암까지 걸어 올라가는 것은 힘들었어.
B: 하지만 그것이 그만한 가치가 있었을 거라고 확신해.

6 Listen and Speak 2-C

교과서 119쪽

A: _____
B: _____
A: _____
B: _____

A: _____
B: _____
A: _____
B: _____

A: 네 자전거는 마음에 드니?
B: 나는 정말 만족스러워.
A: 무엇이 마음에 드니?
B: 그것은 가볍고 빨라.

A: 네 자전거는 마음에 드니?
B: 나는 만족스럽지 않아.
A: 왜 만족스럽지 않은데?
B: 그것은 너무 무거워.

7 Real Life Talk > Watch a Video

교과서 120쪽

Brian: _____
Mina: _____
Brian: _____
Mina: _____
Brian: _____
Mina: _____
Brian: _____
Mina: _____
Brian: _____
Mina: _____

Brian: 미나야, 괜찮은 피자 식당을 추천해 줄래?
미나: Antonio's에 가 보는 게 어때? 내가 가장 좋아하는 곳이야.
Brian: 그곳의 무엇이 마음에 드니?
미나: 음식이 맛있어. 나는 불고기 피자를 추천해.
Brian: 가격은 어때?
미나: 가격도 괜찮다고 생각해.
Brian: 괜찮은 식당 같네. 서비스는 마음에 드니?
미나: 주말에는 좀 느려.
Brian: 알겠어. 내가 확인해 볼게. 고마워.
미나: 천만에. 맛있게 먹어!

**Listen & Speak**

고득점 맞기

01 다음 대화의 빈칸에 들어갈 말로 알맞은 것은?

> A: _____
>
> B: Why don't you see *The Lion King*?
>   The dancing is fantastic.

① Let me recommend a good musical.
② Have you seen the musical *The Lion King*?
③ I often go to see a musical. How about you?
④ Can you recommend a musical for me?
⑤ Do you know what the number one musical is right now?

02 다음 대화의 밑줄 친 우리말을 영어로 옮길 때, 쓰이지 않는 단어는?

> A: 네 새 운동화가 마음에 드니?
> B: I'm happy with it. It's comfortable.

① how　　② new　　③ like
④ about　　⑤ sneakers

[03-05] 다음 대화를 읽고, 물음에 답하시오.

Brian: Mina, can you recommend a good pizza restaurant? (①)
Mina: Why don't you try Antonio's? It's my favorite.
Brian: What do you like about it? (②)
Mina: (③) I recommend the bulgogi pizza.
Brian: How are the prices?
Mina: (④) I think the prices are good, too.
Brian: Sounds like a good restaurant. How do you like the service?
Mina: It's a little slow on the weekends.
Brian: Okay. I'll check it out. Thanks. (⑤)
Mina: No problem. Enjoy your meal!

03 위 대화의 ①~⑤ 중 주어진 문장이 들어갈 알맞은 곳은?

> The food is delicious.

①　　②　　③　　④　　⑤

04 위 대화를 읽고 답할 수 없는 질문은?

① Which pizza restaurant is Mina's favorite?
② What does Mina like about Antonio's?
③ What does Mina think of the prices at Antonio's?
④ What will Brian check out?
⑤ When are they going to visit Antonio's together?

05 위 대화 속 식당에 대해 알 수 없는 것을 모두 고르면?

① 가격　　　　　　② 위치
③ 서비스　　　　　④ 음식의 맛
⑤ 주차 가능 여부

06 다음 대화의 밑줄 친 부분과 바꿔 쓸 수 있는 것은?

> A: Can you recommend a book for me?
> B: How about *Frindle?* The story is touching.

① I'm not sure you will like *Frindle*.
② I recommend reading *Frindle*.
③ Do you know what *Frindle* is?
④ How do you like *Frindle*?
⑤ Why don't you look for some information about *Frindle*?

서술형

[07-08] 다음 대화를 읽고, 물음에 답하시오.

Clerk: May I help you?

Dave: Yes. I'm looking for a backpack. Can you recommend one?

Clerk: How about this red one? Red is the most popular color these days.

Dave: My old backpack was red, so I want a different color.

Clerk: How about this navy one? It has side pockets.

Dave: Oh, that looks good. I'll take it.

07 위 대화의 내용과 일치하도록 빈칸에 알맞은 말을 쓰시오.

> At first, the clerk recommended _____ _____ because _____ _____ .

고/난도
08 위 대화에서 Dave가 사기로 한 배낭의 특징 두 가지를 [조건]에 맞게 쓰시오.

> [조건]　1. The backpack을 주어로 쓸 것
> 　　　　2. 각각 주어와 동사를 포함한 완전한 영어 문장으로 쓸 것

(1) _____

(2) _____

[09-10] 다음 대화를 읽고, 물음에 답하시오.

A: Hi, Suji. ⓐ 경주 여행은 마음에 들었니?

B: I was very happy with it.

A: Where did you visit?

B: I visited Cheomseongdae. It was great.

A: Where else did you go?

B: Bulguksa. It was a wonderful place.

A: Sounds like the perfect trip.

B: Yeah, but walking up to Seokguram was difficult.

A: But I'm sure ⓑ it was worth it.

고/난도
09 위 대화의 밑줄 친 우리말 ⓐ를 [조건]에 맞게 영어로 쓰시오.

> [조건]　1. 괄호 안의 단어들을 사용하되, 한 단어는 제외할 것
> 　　　　2. 대소문자와 문장 부호를 정확히 쓸 것

→ _____

(how, like, trip, about, to, Gyeongju)

10 위 대화의 밑줄 친 ⓑit이 가리키는 것을 찾아 쓰시오.

→ _____

[11-12] 다음 대화를 읽고, 물음에 답하시오.

A: Tom, you got a new smartphone.

B: Yes, I did. I'm really happy with it.

A: _____

B: I love the camera. It takes great pictures.

고/난도
11 괄호 안의 단어들을 바르게 배열하여 위 대화의 빈칸에 들어갈 알맞은 말을 쓰시오.

→ _____

(you, most, about, do, what, like, it)

12 위 대화의 내용과 일치하도록 다음 질문에 완전한 문장으로 답하시오.

(1) How does Tom like his new smartphone?

→ _____

(2) Why does Tom love the camera on the smartphone?

→ _____

Grammar
고득점 맞기

01 다음 중 의미하는 바가 <u>다른</u> 하나는?

① She went home very late and she couldn't change her clothes.
② She went home too late to change her clothes.
③ Though she went home late, she could change her clothes.
④ She went home so late that she couldn't change her clothes.
⑤ She went home very late, so she couldn't change her clothes.

한 단계 │ 더!

02 다음 우리말을 영어로 옮긴 것 중 어법상 <u>틀린</u> 것은?

Bill이 함께 춤추고 있는 소녀를 봐.

① Look at the girl with Bill is dancing.
② Look at the girl that Bill is dancing with.
③ Look at the girl Bill is dancing with.
④ Look at the girl with whom Bill is dancing.
⑤ Look at the girl whom Bill is dancing with.

03 다음 빈칸에 공통으로 들어갈 말로 알맞은 것은?

• I like someone _____ makes me smile.
• The people _____ I met in Paris were very kind.

① why   ② who   ③ whom
④ what   ⑤ which

신유형

04 다음 우리말을 영어로 옮길 때, 세 번째로 오는 단어는?

그는 너무 영리해서 매우 어려운 문제를 해결할 수 있다.

① so   ② can   ③ he
④ solve   ⑤ clever

한 단계 │ 더!

05 다음 빈칸에 공통으로 들어가기에 알맞은 관계대명사를 쓰시오.

• This is the tree _____ my father planted last year.
• The picture for _____ you are looking is in the drawer.

→ _____

신유형

06 다음 중 문맥상 자연스러운 문장의 개수는?

ⓐ This smartphone is too small to hold in one hand.
ⓑ He is so strong that you can beat him easily.
ⓒ The water is so salty that I cannot drink it.
ⓓ She's very short, so she can reach the top shelf.
ⓔ The farmers were too busy to rest.

① 1개   ② 2개   ③ 3개   ④ 4개   ⑤ 5개

07 다음 중 밑줄 친 who의 쓰임이 나머지와 다른 것은?

① The man who offered me a seat was tall.
② Did you see the police officer who was chasing a man?
③ This is the cook who Ms. Kim recommended.
④ She sent a gift to her friend who lives in Vietnam.
⑤ The musician who wrote this song is Canadian.

08 다음 문장과 의미가 같은 것을 모두 고르면?

He is too proud to see his own mistake.

① He is so proud that he can't see his own mistake.
② Even though he is very proud, he can see his own mistake.
③ He is very proud, so he can't see his own mistake.
④ He is so proud that he can see his own mistake.
⑤ He is very proud, but he can see his own mistake.

고난도
09 다음 중 밑줄 친 말이 어법상 알맞지 않은 것은?

① I was too full to eat dessert.
② I found the purse that I lost yesterday.
③ I need someone which I can depend on.
④ The ice was so thick that we could walk on it.
⑤ The stone was so heavy that I couldn't lift it.

한 단계 더!
10 다음 빈칸에 들어갈 말로 알맞은 것은?

The woman with _____ I want to talk is very humorous.

① who
② that
③ what
④ whom
⑤ which

한 단계 더!
11 다음 중 빈칸에 that이 들어갈 수 있는 문장의 개수는?

ⓐ She is my daughter _____ I take care of.
ⓑ Here are the keys _____ you gave to me.
ⓒ Look at the stars _____ are shining in the sky.
ⓓ We like the actor _____ was in a famous film.
ⓔ The bus for _____ I waited didn't arrive on time.

① 1개 ② 2개 ③ 3개 ④ 4개 ⑤ 5개

고난도
12 다음 중 문맥상 또는 어법상 올바른 문장끼리 짝 지어진 것은?

ⓐ He was too healthy to go to school.
ⓑ This is the pen that he wrote the letter with.
ⓒ It is too late that you have to take a taxi.
ⓓ The person whom I invited hasn't arrived yet.
ⓔ This problem is so difficult that we can't answer it right now.

① ⓐ, ⓑ ② ⓐ, ⓒ, ⓔ ③ ⓑ, ⓒ
④ ⓑ, ⓓ, ⓔ ⑤ ⓒ, ⓓ, ⓔ

STEP
B

서술형

13 다음 우리말과 같도록 괄호 안의 말과 알맞은 관계대명사를 사용하여 문장을 쓰시오.

(1) 그는 내가 만나 보고 싶은 내가 가장 좋아하는 스타이다.

→ _____

(is, meet)

(2) 나는 우리 엄마가 나에게 만들어 주신 그 낡은 스웨터가 그립다.

→ _____

(miss, made)

(3) 그녀는 Tom이 다니는 그 학교를 찾을 수 없었다.

→ _____

(find, goes to)

14 다음 우리말과 같도록 괄호 안의 단어들을 사용하여 두 문장을 완성하시오.

나는 어제 너무 아파서 일하러 갈 수 없었다. (sick, go)

(1) I was _____ _____ _____

_____ to work yesterday.

(2) I was _____ _____ _____

I _____ go to work yesterday.

15 주어진 문장의 내용과 같도록 관계대명사를 사용하여 각 문장을 완성하시오.

(1) You use an air-conditioner to keep the air in a building cool.

→ An air-conditioner is a machine _____

_____ .

(2) I look up the meaning of a word in a dictionary.

→ A dictionary is a book _____

_____ .

(3) Korean people eat tteokguk on New Year's Day.

→ Tteokguk is a food _____

_____ .

16 다음 〈A〉와 〈B〉에서 알맞은 말을 하나씩 골라 [조건]에 맞게 문장을 쓰시오.

[조건] 1. so ~ that 구문을 사용할 것
  2. 〈A〉의 말이 원인, 〈B〉의 말이 결과에 해당하도록 사용할 것
  3. 시제에 유의해 자유롭게 문장을 완성할 것

〈A〉   fast   difficult   expensive

〈B〉   win   buy   answer

(1) _____

(2) _____

(3) _____

17 다음 중 어법상 틀린 문장을 찾아 기호를 쓴 후, 바르게 고쳐 쓰시오.

ⓐ I need someone I can trust.

ⓑ We arrived too late not to have dinner.

ⓒ I want to buy a gift which my mom will like.

ⓓ The test was very easy, so everyone passed.

ⓔ The food was so spicy that I couldn't eat it.

(_____) → _____

18 자연스러운 문장이 되도록 빈칸에 알맞은 말을 자유롭게 써넣어 문장을 완성하시오.

(1) We got up so late that _____

_____ .

(2) He was too nervous to _____

_____ .

(3) The movie was so boring that _____

_____ .

다음 우리말과 일치하도록 각 문장을 바르게 영작하시오.

01

뭐 하고 있니, Kyle?

02

오, Emma. 난 컴퓨터로 영화 "Y-Men 7"을 보고 있어.

03

어때?

04

묻지 마.

05

☆ 너무 지루해서 울고 싶어.

06

그 말을 들으니 유감이야.

07

난 정말 화가 나.

08

영화 광고에는 이것이 "올해의 가장 흥미진진한 영화"라고 쓰여 있었어.

09

☆ 음, 넌 네가 읽는 모든 것을 믿을 수는 없어.

10

그들은 광고에 거짓말을 한 거야.

11

돈을 환불해 달라고 할 거야.

12

기다려, Kyle!

13

☆ 그들은 사실이 아닌 의견을 사용했기 때문에 꼭 거짓말을 한 것은 아니야.

14

뭐라고? 네 말을 이해하지 못하겠어.

15

☆ 의견은 "사막은 아름다워."와 같이 사람들의 감정을 표현하는 거야.

16

☆ 그것이 사실인지 아닌지 말할 수는 없어.

17

☆ 하지만, 사실은 증명할 수 있어.

18

예를 들어, "아타카마 사막은 칠레에 있다."는 사실이야.

19

넌 그것을 지도에서 확인할 수 있어.

20

알겠어…. 하지만 그게 영화와 무슨 관련이 있니?

21

설명해 줄게.

STEP B

22

_____

네가 가장 좋아하는 영화가 뭐니?

23

_____

"Forrest Gump"야.

24

_____

좋아. 그것의 광고를 찾아보자.

25

_____

☆ 그것에 뭐라고 쓰여 있니?

26

_____

그것은 "최우수 작품상을 포함한 6개 부문 아카데미상 수상작"이라고 쓰여 있어.

27

_____

알겠니? 그것은 "Y-Men 7" 광고와는 달리 사실을 사용하고 있어.

28

_____

차이를 알겠니?

29

_____

잘 모르겠어.

30

_____

"Y-Men 7" 광고는 "Most Exciting Movie"라고 쓰여 있고 "Forrest Gump" 광고는 "Best Picture"라고 쓰여 있잖아.

31

_____

둘 다 의견 아니니?

32

_____

좋은 질문이야, Kyle.

33

_____

사람들이 'best'나 'most'와 같은 말을 사용할 때, 그들은 대개 의견을 표현하는 거야.

34

_____

☆ 하지만 "Forrest Gump" 광고에서, "Best Picture"는 그 영화가 받은 상이야.

35

_____

☆ 우리는 인터넷에서 그것을 확인할 수 있어.

36

_____

그건 사실이야.

37

_____

아하! 난 지금부터 사실로 이루어진 광고만 믿을 거야.

38

_____

그게 그렇게 간단하지 않아.

39

_____

☆ 대부분의 광고에는 사실과 의견이 섞여 있어.

40

_____

☆ 그러니 그 둘을 바탕으로 현명한 선택을 해야 해.

41

_____

알겠어!

42

_____

Emma, "Y-Men 7"의 남은 부분을 나와 함께 볼래?

43

_____

고맙지만, 사양할게.

44

_____

영화의 남은 부분 즐겨!

Reading
고득점 맞기

Answers p. 11

[01-04] 다음 대화를 읽고, 물음에 답하시오.

> Emma: What are you doing, Kyle?
> Kyle: Oh, Emma. I'm watching the movie, *Y-Men 7* on my computer.
> Emma: ⓐHow is it?
> Kyle: Don't ask. It's so boring _____ⓑ_____.
> Emma: I'm sorry to hear that.
> Kyle: I'm so _____ⓒ_____. The movie advertisement said it was "The Most Exciting Movie of the Year."
> Emma: Well, you can't believe everything that you read.
> Kyle: They lied on the advertisement. I'm going to ask for my money back.
> Emma: Hold on, Kyle! They didn't really lie because they used opinions, not facts.

01 위 대화의 밑줄 친 ⓐ와 바꿔 쓸 수 있는 것은?

① How does it work?
② How's the weather?
③ How do you like it?
④ How are you feeling now?
⑤ How's everything with you?

02 위 대화의 빈칸 ⓑ에 들어갈 말로 흐름상 어색한 것은?

① that I want to cry
② that I want to stop watching it
③ that I'd like to turn off the computer
④ that I don't want to watch it anymore
⑤ that I want to recommend it to all my friends

03 위 대화의 빈칸 ⓒ에 들어갈 말로 알맞은 것은?

① mad ② busy ③ happy
④ excited ⑤ pleased

04 위 대화의 내용과 일치하도록 빈칸에 알맞은 말을 쓰시오.

> According to Emma, "The Most Exciting Movie of the Year" on the advertisement is a(n) _____ statement.

[05-07] 다음 대화를 읽고, 물음에 답하시오.

> Kyle: Huh? I'm not following you.
> Emma: (A)Opinions express people's feelings _____ⓐ_____, "The desert is beautiful." (①) But, facts can be proven. For example, "The Atacama Desert is in Chile," is a fact. (②) You can _____ⓑ_____ that on the map.
> Kyle: Okay.... But what's the _____ⓒ_____ with movies?
> Emma: Let me explain. What's your favorite movie? (③)
> Kyle: It's *Forrest Gump*.
> Emma: Okay. Let's look for its advertisement. What does it say? (④)
> Kyle: It says, "Winner of 6 Academy Awards _____ⓓ_____ Best Picture."
> Emma: See? (⑤) It uses facts unlike the *Y-Men 7* advertisement. Do you see the _____ⓔ_____?

05 위 대화의 밑줄 친 (A)에 해당하지 않는 것은?

① Dogs are the best pets.
② Strawberries taste better than blueberries.
③ April is a month with 30 days.
④ Fried chicken is one of the most delicious foods.
⑤ Playing computer games is very fun.

06 위 대화의 빈칸 ⓐ~ⓔ에 들어갈 말로 알맞지 <u>않은</u> 것은?

① ⓐ: like ② ⓑ: check ③ ⓒ: connection
④ ⓓ: including ⑤ ⓔ: similarity

07 위 대화의 ①~⑤ 중 주어진 문장이 들어갈 알맞은 곳은?

You can't say that it's true or not.

①　　②　　③　　④　　⑤

[08-11] 다음 대화를 읽고, 물음에 답하시오.

Kyle: The *Y-Men 7* ad says "Most Exciting Movie" and the *Forrest Gump* ad says "Best Picture." Aren't they both opinions?

Emma: ⓐThat's a great question, Kyle. When people use words like "best" or "most," they are usually expressing opinions. But in the *Forrest Gump* ad, "Best Picture" is the award ⓑthat the movie won. We can check ⓒthat on the Internet. ⓓThat's a fact.

Kyle: Aha! From now on I'm only going to trust ads with facts.

Emma: It's not ⓔthat simple. Most ads mix facts with opinions. So you have to make a smart choice based on both of them.

Kyle: Got it! Emma, do you want to watch the rest of *Y-Men 7* with me?

Emma: Thanks, but no thanks. Enjoy the rest of the movie!

08 위 대화의 밑줄 친 ⓐ~ⓔ 중 다음 문장의 that과 쓰임이 같은 것은?

This is the movie that I like the most.

① ⓐ　　② ⓑ　　③ ⓒ　　④ ⓓ　　⑤ ⓔ

고
단도 / 신
유형

09 다음 영어 뜻풀이에 해당하는 단어 중 위 대화에서 찾을 수 <u>없는</u> 것은?

① to show what you think or feel
② to believe that something is true
③ ideas or feelings about something
④ the way in which two things are related to each other
⑤ a prize such as money, etc. for something that somebody has done

10 위 대화의 내용과 일치하는 것은?

① Words like "best" or "most" are only used with facts.
② *Y-Men 7* won the "Best Picture" award.
③ Most ads use both facts and opinions.
④ Kyle couldn't understand what Emma meant after all.
⑤ Emma and Kyle are going to watch the movie *Y-Men 7* together.

고
단도

11 위 대화에서 Emma가 말하고자 하는 바로 알맞은 것은?

① Ads should always tell the truth.
② We should only trust ads with facts.
③ Ads always tell lies about their products.
④ We have to check both facts and opinions in the ads and choose wisely.
⑤ We don't need to pay attention to boring ads.

서술형

12 다음 대화의 내용과 일치하도록 글을 완성하시오.

Emma: What are you doing, Kyle?

Kyle: Oh, Emma. I'm watching the movie, *Y-Men 7* on my computer.

Emma: How is it?

Kyle: Don't ask. It is so boring that I want to cry.

Emma: I'm sorry to hear that.

Kyle: I'm so mad. The movie advertisement said it was "The Most Exciting Movie of the Year."

Emma: Well, you can't believe everything that you read.

Kyle: They lied on the advertisement. I'm going to ask for my money back.

Emma: Hold on, Kyle! They didn't really lie because they used opinions, not facts.

▼

Kyle and Emma are talking about the movie, _____ and its _____. Kyle thinks the ad didn't tell the truth because the movie is _____, rather than "exciting." But Emma says the ad used _____, not _____.

[13-15] 다음 두 대화를 읽고, 물음에 답하시오.

〈A〉

Kyle: I'm not following you.

Emma: Opinions express people's feelings like, "_____ⓐ_____." You can't say that it's true or not. But, facts can be proven. For example, "_____ⓑ_____," is a fact. You can check that on the map.

〈B〉

Kyle: The *Forrest Gump* ad says, "_____ⓒ_____."

Emma: See? It uses facts unlike the *Y-Men 7* advertisement. Do you see the difference?

Kyle: Not exactly. The *Y-Men 7* ad says "Most Exciting Movie" and the *Forrest Gump* ad says "Best Picture." Aren't they both opinions?

Emma: That's a great question, Kyle. When people use words like "best" or "most," they are usually expressing opinions. But in the *Forrest Gump* ad, "Best Picture" is the award which the movie won. We can check that on the Internet. That's a fact.

13 위 대화의 빈칸 ⓐ~ⓒ에 들어갈 알맞은 말을 [보기]에서 골라 쓰시오.

[보기]
• Winner of 6 Academy Awards including Best Picture
• The Atacama Desert is in Chile
• The desert is beautiful

ⓐ _____

ⓑ _____

ⓒ _____

14 위 대화를 바탕으로 아래 문장을 완성하시오.

Emma is explaining the _____ between _____ and opinions.

15 What does "Best Picture" mean in the *Forrest Gump* ad? Answer in English.

→ _____

서술형 100% TEST

01 다음 빈칸에 알맞은 단어를 [조건]에 맞게 쓰시오.

They placed an _____ for a new car in the newspaper.

[조건] 1. The word starts with "a."
2. The word has 13 letters.
3. The word means "a notice, picture, or short film telling people about something."

02 다음 주어진 문장의 밑줄 친 단어를 포함하는 문장을 [조건]에 맞게 자유롭게 영작하시오.

What will you do for the <u>rest</u> of the time?

[조건] 1. 밑줄 친 단어의 의미를 그대로 사용할 것
2. 주어와 동사를 포함한 완전한 문장으로 쓸 것

→ _____

03 다음 글의 내용과 일치하도록 대화를 완성하시오.

Tony asks Amy to recommend a novel for him. She recommends *The Adventures of Tom Sawyer*. It is her favorite. She thinks it has lots of exciting adventures.

▼

Tony: Hey, Amy. (1) _____
_____?
Amy: Why (2) _____ *The Adventures of Tom Sawyer*? It's my favorite.
Tony: What do you like about it?
Amy: (3) _____

04 다음 대화의 밑줄 친 말과 바꿔 쓸 수 있는 표현을 두 개 쓰시오.

A: Can you recommend a good song?
B: <u>I recommend</u> *Hello*. It's my favorite.

→ _____
_____

05 다음 미나의 음식점 후기를 나타낸 표를 보고, 대화를 완성하시오.

Mina's Restaurant Review	
name	Antonio's
type	pizza restaurant
rating	★★★★☆
food	delicious The bulgogi pizza is highly recommended.
prices	good
service	a little slow on the weekends

Brian: Mina, can you recommend a good pizza restaurant?
Mina: (1) _____
It's my favorite.
Brian: What do you like about it?
Mina: (2) _____
I recommend the bulgogi pizza.
Brian: How are the prices?
Mina: (3) _____
Brian: Sounds like a good restaurant. How do you like the service?
Mina: (4) _____
Brian: Okay. I'll check it out. Thanks.
Mina: No problem. Enjoy your meal!

고
산도
06 다음 그림을 보고, 대화를 완성하시오.

A: Nick, how do you like your T-shirt?

B: (1) _____

A: Why not?

B: (2) _____

07 다음 표를 보고, 대화를 완성하시오.

Movie Review		
Title	*Shrek*	*To the Future*
Rating	★★★★☆	★★☆☆☆
Comment	All the characters are funny.	It's too long and boring.

A: Can you recommend a movie?

B: How about (1) _____?

A: What do you like about it?

B: (2) _____

08 다음 대화를 읽고, 주어진 질문에 완전한 문장으로 답하시오.

Man: May I help you?

Ella: Yes. I'm looking for a jacket. Can you recommend one?

Man: How about this blue one? Blue is the most popular color these days.

Ella: I don't like blue, so I want a different color.

Man: How about this red one? It's only $10.

Ella: Oh, that looks good. I'll take it.

(1) Q: What does the man recommend first?

A: _____

(2) Q: What will Ella buy?

A: _____

09 다음의 원인(cause)과 결과(result)를 나타내는 각 문장을 괄호 안의 말을 사용하여 한 문장으로 바꿔 쓰시오.

(1) Cause: It was too cloudy.

Result: We couldn't go sailing.

→ _____

(so ~ that)

(2) Cause: The dress was very beautiful.

Result: I couldn't take my eyes off it.

→ _____

(so ~ that)

(3) Cause: The news is very good.

Result: It cannot be true.

→ _____

(too ~ to)

10 다음 우리말과 같도록 목적격 관계대명사를 사용하여 문장을 완성하시오.

(1) Sam이 연주하고 있는 그 피아노는 매우 낡았다.

→ The piano _____ is very old.

(2) 그는 대부분의 학생들이 좋아하는 교사이다.

→ He is the teacher _____ .

(3) 이것은 내가 어제 구입한 소파이다.

→ This is the sofa _____ .

11 다음 [조건]에 맞게 문장을 완성하시오.

[조건] 1. so ~ that 구문이나 too ~ to 구문으로 문장을 완성할 것

2. 괄호 안의 표현을 이용할 것

(1) The film was _____ exciting that she _____ _____ . (watch, twice)

(2) He is _____ young to _____ by himself. (board a plane)

12 다음 우리말과 같도록 [조건]에 맞게 문장을 완성하시오.

> [조건] 1. so ~ that 구문이나 too ~ to 구문 중 하나를 사용하여 문장을 완성할 것 (단, 각 구문을 한 번 이상 사용할 것)
> 2. 주어진 단어 중 알맞은 것을 골라 사용할 것

walk	open	catch

(1) 바람이 너무 불어서 그녀는 우산을 펼 수 없다.

→ It's _____.

(2) Dave는 너무 피곤해서 더 이상 걸을 수 없었다.

→ Dave was _____

(3) 그들은 너무 늦어서 기차를 탈 수 없었다.

→ They were _____.

13 다음 [조건]에 맞게 문장을 완성하시오.

> [조건] 1. 〈A〉와 〈B〉에서 문장을 하나씩 골라 한 문장으로 쓸 것
> 2. 〈A〉의 문장으로 시작할 것
> 3. 알맞은 관계대명사를 사용할 것

> 〈A〉 (1) There's the man.
> (2) She loved the cake.
> (3) The people are really nice and kind.

> 〈B〉 • I made it for her.
> • I saw him yesterday.
> • I'd like to make friends with them.

(1) _____

(2) _____

(3) _____

14 다음 글의 내용과 일치하도록 관계대명사 which나 whom을 사용하여 문장을 완성하시오.

> Karen likes reading fantasy novels. Her favorite is *The Golden Compass*. She has read this book several times. These days she is writing a novel. It is about a moving house. Yesterday, she read her novel to her best friend, James. He loved it. Karen wants to be a great writer. James will be her first fan.

(1) *The Golden Compass* is the book _____

_____ several times.

(2) The novel _____

is about a moving house.

(3) James _____

will be her first fan.

[15-16] 다음 대화를 읽고, 물음에 답하시오.

> Emma: What are you doing, Kyle?
> Kyle: Oh, Emma. I'm watching the movie, *Y-Men 7* on my computer.
> Emma: How is it?
> Kyle: Don't ask. It's so boring that I want to cry.
> Emma: I'm sorry to hear that.
> Kyle: I'm so mad. The movie advertisement said it was "The Most Exciting Movie of the Year."
> Emma: Well, you can't believe everything that you read.
> Kyle: They lied on the advertisement. I'm going to ask for my money back.

15 위 대화의 내용과 일치하도록 Kyle의 영화평을 완성하시오.

MOVIE REVIEW	
Title	_____
Rating	★☆☆☆☆
Comment	It's so _____. I think they _____ on the advertisement.

16 위 대화의 내용과 일치하도록 주어진 질문에 완전한 문장으로 답하시오.

(1) Q: What is Kyle doing?

A: _____

(2) Q: What did the advertisement say about the movie, *Y-Men 7*?

A: _____

[17-18] 다음 글을 읽고, 물음에 답하시오.

Opinions express people's feelings like, "The desert is beautiful." You can't say that it's true or not. But, facts can be proven. For example, "The Atacama Desert is in Chile," is a fact. You can check that on the map.

17 윗글을 참고하여 사실과 의견의 차이점을 우리말로 쓰고, [보기]의 문장들을 사실과 의견으로 구분하시오.

[보기] ⓐ There are 12 months in a year.
ⓑ Joining street parades is a lot of fun.
ⓒ It is exciting to build a city in a desert.
ⓓ Mars is the second closest planet to Earth.
ⓔ The Korean folk village is located in Yongin.

(1) 차이점: _____

_____

(2) Fact 문장: _____

(3) Opinion 문장: _____

18 윗글의 밑줄 친 문장을 대신할 수 있는 문장을 자유롭게 쓰시오.

→ _____

[19-20] 다음 대화를 읽고, 물음에 답하시오.

Kyle: The *Forrest Gump* ad says, "Winner of 6 Academy Awards including Best Picture."

Emma: See? ⓐ It uses facts like the *Y-Men 7* advertisement. Do you see the difference?

Kyle: ⓑ Not exactly. The *Y-Men 7* ad says "Most Exciting Movie" and the *Forrest Gump* ad says "Best Picture." ⓒ Aren't they both opinions?

Emma: That's a great question, Kyle. ⓓ When people use words like "best" or "most," they are usually expressing facts. But in the *Forrest Gump* ad, "Best Picture" is the award which the movie won. ⓔ We can check that on the Internet. That's a fact.

Kyle: Aha! From now on I'm only going to trust ads with facts.

Emma: It's not that simple. Most ads mix facts with opinions. So you have to make a smart choice based on both of them.

Kyle: Got it!

19 위 대화의 ⓐ~ⓔ 중 흐름상 어색한 문장을 두 개 찾아 바르게 고쳐 쓰시오.

( ) → _____

_____

( ) → _____

_____

20 위 대화의 내용과 일치하도록 Kyle이 쓴 아래의 글을 완성하시오.

Thanks to Emma, I learned that we should be careful when we read (1) _____. Most ads have both (2) _____ and _____. So, we have to pay attention to notice the facts or opinions. By doing this, we can (3) _____ _____ _____ _____.

01 다음 밑줄 친 단어와 바꿔 쓸 수 있는 것은? [3점]

> It was a <u>touching</u> and heart-warming experience.

① simple   ② moving   ③ different
④ popular   ⑤ fantastic

02 다음 영어 뜻풀이에 해당하는 단어는? [4점]

> to tell somebody about something in a way that is easy to understand

① mix   ② trust   ③ explain
④ express   ⑤ prove

03 다음 빈칸에 들어갈 말이 순서대로 짝 지어진 것은? [3점]

> • The film was based _____ a famous book.
> • Many countries, _____ example Mexico and Japan, have a lot of earthquakes.

① on – for   ② on – with
③ up – for   ④ up – with
⑤ with – unlike

04 다음 중 밑줄 친 단어의 쓰임이 알맞지 <u>않은</u> 것은? [5점]

① The plot is a little difficult to <u>follow</u>.
② This band is very <u>popular</u> with teens.
③ You should always wash your hands before <u>meals</u>.
④ He <u>expressed</u> his thoughts on the issue.
⑤ It is an <u>opinion</u> that the Earth is round.

05 다음 대화의 빈칸에 들어갈 말로 알맞은 것은? [3점]

> A: How do you like your bicycle?
> B: I'm really happy with it.
> A: What do you like about it?
> B: _____

① It's too heavy.
② It's light and fast.
③ I like another model.
④ It's too small for me.
⑤ I don't like the design.

06 자연스러운 대화가 되도록 (A)~(D)를 순서대로 배열한 것은? [4점]

> (A) Oh, I haven't seen it yet.
> (B) It's the number one movie right now.
> (C) Try *Star Wars*. I really liked it.
> (D) Can you recommend a good movie?

① (B)-(C)-(D)-(A)   ② (C)-(B)-(D)-(A)
③ (C)-(D)-(A)-(B)   ④ (D)-(A)-(B)-(C)
⑤ (D)-(C)-(A)-(B)

[07-08] 다음 대화를 읽고, 물음에 답하시오.

> Clerk: May I help you?
> Minho: Yes. I'm looking for a backpack. <u>하나 추천해 주시겠어요?</u>
> Clerk: How about this red one? Red is the most popular color these days.
> Minho: My old backpack was red, so I want a different color.
> Clerk: How about this navy one? It has side pockets.
> Minho: Oh, that looks good. I'll take it.

서술형1

07 위 대화의 밑줄 친 우리말을 [조건]에 맞게 영어로 쓰시오. [4점]

> [조건] 1. can을 포함하여 4단어로 쓸 것
> 2. 주어와 동사를 포함한 완전한 문장으로 쓸 것

→ _____

08 위 대화의 내용과 일치하지 <u>않는</u> 것은? [3점]

① 두 사람이 대화를 나누는 장소는 가방 가게이다.
② 점원은 민호에게 배낭을 추천해 준다.
③ 민호는 빨간색이 아닌 배낭을 찾는다.
④ 민호는 요즘 가장 인기 있는 색의 배낭을 살 것이다.
⑤ 민호가 사기로 한 배낭에는 옆 주머니가 있다.

[09-10] 다음 대화를 읽고, 물음에 답하시오.

> Brian: Mina, can you recommend a good pizza restaurant?
> Mina: Why don't you try Antonio's? It's my favorite.
> Brian: What do you like about it?
> Mina: The food is delicious. I recommend the bulgogi pizza.
> Brian: How are the prices?
> Mina: I think the prices are good, too.
> Brian: Sounds like a good restaurant.
> _____
> Mina: It's a little slow on the weekends.
> Brian: Okay. I'll check it out. Thanks.
> Mina: No problem. Enjoy your meal!

서술형2

09 위 대화의 빈칸에 알맞은 말을 괄호 안의 단어를 바르게 배열하여 쓰시오. [3점]

→ _____
  (you, like, how, do, the service)

서술형3

10 위 대화의 내용과 일치하도록 Brian의 일기를 완성하시오. [5점]

> October 20th
>   Today, I asked Mina to (1) _____ _____. She recommended (2) _____. It's her favorite. She said the food is delicious and (3) _____, but (4) _____.
> I'll check out the restaurant later.

11 다음 빈칸에 들어갈 수 있는 것을 <u>모두</u> 고르면? [4점]

> She is an athlete _____ most people know and love.

① who   ② what   ③ which
④ when   ⑤ whom

12 다음 빈칸에 들어갈 말로 알맞은 것은? [3점]

> She is too shy to perform on stage.
> = She is so shy that she _____ perform on stage.

① can   ② will   ③ does
④ cannot   ⑤ should

서술형4

13 다음 문장에서 생략된 것을 포함하여 문장을 다시 쓰시오. [각 2점]

(1) This is the house she lives in.
  → _____
(2) They are the police officers I can trust.
  → _____
(3) The cookies my mother made for me were very delicious.
  → _____
    _____

서술형 5

14 다음 [조건]에 맞게 문장을 바꿔 쓰시오. [각 3점]

> [조건] so ~ that 구문은 too ~ to 구문으로, too ~ to 구문은 so ~ that 구문으로 바꿔 쓸 것

(1) I'm so tired that I can't climb the mountain.
→ _____

(2) The car was too old to move.
→ _____

[15-18] 다음 대화를 읽고, 물음에 답하시오.

> Emma: What are you doing, Kyle?
>
> Kyle: Oh, Emma. I'm watching the movie, *Y-Men 7* on my computer.
>
> Emma: How is it?
>
> Kyle: Don't ask. It's so boring _____ I want to cry.
>
> Emma: I'm sorry to hear that.
>
> Kyle: I'm so mad. The movie advertisement said it was "The Most Exciting Movie of the Year."
>
> Emma: Well, you can't believe everything _____ you read.
>
> Kyle: They lied on the advertisement. I'm going to ask for my money back.
>
> Emma: ⓐHold on, Kyle! They didn't really ⓑlie because they used opinions, not facts.

15 위 대화의 빈칸에 공통으로 들어갈 말로 알맞은 것은? [4점]

① who   ② why   ③ that
④ when   ⑤ which

16 위 대화의 밑줄 친 ⓐ와 바꿔 쓸 수 있는 것은? [3점]

① Wait   ② Cheer up
③ Be careful   ④ Guess what
⑤ That's too bad

17 위 대화의 밑줄 친 ⓑlie의 영어 뜻풀이로 알맞은 것은? [4점]

① to show what you think or feel
② to add something to something else
③ to move something to a higher position
④ to say or write something that is not true
⑤ to use facts, evidence, etc. to show that something is true

18 위 대화의 내용과 일치하지 <u>않는</u> 것은? [4점]

① Kyle은 보고 있던 영화가 흥미진진하다고 생각하지 않는다.
② 영화는 Kyle의 기대와 달랐다.
③ Kyle은 영화 관람 비용의 환불을 요청할 생각이다.
④ Emma는 영화의 광고에 거짓말이 사용된 것은 아니라고 생각한다.
⑤ 영화 광고 문구는 사실 정보를 사용하여 쓰였다.

[19-22] 다음 대화를 읽고, 물음에 답하시오.

> Kyle: Huh? 난 네 말을 이해하지 못하겠어.
>
> Emma: __(A)__ express people's feelings like, "The desert is beautiful." You can't say that ⓐit's true or not. But, __(B)__ can be proven. For example, "The Atacama Desert is in Chile," is a fact. You can check ⓑthat on the map. (①)
>
> Kyle: Okay.... But what's the connection with movies?
>
> Emma: Let me explain. (②)
>
> Kyle: It's *Forrest Gump*.
>
> Emma: Okay. Let's look for its advertisement. (③) What does it say?
>
> Kyle: It says, "Winner of 6 Academy Awards including Best Picture." (④)
>
> Emma: See? It uses facts unlike the *Y-Men 7* advertisement. Do you see the difference?
>
> Kyle: Not exactly. (⑤)

서술형 6

19 위 대화의 밑줄 친 우리말을 괄호 안의 말을 사용하여 영어로 쓰시오. (축약형을 포함해 4단어로 쓸 것) [4점]

→ _____ (follow)

20 위 대화의 빈칸 (A)와 (B)에 알맞은 말이 순서대로 짝 지어진 것은? [4점]

① Lies – facts   ② Lies – fantasies

③ Facts – lies   ④ Opinions – facts

⑤ Opinions – lies

서술형 7

21 위 대화의 밑줄 친 ⓐ와 ⓑ가 각각 가리키는 것이 무엇인지 찾아 쓰시오. [4점]

ⓐ _____

ⓑ _____

22 위 대화의 ①~⑤ 중 주어진 문장이 들어갈 알맞은 곳은? [4점]

What's your favorite movie?

①   ②   ③   ④   ⑤

[23-25] 다음 대화를 읽고, 물음에 답하시오.

> Kyle: The *Y-Men 7* ad says "Most Exciting Movie" and the *Forrest Gump* ad says "Best Picture." Aren't they both opinions?
>
> Emma: That's a great question, Kyle. When people use words like "best" or "most," they are usually expressing opinions. But in the *Forrest Gump* ad, "Best Picture" is the award which the movie won. We can check that on the Internet. That's a fact.
>
> Kyle: Aha! From now on I'm only going to trust ads with facts.
>
> Emma: It's not that _____. Most ads mix facts with opinions. So you have to make a smart choice based on both of them.
>
> Kyle: Got it! Emma, do you want to watch the rest of *Y-Men 7* with me?
>
> Emma: Thanks, but no thanks. Enjoy the rest of the movie!

서술형 8

23 다음 [조건]에 맞게 문장을 자유롭게 쓰시오. [5점]

> [조건] 1. 위 대화의 밑줄 친 which를 사용할 것
> 2. 선행사로 the baby, the bus, the dog, the teacher 중 알맞은 하나를 골라 사용할 것

→ _____

24 위 대화의 빈칸에 들어갈 말로 알맞은 것은? [4점]

① bad   ② hard   ③ simple

④ difficult   ⑤ complex

25 위 대화를 읽고 알 수 <u>없는</u> 것은? [4점]

① 영화 "Y-Men 7"의 광고 문구

② 영화 "Forrest Gump"의 광고 문구

③ Best Picture 상을 받은 영화

④ 광고를 볼 때 주의해야 할 점

⑤ 대화 후 두 사람이 함께 할 일

01 다음 빈칸에 들어갈 말로 알맞은 것은? [3점]

> The painting must be _____ a lot of money now.

① worth   ② whole   ③ perfect
④ favorite   ⑤ fantastic

02 다음 중 밑줄 친 부분의 우리말 뜻이 알맞은 것은? [3점]

① He's not in the house right now. (지금부터)
② Hold on! This isn't the right road. (붙잡다)
③ The story is based on historical facts. (~을 바탕으로)
④ He mixed the blue paint with the yellow paint to make green paint. (~으로 …을 분쇄하다)
⑤ Many languages, for example French and Italian, have similar words. (다시 말해)

03 다음 영어 뜻풀이가 공통으로 가리키는 단어는? [4점]

> • to say or write something that is not true
> • to be or put yourself in a flat position so that you are not standing or sitting

① lie   ② win   ③ lift
④ trust   ⑤ recommend

04 다음 대화의 밑줄 친 부분의 의도로 알맞은 것은? [3점]

> A: How do you like your new shoes?
> B: I'm really happy with them. They're very comfortable.

① 확신 말하기   ② 성격 말하기
③ 소망 표현하기   ④ 외모 묘사하기
⑤ 만족 표현하기

05 다음 중 짝 지어진 대화가 어색한 것은? [3점]

① A: How do you like your cap?
    B: I'm really happy with it.
② A: How did you like your trip to Jeju-do?
    B: It was perfect.
③ A: What do you like about your smartphone?
    B: Why don't you try this blue one?
④ A: What food would you recommend for me?
    B: Try this steak. It's today's special.
⑤ A: Can you recommend a good restaurant?
    B: Yes, I recommend Ming's. Their Chinese food is very delicious.

06 다음 대화의 빈칸에 들어갈 말로 알맞은 것을 모두 고르면? [3점]

> A: Can you recommend a good movie?
> B: _____ I really liked it.
> A: Oh, I haven't seen it yet.
> B: It's the number one movie right now.

① Try *Star Wars*.
② I usually watch movies.
③ I think *Star Wars* is good.
④ Because *Star Wars* is interesting.
⑤ Do you know what *Star Wars* is?

서술형1

07 다음 글의 내용과 일치하도록 대화를 완성하시오. [5점]

> Sam asks Yujin to recommend a book for him. Yujin recommends *The Little Prince*. She especially likes the main character. She thinks he is very special. The book sounds good, so Sam wants to read it.

```
Sam: (1) _____ for me?
Yujin: How about (2) _____?
Sam: What do you like about it?
Yujin: I like (3) _____.
        He is (4) _____.
Sam: Sounds good. I'll read it.
```

[08-09] 다음 대화를 읽고, 물음에 답하시오.

```
Brian: Mina, can you recommend a good pizza
       restaurant?
(A) What do you like about it?
(B) Why don't you try Antonio's? It's my favorite.
(C) How are the prices?
(D) The food is delicious. I recommend the bulgogi
    pizza.
Mina: I think the prices are good, too.
Brian: Sounds like a good restaurant. 서비스는 마음에
       드니?
Mina: It's a little slow on the weekends.
Brian: Okay. I'll check it out. Thanks.
Mina: No problem. Enjoy your meal!
```

08 자연스러운 대화가 되도록 위 대화의 (A)~(D)를 순서대로 배열한 것은? [3점]

① (A)–(C)–(D)–(B) ② (A)–(D)–(B)–(C)
③ (B)–(A)–(D)–(C) ④ (B)–(D)–(A)–(C)
⑤ (D)–(B)–(A)–(C)

서술형2

09 위 대화의 밑줄 친 우리말을 6단어의 영어 문장으로 쓰시오. [4점]

→ _____

10 다음 빈칸에 들어갈 말로 알맞은 것은? [4점]

```
He is _____ walk without help.
```

① too healthy to
② very old in order to
③ so old that he cannot
④ so healthy that he won't
⑤ very healthy, so he cannot

서술형3

11 다음 문장을 괄호 안의 구문을 사용하여 바꿔 쓰시오. [각 3점]

(1) Babies can't eat the food because it is very salty. (so ~ that)

→ _____

(2) I was so tired that I couldn't drive. (too ~ to)

→ _____

(3) She is very busy, so she can't have breakfast. (too ~ to)

→ _____

12 다음 밑줄 친 부분 중 생략할 수 없는 것을 모두 고르면? [4점]

① I know the boy who you talked to on the bus.
② The person who phoned my mother yesterday is my teacher.
③ The visitors for whom you were waiting have arrived.
④ The TV program that Lucy recommended was very funny.
⑤ I went to the restaurant which I read about in the newspaper.

서술형4

13 다음 두 문장을 관계대명사를 사용하여 한 문장으로 바꿔 쓰시오. [각 3점]

(1) Can I borrow your umbrella? You never use it.

→ _____

(2) Do you remember Lisa? You played baseball with her yesterday.

→ _____

[14-22] 다음 대화를 읽고, 물음에 답하시오.

Emma: What are you doing, Kyle?

Kyle: Oh, Emma. I'm watching the movie, *Y-Men 7* on my computer.

Emma: How is it?

Kyle: Don't ask. ⓐIt's very boring, so I want to cry.

Emma: I'm sorry to hear that.

Kyle: I'm so mad. The movie advertisement said it was "The Most Exciting Movie of the Year."

Emma: Well, ⓑyou can't believe everything that you read.

Kyle: They ⓒlie on the advertisement. I'm going to ask for my money back.

Emma: Hold on, Kyle! They didn't really lie because they used opinions, not facts.

Kyle: Huh? I'm not following you.

Emma: Opinions express people's feelings like, "ⓓThe desert is beautiful." You can't say ⓔthat it's true or not. But, facts can be proven. ____(A)____, "The Atacama Desert is in Chile," is a fact. You can check that on the map.

Kyle: Okay.... But what's the connection with movies?

Emma: Let me explain. What's your favorite movie?

Kyle: It's *Forrest Gump*.

Emma: Okay. Let's look for its advertisement. What does it say?

Kyle: It says, "Winner of 6 Academy Awards including Best Picture."

Emma: See? It uses facts unlike the *Y-Men 7* advertisement. Do you see ⓕthe difference?

서술형 5

14 위 대화의 밑줄 친 ⓐ를 괄호 안의 구문을 사용하여 바꿔 쓰시오. [4점]

→ _____

(so ~ that)

15 위 대화의 밑줄 친 ⓑ가 뜻하는 것으로 알맞은 것은? [3점]

① 광고 내용은 모두 믿을 만하다.
② 광고 내용의 대부분은 거짓말이다.
③ 광고 내용은 어떤 것도 믿어서는 안 된다.
④ 광고 내용을 무턱대고 믿어서는 안 된다.
⑤ 영화 선택에 있어 광고 내용은 중요하지 않다.

16 위 대화의 밑줄 친 ⓒlie의 형태로 올바른 것은? [3점]

① lay　　② lied　　③ laid
④ lays　　⑤ lying

서술형 6

17 위 대화의 밑줄 친 ⓓ를 대신할 수 있는 문장을 자유롭게 쓰시오. [5점]

→ _____

18 위 대화의 밑줄 친 ⓔthat과 쓰임이 같은 것은? [4점]

① The office that I visited was closed.
② This is the dog that was hit by a car.
③ She told me that she wasn't angry with me.
④ This is my towel and that's yours.
⑤ It is certain that AI robots are useful.

19 위 대화의 빈칸 (A)에 들어갈 말로 알맞은 것은? [3점]

① At first
② Therefore
③ However
④ As a result
⑤ For example

서술형 7

20 위 대화의 밑줄 친 ⓘthe difference를 구체적으로 설명한 문장을 완성하시오. [4점]

> The *Y-Men 7* advertisement uses _____, but the *Forrest Gump* advertisement uses _____.

21 위 대화를 읽고 답할 수 <u>없는</u> 질문은? [4점]

① What is an opinion?
② What can be proven?
③ Is there any connection between two movies, *Y-Men 7* and *Forrest Gump*?
④ What's Kyle's favorite movie?
⑤ What does the advertisement of *Forrest Gump* say?

22 위 대화를 바르게 이해한 사람은? [4점]

① Mark: Kyle enjoyed watching *Y-Men 7*.
② Ann: *Y-Men 7* used facts in its advertisement.
③ Tina: Opinions express people's feelings.
④ Ben: Ads always tell lies about their products.
⑤ Rachel: *Forrest Gump* used opinions in its advertisement.

[23-25] 다음 대화를 읽고, 물음에 답하시오.

> Emma: Do you see the difference?
> Kyle: ___ⓐ___ The *Y-Men 7* ad says "Most Exciting Movie" and the *Forrest Gump* ad says "Best Picture." Aren't they both opinions?
> Emma: That's a great question, Kyle. ___ⓑ___ people use words like "best" or "most," they are usually expressing opinions. ___ⓒ___ in the *Forrest Gump* ad, "Best Picture" is the award ___(A)___ the movie won. We can check that on the Internet. That's a fact.
> Kyle: Aha! ___ⓓ___ I'm only going to trust ads with facts.
> Emma: It's not that simple. Most ads mix facts with opinions. ___ⓔ___ you have to make a smart choice based on both of them.
> Kyle: Got it! Emma, do you want to watch the rest of *Y-Men 7* with me?
> Emma: Thanks, but no thanks. Enjoy the rest of the movie!

23 위 대화의 빈칸 ⓐ~ⓔ에 들어갈 말로 알맞지 <u>않은</u> 것은? [4점]

① ⓐ Not exactly.
② ⓑ When
③ ⓒ But
④ ⓓ From now on
⑤ ⓔ Lastly

24 위 대화의 빈칸 (A)에 들어갈 말로 알맞은 것을 <u>모두</u> 고르면? [3점]

① that
② what
③ which
④ whom
⑤ where

서술형 8

25 Why did Emma say that trusting ads with only facts is not simple? Answer in English. [5점]

→ _____

01 다음 중 짝 지어진 두 단어의 관계가 나머지와 다른 것은? [3점]

① choose – choice
② believe – belief
③ connect – connection
④ simple – simply
⑤ advertise – advertisement

02 다음 중 밑줄 친 단어의 의미가 다른 것은? [4점]

① I'm going upstairs to have a rest.
② They decided to take a short rest.
③ We stopped driving for a rest near the lake.
④ Try to get some rest. You'll have a busy day tomorrow.
⑤ They spent the rest of the day watching TV.

03 다음 빈칸에 공통으로 들어갈 말로 알맞은 것은? [3점]

> • Can you hold _____ ? I'll see if he's here.
> • From now _____ I'm going to clean my room.

① in   ② up   ③ on
④ for   ⑤ with

04 다음 중 밑줄 친 단어의 쓰임이 어색한 것은? [4점]

① I like this recipe because it's so simple.
② I recommend this song to all my friends.
③ There's no connection between the two events.
④ He wrote a book about his adventures in the Antarctic.
⑤ It is difficult to tell the difference between award and rumor.

서술형 **1**

05 다음 괄호 안의 단어들을 사용하여 대화의 빈칸에 알맞은 말을 쓰시오. [4점]

> A: Can you recommend a good movie?
> B: _____ *Exit*? (don't, try)
>   It's the number one movie right now.
> A: Sounds good.

06 자연스러운 대화가 되도록 (A)~(E)를 순서대로 배열하시오. [4점]

> (A) The dancing is fantastic.
> (B) What do you like about the musical?
> (C) Yujin, can you recommend a musical for me?
> (D) How about *The Lion King*?
> (E) Sounds good. I'll see it.

(   ) – (   ) – (   ) – (   ) – (   )

07 다음 대화의 빈칸에 알맞은 말이 되도록 괄호 안의 단어들을 배열할 때, 네 번째로 오는 단어는? [4점]

> A: Tom, you got a new smartphone.
> B: Yes, I did. I'm really happy with it.
> A: _____
>   (about, it, you, what, like, do, most)
> B: I love the camera. It takes great pictures.

① it   ② you   ③ like
④ most   ⑤ about

서술형 **2**

08 다음 대화의 빈칸에 알맞은 말을 쓰시오. [4점]

> A: (1) _____ _____ _____ _____
>   your new hairstyle?
> B: I'm not happy with it.
> A: (2) _____ _____?
> B: It's too short and the color is dark.

[09-10] 다음 대화를 읽고, 물음에 답하시오.

> Clerk: May I help you?
> Minho: Yes. I'm looking for a backpack. ①Can you recommend one?
> Clerk: ②How about this red one? Red is the most popular color these days.
> Minho: ③My old backpack was red, so I want a different color.
> Clerk: ④Then, I recommend that red one. It has side pockets.
> Minho: Oh, that looks good. ⑤I'll take it.

09 위 대화의 밑줄 친 ①~⑤ 중 흐름상 어색한 것은? [4점]

① ② ③ ④ ⑤

서술형 **3**

10 위 대화를 읽고, 주어진 질문에 완전한 문장으로 답하시오. [각 3점]

(1) What is Minho looking for?

→ _____

(2) What does the clerk do for Minho?

→ _____

11 다음 문장의 밑줄 친 that과 쓰임이 같은 것은? [4점]

> This is the house that Jack built.

① I was so tired that I fell asleep.
② Was that her cousin or her friend?
③ Are you sure that they live in Park Lane?
④ We found a house that will be perfect for us.
⑤ There are lots of things that I need to buy before the trip.

12 다음 중 짝 지어진 두 문장의 의미가 같지 <u>않은</u> 것은? [4점]

① She is the woman with whom I worked.
   = She is the woman that I worked with.
② He is so smart that he can solve this problem.
   = He is too smart to solve this problem.
③ John made a copy of the photo I took.
   = John made a copy of the photo which I took.
④ I don't know the person to whom she gave the book.
   = I don't know the person who she gave the book to.
⑤ We took lots of blankets, so we could keep ourselves warm.
   = Because we took lots of blankets, we could keep ourselves warm.

[13-14] 다음 우리말을 [조건]에 맞게 영작하시오.

[조건] 1. 주어진 말 중 알맞은 것을 골라 쓸 것
         2. 괄호 안에 주어진 단어 수로 이루어진 문장을 쓸 것

| that | who | whom | so ~ that | too ~ to |

서술형 **4**

13 (8단어) [4점]

Andy는 너무 어려서 그 영화를 볼 수 없었다.

→ _____

서술형 **5**

14 (10단어) [4점]

Jessie는 내가 사고 싶었던 그 신발을 신고 있다.

→ _____

[15-17] 다음 대화를 읽고, 물음에 답하시오.

Emma: What are you doing, Kyle?
Kyle: Oh, Emma. ⓐI'm watching the movie, *Y-Men 7* on my computer.
Emma: How is it?
Kyle: Don't ask. ⓑIt's so boring that I want to cry.
Emma: ⓒGood for you!
Kyle: ⓓI'm so mad. The movie advertisement said it was "The Most Exciting Movie of the Year."
Emma: Well, you can't believe everything that you read.
Kyle: (A)They lied on the advertisement. ⓔI'm going to ask for my money back.
Emma: Hold on, Kyle! They didn't really lie because they used opinions, not facts.

15 위 대화의 밑줄 친 ⓐ~ⓔ 중 흐름상 어색한 것은? [4점]

① ⓐ   ② ⓑ   ③ ⓒ   ④ ⓓ   ⑤ ⓔ

서술형 **6**

16 위 대화의 밑줄 친 (A)가 뜻하는 바를 나타내는 다음 문장을 완성하시오. [4점]

Kyle thinks the movie is very _____.

17 위 대화를 읽고 알 수 **없는** 것은? [4점]

① Kyle이 보고 있던 영화의 제목
② 보고 있던 영화에 대한 Kyle의 생각
③ Emma가 기분이 좋지 않은 이유
④ Kyle이 보고 있던 영화의 광고 문구
⑤ Kyle이 환불을 받으려는 이유

[18-20] 다음 대화를 읽고, 물음에 답하시오.

Emma: (①) Opinions express people's feelings like, "The desert is beautiful." (②) You can't say that it's true or not. (③) For example, "The Atacama Desert is in Chile," is a fact. (④) You can check that on the map. (⑤)
Kyle: Okay.... But _____ is the connection with movies?
Emma: Let me explain. What's your favorite movie?
Kyle: It's *Forrest Gump*.
Emma: Okay. Let's look for its advertisement. _____ does it say?
Kyle: It says, "Winner of 6 Academy Awards including Best Picture."
Emma: See? It uses facts unlike the *Y-Men 7* advertisement. Do you see the difference?
Kyle: ⓐNot exactly.

18 위 대화의 ①~⑤ 중 주어진 문장이 들어갈 알맞은 곳은? [4점]

But, facts can be proven.

①   ②   ③   ④   ⑤

19 위 대화의 빈칸에 공통으로 들어갈 말로 알맞은 것은? [3점]

① who(Who) ② why(Why) ③ how(How)
④ what(What) ⑤ when(When)

서술형7

20 위 대화의 밑줄 친 ⓐ를 완전한 문장으로 쓰시오. [5점]

→ I don't quite _____ _____ _____
  between the two _____.

[21-23] 다음 대화를 읽고, 물음에 답하시오.

> **Kyle:** The *Y-Men 7* ad says "Most Exciting Movie" and the *Forrest Gump* ad says "Best Picture." Aren't they both opinions?
> **Emma:** That's a great question, Kyle. When people use words like "best" or "most," they are usually expressing opinions. _____(A)_____ in the *Forrest Gump* ad, "Best Picture" is 그 영화가 받은 상. We can check that on the Internet. That's a fact.
> **Kyle:** Aha! From now on I'm only going to trust ads with facts.
> **Emma:** It's not that simple. Most ads mix facts with opinions. _____(B)_____ you have to make a smart choice based on both of them.
> **Kyle:** Got it! Emma, do you want to watch the rest of *Y-Men 7* with me?
> **Emma:** Thanks, but no thanks. Enjoy the rest of the movie!

21 위 대화를 읽고 알 수 있는 것은? [4점]

① 광고의 효과
② 영화 "Forrest Gump"의 감독
③ 좋은 영화를 선택하는 기준
④ Kyle이 보고 있던 영화의 제목
⑤ 영화를 끝까지 봐야 하는 이유

22 위 대화의 빈칸 (A)와 (B)에 알맞은 말이 순서대로 짝 지어진 것은? [4점]

① So – But ② In fact – But
③ But – So ④ After all – So
⑤ In fact – After all

서술형8

23 위 대화의 밑줄 친 우리말과 같도록 괄호 안의 말을 사용하여 쓰시오. [4점]

→ _____
  (the award, win)

[24-25] 다음 수진이의 독서 감상문을 읽고, 물음에 답하시오.

> *Harry Potter* is a fantasy novel. It was written by J. K. Rowling. Harry Potter is the main character of the book. When Harry goes to magic school, his adventures begin. I especially like the friendship of Harry and his friends. Because the book was very interesting, I couldn't put it down. I strongly recommend it to everyone.

서술형9

24 윗글의 밑줄 친 문장을 so ~ that 구문을 사용하여 바꿔 쓰시오. [4점]

→ _____

25 윗글을 읽고 답할 수 없는 질문은? [4점]

① What is the genre of the novel, *Harry Potter*?
② Who is the writer of *Harry Potter*?
③ Who is the main character of the book?
④ Who recommended *Harry Potter* to Sujin?
⑤ What does Sujin like most about the book?

01 다음 중 밑줄 친 단어의 의미가 같은 것끼리 짝 지어진 것은? [3점]

① Do you <u>miss</u> your family?
You completely <u>missed</u> the first part of the film.

② The hikers stopped for a <u>rest</u>.
The beginning was boring, but the <u>rest</u> was fun.

③ Don't <u>lie</u> to your parents from now on.
When Pinocchio <u>lies</u>, his nose grows.

④ The explanation is pretty easy to <u>follow</u>.
Please <u>follow</u> the guide through the museum.

⑤ A <u>popular</u> belief is that air travel is more dangerous than travel by car.
That song was <u>popular</u> with the young in the 1980s.

02 다음 주어진 단어의 영어 뜻풀이에 해당하지 <u>않는</u> 것은? [4점]

lift prove wisely especially

① very much; more than usual
② in a way that shows good judgment
③ to move something to a higher position
④ the way in which two things are related to each other
⑤ to use facts, evidence, etc. to show that something is true

03 다음 중 빈칸에 **두 번** 들어가는 단어는? [5점]

ⓐ It's a difficult _____ to make.
ⓑ Could you _____ a good restaurant near here?
ⓒ Her latest novel is quite popular, _____ her earlier work.
ⓓ The last scene of the movie is so _____.
ⓔ The virus is not passed on through _____ or shaking hands.

① choice　　② unlike　　③ worth
④ touching　　⑤ recommend

04 다음 대화의 빈칸에 들어갈 말로 알맞지 <u>않은</u> 것은? [3점]

A: May I help you?
B: Yes. I'm looking for a backpack. Can you _____①_____ one?
A: How _____②_____ this red one? _____③_____ is the most popular color these days.
B: My old backpack was red, so I want a _____④_____ color.
A: Then, _____⑤_____ about this navy one? It has side pockets.
B: Oh, that looks good. I'll take it.

① recommend　② about　　③ Red
④ same　　　⑤ how

[05-06] 다음 대화를 읽고, 물음에 답하시오.

Mike: Hi, Suji. How did you like your trip to Gyeongju?
Suji: I was very happy with it.
Mike: Where did you visit?
Suji: I visited Cheomseongdae. It was great.
Mike: Where else did you go?
Suji: Bulguksa. It was a wonderful place.
Mike: Sounds like the perfect trip.
Suji: Yeah, but walking up to Seokguram was difficult.
Mike: But I'm sure it was worth it.

05 Which one is NOT right about Suji? [3점]

① She went on a trip to Gyeongju.
② She was not satisfied with her trip.
③ She thinks Cheomseongdae was great.
④ She visited Bulguksa.
⑤ It was difficult for her to walk up to Seokguram.

서술형**1**

06 What does Mike think was worth it? Answer in English. [4점]

→ _____

[07-08] 다음 대화를 읽고, 물음에 답하시오.

> Brian: Mina, can you recommend a good pizza restaurant?
> Mina: (1) _____ Antonio's? It's my favorite.
> Brian: (2) _____ do you like about it?
> Mina: The food is delicious. (3) _____ the bulgogi pizza.
> Brian: How are the prices?
> Mina: I think the prices are good, too.
> Brian: Sounds like a good restaurant. How do you like the service?
> Mina: It's a little slow on the weekends.
> Brian: Okay. I'll check it out. Thanks.
> Mina: No problem. Enjoy your meal!

서술형2
07 위 대화의 빈칸에 알맞은 말을 쓰시오. [5점]

(1) _____
(2) _____
(3) _____

서술형3
08 위 대화의 내용과 일치하도록 다음 문장을 완성하시오. [3점]

> On the weekends, you can be served _____ _____ _____ at Antonio's.

서술형4
09 다음 [조건]에 맞게 대화의 빈칸에 알맞은 말을 쓰시오. [각 2점]

> [조건] 1. 괄호 안의 단어들을 사용할 것
> 2. 주어와 동사를 포함한 완전한 문장으로 쓸 것

> A: (1) _____
>   (recommend, movie)
> B: How about *Frozen*?
> A: (2) _____
>   (what, like)
> B: The music is so beautiful.

10 다음 중 어법상 틀린 부분을 찾아 바르게 고쳐 쓴 것은? [4점]

> ⓐ That is the dress she wore at the party.
> ⓑ This is the house in that I've lived for 8 years.
> ⓒ The light was so bright that I had to cover my eyes.

① ⓐ the dress → the dress that
② ⓐ wore → wear
③ ⓑ in → of
④ ⓑ that → which
⑤ ⓒ so bright that → very bright that

11 다음 빈칸에 알맞은 것끼리 순서대로 짝 지어진 것은? [3점]

> • The child was so short _____ the roller coaster.
> • The music _____ Jane listened to that evening was good.

① to ride – who
② not to ride – which
③ that he could ride – who
④ that he couldn't ride – whom
⑤ that he couldn't ride – that

12 다음 중 의미가 다른 하나는? [3점]

① He studied hard for good grades.
② He studied hard so as to get good grades.
③ He studied so hard that he could get good grades.
④ He studied hard to get good grades.
⑤ He studied hard in order to get good grades.

서술형5
13 다음 문장의 밑줄 친 부분을 어법상 바르게 고쳐 쓰시오. [각 2점]

(1) Do you have some money I can borrow it for a while?
 → _____
(2) This is the person with who I talked at the party.
 → _____

서술형6

14 다음 각 문장을 so ~ that 구문이 쓰인 문장으로 바꿔 쓰시오. [각 2점]

(1) He was too angry to calm down.

→ _____

(2) The water in the lake is very clear, so you can see the bottom.

→ _____

(3) Because the thief ran so fast, the police officers could not catch him.

→ _____

[15-17] 다음 대화를 읽고, 물음에 답하시오.

Emma: What are you doing, Kyle?

Kyle: Oh, Emma. I'm watching the movie, *Y-Men 7* on my computer.

Emma: How is it?

Kyle: Don't ask. It's so boring that I want to cry.

Emma: I'm sorry to hear that.

Kyle: I'm so mad. The movie advertisement said it was "The Most Exciting Movie of the Year."

Emma: Well, you can't believe everything that you read.

Kyle: They lied on the advertisement. I'm going to ask for my money back.

Emma: Hold on, Kyle! They didn't really lie because they used opinions, not facts.

---

15 위 대화의 밑줄 친 that과 쓰임이 같은 것은? [4점]

① It is certain that he will come here.

② This is a company that can be trusted.

③ I forgot to bring the homework that I did yesterday.

④ The town is so small that it is not shown on the maps.

⑤ Do you see the cat that is on the roof?

16 위 대화의 내용과 일치하는 것은? [3점]

① Emma was watching the movie with Kyle.

② Kyle has watched the movie before.

③ Kyle was very disappointed with the movie.

④ Kyle wants to cry because the movie is touching.

⑤ Emma agrees with Kyle about the advertisement.

서술형7

17 위 대화의 내용과 일치하도록 다음 문장을 완성하시오. [4점]

> Kyle believed the movie advertisement and began to watch _____. But he found that it is very _____, unlike the claims of the _____.

[18-21] 다음 대화를 읽고, 물음에 답하시오.

Kyle: Huh? I'm not ①following you.

Emma: ⓐOpinions express people's feelings ___(A)___, "The desert is beautiful." You can't say that it's true or not. But, ⓑfacts can be ②proving. For example, "The Atacama Desert is in Chile," is a fact. You can check that on the map.

Kyle: Okay.... But what's the connection with movies?

Emma: Let me ③to explain. What's your favorite movie?

Kyle: It's *Forrest Gump*.

Emma: Okay. Let's look for its advertisement. What does it say?

Kyle: It says, "Winner of 6 Academy Awards ④including Best Picture."

Emma: See? It uses facts ___(B)___ the *Y-Men 7* advertisement. Do you see the difference?

Kyle: Not ⑤exactly.

서술형8

18 위 대화의 밑줄 친 ①~⑤ 중 어법상 틀린 것을 두 개 찾아 번호를 쓴 후, 바르게 고쳐 쓰시오. [각 2점]

(   ) → _____

(   ) → _____

서술형 9

19 위 대화의 밑줄 친 ⓐ와 ⓑ를 나타내는 문장을 자유롭게 쓰시오. [각 3점]

ⓐ: _____

ⓑ: _____

20 위 대화의 빈칸 (A)와 (B)에 알맞은 말이 순서대로 짝 지어진 것은? [4점]

① like – like
② unlike – like
③ like – unlike
④ unlike – unlike
⑤ like – likely

21 다음 중 위 대화에 나오는 단어의 영어 뜻풀이가 <u>아닌</u> 것은? [4점]

① not interesting or exciting
② to show what you think or feel
③ the way in which two people or things are not like each other
④ to tell somebody about something in a way that is easy to understand
⑤ a large, dry area where there is very little rain and few plants

[22-25] 다음 대화를 읽고, 물음에 답하시오.

Kyle: The *Y-Men 7* ad says "Most Exciting Movie" and the *Forrest Gump* ad says "Best Picture." Aren't they both opinions?

Emma: That's a great question, Kyle. When people use words like "best" or "most," they are usually expressing opinions. But in the *Forrest Gump* ad, "Best Picture" is the award _____ the movie won. We can check that on the Internet. (①) That's a fact. (②)

Kyle: Aha! From now on I'm only going to trust ads with facts. (③)

Emma: (④) Most ads mix facts with opinions. So you have to make a smart choice based on both of them.

Kyle: (⑤) Got it! Emma, do you want to watch the rest of *Y-Men 7* with me?

Emma: Thanks, but no thanks. Enjoy the rest of the movie!

22 위 대화의 빈칸에 들어갈 말이 같은 쓰임으로 쓰인 문장은? [4점]

① I don't know which is better for me.
② There are things about which I can't speak.
③ I want to meet someone whom I enjoy talking to.
④ I don't like movies which have sad endings.
⑤ Ms. Tylor is a teacher whom I respect.

23 위 대화의 ①~⑤ 중 주어진 문장이 들어갈 알맞은 곳은? [3점]

It's not that simple.

①　　　②　　　③　　　④　　　⑤

24 위 대화를 읽고 답할 수 있는 질문을 <u>두 개</u> 골라 기호를 쓴 후, 완전한 문장으로 답하시오. [각 3점]

ⓐ Which is Emma's favorite movie?
ⓑ What does "Best Picture" mean in the *Forrest Gump* ad?
ⓒ What are the words like "best" or "most" usually used to express?
ⓓ What did the movie *Y-Men 7* win?
ⓔ What are they going to do together after the conversation?

(　　　) → _____
(　　　) → _____

서술형 10

25 위 대화의 내용과 일치하도록 Emma가 Kyle에게 하는 충고의 말을 완성하시오. [4점]

When you read ads, you should _____ _____ _____ _____ based on _____ _____ _____ used in them.

● 틀린 문항을 표시해 보세요.

〈제1회〉 대표 기출로 내신 **적중** 모의고사　　총점 _____ / 100

문항	영역	문항	영역	문항	영역
01	p.8(W)	10	p.15(L&S)	19	pp.30-32(R)
02	p.10(W)	11	p.23(G)	20	pp.30-32(R)
03	p.8(W)	12	p.22(G)	21	pp.30-32(R)
04	p.8(W)	13	p.23(G)	22	pp.30-32(R)
05	p.15(L&S)	14	p.22(G)	23	pp.30-32(R)
06	p.14(L&S)	15	pp.30-32(R)	24	pp.30-32(R)
07	p.14(L&S)	16	pp.30-32(R)	25	pp.30-32(R)
08	p.14(L&S)	17	pp.30-32(R)		
09	p.15(L&S)	18	pp.30-32(R)		

〈제2회〉 대표 기출로 내신 **적중** 모의고사　　총점 _____ / 100

문항	영역	문항	영역	문항	영역
01	p.8(W)	10	p.22(G)	19	pp.30-32(R)
02	p.8(W)	11	p.22(G)	20	pp.30-32(R)
03	p.10(W)	12	p.23(G)	21	pp.30-32(R)
04	p.13(L&S)	13	p.23(G)	22	pp.30-32(R)
05	p.13(L&S)	14	pp.30-32(R)	23	pp.30-32(R)
06	p.14(L&S)	15	pp.30-32(R)	24	pp.30-32(R)
07	p.15(L&S)	16	pp.30-32(R)	25	pp.30-32(R)
08	p.15(L&S)	17	pp.30-32(R)		
09	p.15(L&S)	18	pp.30-32(R)		

〈제3회〉 대표 기출로 내신 **적중** 모의고사　　총점 _____ / 100

문항	영역	문항	영역	문항	영역
01	p.10(W)	10	p.14(L&S)	19	pp.30-32(R)
02	p.10(W)	11	p.23(G)	20	pp.30-32(R)
03	p.8(W)	12	pp.22-23(G)	21	pp.30-32(R)
04	p.8(W)	13	p.22(G)	22	pp.30-32(R)
05	p.13(L&S)	14	p.23(G)	23	pp.30-32(R)
06	p.14(L&S)	15	pp.30-32(R)	24	p.46(M)
07	p.14(L&S)	16	pp.30-32(R)	25	p.46(M)
08	p.15(L&S)	17	pp.30-32(R)		
09	p.14(L&S)	18	pp.30-32(R)		

〈제4회〉 고난도로 내신 **적중** 모의고사　　총점 _____ / 100

문항	영역	문항	영역	문항	영역
01	p.10(W)	10	pp.22-23(G)	19	pp.30-32(R)
02	p.10(W)	11	pp.22-23(G)	20	pp.30-32(R)
03	p.8(W)	12	p.22(G)	21	pp.30-32(R)
04	p.14(L&S)	13	p.23(G)	22	pp.30-32(R)
05	p.15(L&S)	14	p.22(G)	23	pp.30-32(R)
06	p.15(L&S)	15	pp.30-32(R)	24	pp.30-32(R)
07	p.15(L&S)	16	pp.30-32(R)	25	pp.30-32(R)
08	p.15(L&S)	17	pp.30-32(R)		
09	p.13(L&S)	18	pp.30-32(R)		

● 부족한 영역을 점검해 보고 어떻게 더 학습할지 학습 계획을 적어 보세요.

오답 공략
부족한 영역
학습 계획

오답 공략
부족한 영역
학습 계획

오답 공략
부족한 영역
학습 계획

오답 공략
부족한 영역
학습 계획

Lesson

8

Be Like Sherlock!

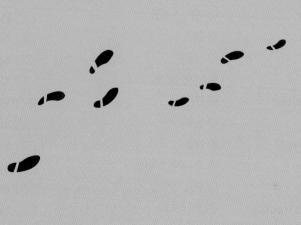

주요 학습 내용	의사소통 기능	도움 요청하기	A: **Can you help me** mop the floor? (바닥을 대걸레로 닦는 것을 도와줄래?) B: No problem. (좋아.)
		추측하기	A: **I guess** you're playing the piano. (너는 피아노를 치고 있는 것 같아.) B: You're right. (맞아.)
	언어 형식	something+형용사	Is there **something wrong**? (잘못된 것이 있니?)
		간접의문문	Could you tell me **when this happened**? (나에게 언제 이 일이 일어났는지 말해 주겠니?)

학습 단계 PREVIEW	STEP **A**	Words	Listen & Speak	Grammar	Reading	기타 지문
	STEP **B**	Words	Listen & Speak	Grammar	Reading	서술형 100% TEST
	내신 적중 모의고사	제 1 회	제 2 회	제 3 회	제 4 회	

Words

만점 노트

☆ 자주 출제되는 어휘

* 완벽히 외운 단어는 □ 안에 √표 해 봅시다.

Listen & Speak

□□ anymore	🖣 더 이상, 이제는	
□□ at the end of ☆	~의 말(끝)에	
□□ bulletin board	게시판	
□□ carry	🔵 나르다, 옮기다	
□□ favor ☆	🔵 호의, 친절, 부탁	
□□ feather	🔵 깃털	
□□ footprint	🔵 발자국	
□□ guess ☆	🔵 추측하다	

□□ handprint	🔵 손자국
□□ mop	🔵 대걸레로 닦다
□□ notice	🔵 안내문, 공고문
□□ pass	🔵 (시간이) 흐르다(지나가다)
□□ post	🔵 게시하다, 공고하다
□□ right now	지금, 곧, 당장
□□ stranger	🔵 낯선 사람, 모르는 사람
□□ take care of	~을 돌보다(보살피다) (= look after)

Reading

□□ aloud	🖣 큰 소리로
□□ anyway	🖣 어차피, 어쨌든
□□ broken	🔵 깨진, 부서진
□□ bronze	🔵 청동
□□ case	🔵 진열장
□□ clue ☆	🔵 단서, 실마리
□□ completely	🖣 완전히
□□ crime	🔵 범죄
□□ detective ☆	🔵 탐정
□□ else	🔵 또 다른, 그 밖의
□□ flash ☆	🔵 섬광, 번쩍임
□□ get into trouble ☆	곤경에 빠지다
□□ happen	🔵 일어나다, 발생하다
□□ high and low	모든 곳에, 사방으로
□□ horror	🔵 공포
□□ lightning ☆	🔵 번개
□□ make one's rounds	순찰을 돌다
□□ missing	🔵 없어진, 실종된
□□ poem	🔵 시
□□ principal	🔵 교장

□□ run across	~을 가로질러(건너서) 뛰어가다
□□ run away ☆	도망치다
□□ rush	🔵 (급히) 움직이다, 서두르다
□□ rush over	달려가다
□□ scream	🔵 비명 🔵 비명을 지르다
□□ silver	🔵 은
□□ steal ☆	🔵 훔치다 (steal-stole-stolen)
□□ step	🔵 (발걸음을 떼어) 움직이다
□□ straight	🖣 곧장, 곧바로
□□ strange	🔵 이상한, 낯선
□□ suddenly	🖣 갑자기
□□ talent	🔵 재능
□□ talent show ☆	🔵 장기 자랑 대회
□□ thief	🔵 도둑
□□ thunder ☆	🔵 천둥
□□ whole	🔵 전체의
□□ win first place	일등을 하다, 우승하다
□□ wonder	🔵 궁금해하다
□□ wrong	🔵 잘못된 (↔ right)

Language Use

□□ bored	🔵 지루한	□□ woods	🔵 숲

Think and Write · Project

□□ climb up	~을 오르다	□□ prince	🔵 왕자
□□ hide	🔵 숨다, 숨기다 (hide-hid-hidden)	□□ treasure	🔵 보물
□□ locker	🔵 (자물쇠가 달린) 사물함	□□ unfold	🔵 펴다(펼치다) (↔ fold)
□□ pick up	~을 집어 들다	□□ witch	🔵 마녀

A 다음 단어의 우리말 뜻을 쓰시오.

01 lightning _____

02 feather _____

03 stranger _____

04 anyway _____

05 happen _____

06 straight _____

07 else _____

08 whole _____

09 flash _____

10 crime _____

11 wrong _____

12 poem _____

13 favor _____

14 scream _____

15 locker _____

16 bronze _____

17 step _____

18 witch _____

19 missing _____

20 mop _____

B 다음 우리말에 해당하는 영어 단어를 쓰시오.

21 게시하다, 공고하다 _____

22 은 _____

23 큰 소리로 _____

24 탐정 _____

25 보물 _____

26 완전히 _____

27 손자국 _____

28 천둥 _____

29 공포 _____

30 깨진, 부서진 _____

31 갑자기 _____

32 단서, 실마리 _____

33 도둑 _____

34 교장 _____

35 진열장 _____

36 이상한, 낯선 _____

37 추측하다 _____

38 궁금해하다 _____

39 훔치다 _____

40 숨다, 숨기다 _____

C 다음 영어 표현의 우리말 뜻을 쓰시오.

01 rush over _____

02 high and low _____

03 win first place _____

04 get into trouble _____

05 at the end of _____

06 run across _____

07 make one's rounds _____

08 run away _____

Words Plus

만점 노트

영어 뜻풀이

☐☐	anyway	어차피, 어쨌든	in any case
☐☐	bronze	청동	a yellowish-brown metal containing copper and tin
☐☐	clue	단서, 실마리	something that helps a person find something
☐☐	crime	범죄	an activity that involves breaking the law
☐☐	detective	탐정	a person whose job is to find information about something or someone
☐☐	else	또 다른, 그 밖의	in addition to something already mentioned
☐☐	flash	섬광, 번쩍임	a bright light that shines for a short time
☐☐	footprint	발자국	a mark left by a foot or shoe
☐☐	horror	공포	a strong feeling of shock and fear
☐☐	lightning	번개	a powerful flash of light in the sky, usually followed by thunder
☐☐	mop	대걸레로 닦다	to clean the floor with a mop
☐☐	principal	교장	the person in charge of a school
☐☐	rush	(급히) 움직이다, 서두르다	to move or do something very quickly
☐☐	silver	은	a soft grayish-white metal that is very valuable
☐☐	steal	훔치다	to take something that does not belong to you in a wrong way
☐☐	strange	이상한, 낯선	different from what is usual or normal
☐☐	suddenly	갑자기	quickly and in a sudden way
☐☐	talent	재능	a natural and special ability to do something well
☐☐	thief	도둑	someone who steals something
☐☐	thunder	천둥	the very loud sound that comes from the sky during a storm

단어의 의미 관계

● **유의어**
completely = totally (완전히)
horror = fear (공포)
scream = cry out (비명을 지르다)
suddenly = all of a sudden (갑자기)
whole = entire (전체의)

● **반의어**
ordinary (보통의, 정상의) ↔ strange (이상한, 낯선)
unfold (펴다) ↔ fold (접다)
right (옳은, 바른) ↔ wrong (잘못된)

● **형용사 – 부사**
complete (완전한) – completely (완전히)
sudden (갑작스러운) – suddenly (갑자기)
strange (이상한) – strangely (이상하게)

다의어

● **flash** 1. 명 섬광, 번쩍임 2. 동 번쩍이다, 비추다
1. I saw a **flash** of lightning in the dark.
   나는 어둠 속에서 번개가 번쩍이는 것을 봤다.
2. Lightning **flashed** in the dark.
   어둠 속에서 번개가 번쩍였다.

● **notice** 1. 명 안내문, 공고문 2. 동 알아차리다
1. He posted a **notice** on the bulletin board.
   그는 게시판에 안내문을 게시했다.
2. I didn't **notice** the mistake in the sentence.
   나는 그 문장에서 실수를 알아차리지 못했다.

● **step** 1. 동 (발걸음을 떼어) 움직이다 2. 명 걸음 3. 명 단계
1. I **stepped** back to let them pass.
   나는 그들이 지나가도록 뒤로 물러섰다.
2. I heard **steps** outside. 나는 밖에서 걸음 소리를 들었다.
3. What's the next **step**? 다음 단계는 무엇이니?

연습 문제

A 다음 뜻풀이에 알맞은 말을 [보기]에서 골라 쓴 후, 우리말 뜻을 쓰시오.

[보기]	clue	steal	talent	crime	horror	detective	lightning	principal

1 _____ : a natural and special ability to do something well : _____
2 _____ : the person in charge of a school : _____
3 _____ : something that helps a person find something : _____
4 _____ : a person whose job is to find information about something or someone : _____
5 _____ : to take something that does not belong to you in a wrong way : _____
6 _____ : a powerful flash of light in the sky, usually followed by thunder : _____
7 _____ : a strong feeling of shock and fear : _____
8 _____ : an activity that involves breaking the law : _____

B 다음 짝 지어진 두 단어의 관계가 같도록 빈칸에 알맞은 말을 쓰시오.

1 unfold : fold = right : _____
2 whole : entire = cry out : _____
3 complete : completely = sudden : _____
4 horror : fear = totally : _____

C 다음 빈칸에 알맞은 말을 [보기]에서 골라 쓰시오.

[보기]	strange	poem	bronze	wonder	thunder

1 The lightning flashed and the _____ followed.
2 Can you check out that _____ noise outside?
3 He won the _____ medal at the Seoul Olympics.
4 This _____ was written by Emily Bronte.
5 I _____ who invented this cooking machine.

D 다음 우리말과 같도록 빈칸에 알맞은 말을 쓰시오.

1 도둑은 최대한 빨리 도망쳤다. → The thief _____ _____ as soon as possible.
2 경찰은 도둑을 잡기 위해 길을 가로질러 뛰어갔다. → A police officer _____ _____ the street to catch the thief.
3 많은 사람들이 달려가서 그 어린 소년을 구했다. → A lot of people _____ _____ and saved the little boy.
4 나는 장기 자랑 대회에서 플루트를 연주할 거야. → I'm going to play the flute at the _____ _____ .
5 그녀는 영어 말하기 대회에서 일등을 했다.
   → She _____ _____ _____ in the English speech contest.

STEP A

01 다음 중 짝 지어진 두 단어의 관계가 나머지와 <u>다른</u> 것은?

① bright – dark
② right – wrong
③ inside – outside
④ completely – totally
⑤ unfold – fold

02 다음 영어 뜻풀이에 해당하는 단어는?

> a strong feeling of shock and fear

① flash
② horror
③ thunder
④ scream
⑤ lightning

03 다음 빈칸에 들어갈 말로 알맞은 것은?

> The police are still searching the house for
> _____.

① clues
② favor
③ horror
④ talent
⑤ scream

04 다음 문장의 빈칸에 공통으로 들어갈 말로 알맞은 것은?

> • The kids didn't _____ out of the room.
> • I met the project manager to discuss the next
> _____.

① scream
② call
③ step
④ favor
⑤ rush

05 다음 중 밑줄 친 부분의 우리말 뜻으로 알맞지 <u>않은</u> 것은?

① Emily practiced hard and <u>won first place</u> in the
speech contest.　(일등을 했다)
② A deer <u>ran across</u> the road quickly.
　(도망갔다)
③ The security guard <u>makes his rounds</u> every hour.
　(순찰을 돌다)
④ The letter finally arrived <u>at the end of</u> last week.
　(~의 끝에)
⑤ I searched <u>high and low</u> for my umbrella.
　(사방으로)

06 다음 문장의 밑줄 친 단어와 같은 의미로 쓰인 것은?

> A sudden <u>flash</u> of bright light caught her
> attention.

① It's dark here, so, I'll have to use the <u>flash</u>.
② Bright lights began to <u>flash</u> under the tree.
③ Fred has a camera with a built-in <u>flash</u>.
④ The <u>flash</u> of lightning surprised us.
⑤ Why is that guy <u>flashing</u> his headlights?

07 다음 우리말과 같도록 빈칸에 알맞은 말을 쓰시오.

> You will _____ _____ _____ if you
> are not careful.
> (주의하지 않으면 너는 곤경에 처할 것이다.)

핵심 노트

1 도움 요청하기

A: **Can you help me** mop the floor?   바닥을 대걸레로 닦는 것을 도와줄래?

B: No problem.   좋아.

「Can you help me+동사원형 ~?」은 '~하는 것을 도와줄 수 있니?'라는 뜻으로 상대방에게 도움을 요청하는 표현이다. 이에 대한 대답으로 도움 요청을 승낙할 때는 Sure. / Of course. / No problem. 등으로 답하고, 거절할 때는 Sorry. I can't. / I'm afraid I can't. / I'd love to, but ~. 등으로 답하고 도울 수 없는 이유를 덧붙인다.

e.g. • A: **Can you help me** wash the dishes? 설거지하는 것을 도와줄 수 있니?

　　　Can you help me clean the board? 칠판 닦는 것을 도와줄 수 있니?

　　　Can you do me a favor? 나를 좀 도와줄 수 있니?

　　　Can I ask you a favor?

　　　Can you give me a hand?

　　　Can you help me out?

　• B: Sure. / Of course. / No problem. 물론이야. ☐ 승낙할 때

　　　Sorry, I can't. I'm busy. 미안하지만 못 해. 나는 바빠.

　　　I'm afraid I can't. I'm busy. 유감이지만 못 해. 나는 바빠. 거절할 때

　　　I'd love to, but I have other things to do.

　　　그러고 싶지만 나는 해야 할 다른 일들이 있어.

2 추측하기

A: **I guess** you're playing the piano.   너는 피아노를 치고 있는 것 같아.

B: You're right.   맞아.

「I guess (that)+주어+동사 ~.」는 어떤 것을 추측하여 말할 때 사용하는 표현이다. I guess 뒤에 자신이 추측하는 내용이 이어지며 주로 접속사 that이 생략된 형태로 쓰인다. I think ~.로 말하거나 maybe, probably 등을 이용하여 추측하는 내용을 말할 수도 있다.

e.g. • A: **I guess** Spot took your glove. Spot이 네 글러브를 가져간 것 같아.

　　　I guess only a few of us will be in the same class next year.

　　　우리 중 오직 몇 명만이 내년에 같은 반이 될 것 같아.

　　　I guess she is reading a book. 그녀는 책을 읽고 있는 것 같아.

　　　I think he will be late. 그가 늦을 것 같아.

　　　Maybe Team A will win the game. 아마 A팀이 그 경기에서 이길 것 같아.

　• B: You're right. / That's right. 맞아.

　　　You're wrong. 틀렸어.

L&S

Listen & Speak
만점 노트

대화문 해석 보기 >> 92~93쪽

주요 표현
구문 해설

STEP A

Listen and Speak 1-A

교과서 134쪽

G: Jinsu, ❶ can I ask you a favor?

B: ❷ Sure. What is it?

G: ❸ Can you help me ❹ wash the dishes?

B: ❺ No problem.

❶ '내가 부탁 하나 해도 될까?'라는 뜻으로 상대방에게 도움을 요청할 때 사용하는 표현
❷ 도움을 요청하는 말에 대한 승낙의 응답
❸ 「Can you help me+동사원형 ~?」은 '~하는 것을 도와줄 수 있니?'라는 뜻으로, 상대방에게 도움을 요청하는 표현
❹ 설거지하다
❺ 도움을 요청하는 말에 대한 승낙의 응답

Q1 The girl is asking the boy to help her wash the dishes. （T / F）

Listen and Speak 1-B

교과서 134쪽

G: Tony, ❶ can you do me a favor?

B: Sure. What is it, Narae?

G: Can you ❷ take care of my dog this weekend? My family is going to visit my grandmother in Busan.

B: Oh, ❸ I'm sorry but I can't. My mom doesn't like dogs.

G: Oh, ❹ what should I do?

B: ❺ Why don't you ask Sumin? Her family loves dogs.

G: Okay. I'll call her right now.

❶ 상대방에게 도움을 요청할 때 사용하는 표현
❷ ~을 돌보다
❸ 도움을 요청하는 말에 대한 거절의 응답
❹ '어떻게 해야 하지?'라는 뜻으로, 의문사와 조동사가 포함된 의문문은 「의문사+조동사+주어+동사원형 ~?」의 어순으로 쓴다.
❺ 「Why don't you+동사원형 ~?」은 '~하는 게 어때?'라는 뜻으로, 상대방에게 무언가를 제안할 때 사용하는 표현 (= How(What) about+동명사 ~?)

Q2 Who doesn't like dogs?　ⓐ Narae's mom　ⓑ Tony's mom
Q3 대화 후 나래가 할 일은 무엇인가요?

Listen and Speak 1-C

교과서 134쪽

A: Can you do me a favor?

B: Sure. What is it?

A: Can you help me ❶ mop the floor?

B: ❷ No problem. / ❸ Of course.
　❹ Sorry, I can't. / ❺ I'm afraid I can't.

❶ 바닥을 대걸레로 닦다
❷, ❸ 도움을 요청하는 말에 대한 승낙의 응답
❹, ❺ 도움을 요청하는 말에 대한 거절의 응답

Q4 A가 B에게 도움을 요청한 것은 무엇인가요?

Listen and Speak 2-A

교과서 135쪽

B: ❶ Did you see my baseball glove?

W: Yes, I saw ❷ it ❸ under the table.

B: Really? It's ❹ not there anymore.

W: Then ❺ I guess Spot took it.

B: Oh, there he is. You bad dog, Spot!

❶ Did you ~?는 상대방이 과거에 한 일을 물어보는 표현
❷ 앞에 나온 baseball glove를 가리킴
❸ 탁자 아래
❹ not ~ anymore는 '더 이상 ~이 아닌'이라는 의미
❺ 「I guess (that)+주어+동사 ~.」는 어떤 것을 추측하여 말할 때 사용하는 표현

Q5 Who took the baseball glove?

Listen and Speak 2-B

교과서 135쪽

G: Good morning, classmates! Nine months ❶ have passed so fast, and we are almost ❷ at the end of this school year. We all had a wonderful year. ❸ I guess only ❹ a few of us will ❺ be in the same class next year. ❻ Don't be a stranger. ❼ Say hello ❽ when we see each other, okay? Thank you.

❶ 「have+과거분사」 형태의 현재완료 시제로 과거에서 현재까지의 완료된 상황을 나타냄
❷ ~의 말(끝)에
❸ 추측을 나타내는 표현
❹ ~ 중 몇 명(개)
❺ 같은 반이다
❻ 「Don't+동사원형 ~.」은 '~하지 마라.'는 뜻의 부정 명령문으로, '모르는 사람처럼 지내지 말자.'는 의미
❼ 안부 인사를 하다
❽ '~할 때'라는 뜻의 시간을 나타내는 접속사

Q6 소녀가 이 연설을 한 때는 언제인가요? ⓐ 학년 초 ⓑ 학년 말

Listen and Speak 2-C

교과서 135쪽

A: ❶ Guess what I'm doing.
B: I guess you're playing the piano.
A: ❷ You're right.

❶ Guess의 목적어로 간접의문문이 쓰였다. 간접의문문은 「의문사+주어+동사」의 어순으로 쓰는 것에 주의한다.
❷, ❹ 추측한 내용이 맞았을 때 사용하는 표현
❸ 추측한 내용이 틀렸을 때 사용하는 표현

- -

A: Guess what I'm doing.
B: I guess you're playing the piano.
A: ❸ You're wrong. Guess again.
B: I guess you're working on the computer.
A: ❹ That's right.

Q7 상대방의 추측이 틀렸을 때 할 수 있는 말은 무엇인가요? ⓐ You're right. ⓑ You're wrong.

Real Life Talk > Watch a Video

교과서 136쪽

Brian: Mom, I can't find my smartphone. ❶ Can you help me find it?
Mom: ❷ Are you sure you lost it inside the house?
Brian: Yes. I just ❸ texted my friend ❹ a few minutes ago.
Mom: Where were you ❺ at the time?
Brian: In the kitchen. I was making a sandwich.
Mom: Then ❻ I guess you left it somewhere in the kitchen.
Brian: I ❼ already checked the kitchen, Mom.
Mom: Well, let's check ❽ it again. Oh, here it is. Inside the refrigerator.
Brian: Thanks, Mom. You are the greatest!
Mom: You're welcome, honey.

❶ 도움을 요청하는 표현
❷ Are you sure ~?는 '~을 확신하니?'라는 의미
❸ text: 문자 메시지를 보내다
❹ 몇 분 전에
❺ 그때
❻ I guess ~.는 추측을 나타내는 표현
   it은 앞에 나온 the smartphone을 가리킴
❼ ⑨ 이미, 벌써
❽ 앞에 나온 the kitchen을 가리킴

Q8 Brian이 찾고 있는 물건은 무엇인가요?
Q9 Where was the item that Brian was looking for? → It was inside the _____.

Listen & Speak
빈칸 채우기

우리말과 일치하도록 대화의 빈칸에 알맞은 말을 쓰시오.

주요 표현

1 Listen and Speak 1-A

 해석

교과서 134쪽

G: Jinsu, can I _____ _____ _____ _____?
B: Sure. What is it?
G: _____ _____ _____ _____ wash the dishes?
B: No problem.

G: 진수야, 부탁 하나 해도 될까?
B: 물론이지. 뭔데?
G: 설거지하는 것을 도와줄래?
B: 좋아.

2 Listen and Speak 1-B

교과서 134쪽

G: Tony, can you _____ _____ _____ _____?
B: Sure. What is it, Narae?
G: Can you _____ _____ _____ _____ _____ this weekend? My family is going to visit my grandmother in Busan.
B: Oh, _____ _____ _____ _____ _____. My mom doesn't like dogs.
G: Oh, _____ _____ _____ _____?
B: Why don't you ask Sumin? Her family loves dogs.
G: Okay. I'll _____ _____ right now.

G: Tony. 부탁 하나 해도 될까?
B: 물론이지. 뭔데, 나래야?
G: 이번 주말에 내 개를 돌봐 줄 수 있니? 우리 가족은 부산에 계신 할머니를 찾아뵐 예정 이야.
B: 오, 미안하지만 안 돼. 엄마가 개를 좋아하지 않으셔.
G: 오, 어떻게 해야 하지?
B: 수민이에게 물어보는 게 어때? 그녀의 가족은 개를 정말 좋아해.
G: 알겠어. 지금 당장 그녀에게 전화해야겠다.

3 Listen and Speak 1-C

교과서 134쪽

A: Can you do me a favor?
B: Sure. What is it?
A: Can you _____ _____ _____ _____ _____?
B: _____ _____. / Of course.
   Sorry, I can't. / _____ _____ _____ _____.

A: 부탁 하나 해도 될까?
B: 물론이지. 뭔데?
A: 바닥을 대걸레로 닦는 것을 도와줄래?
B: 좋아. / 물론이지.
   미안하지만 못 해. / 유감이지만 못 해.

4 Listen and Speak 2-A

교과서 135쪽

B: Did you see my baseball glove?
W: Yes, I saw it _____ _____ _____.
B: Really? It's not there anymore.
W: Then _____ _____ Spot _____ it.
B: Oh, there he is. You bad dog, Spot!

B: 제 야구 글러브 보셨어요?
W: 그래, 탁자 아래에서 봤어.
B: 정말요? 더 이상 그곳에 없어요.
W: 그럼 Spot이 가져간 것 같구나.
B: 오, 저기 있네요. 이런 나쁜 개, Spot!

5 Listen and Speak 2-B

교과서 135쪽

G: Good morning, classmates! Nine months _____ _____ so fast, and we are almost _____ _____ _____ this school year. We all had a wonderful year. _____ _____ only a few of us will _____ _____ _____ _____ next year. Don't be a stranger. Say hello _____ _____ _____ _____ _____, okay? Thank you.

G: 좋은 아침이야, 학급 친구들아! 9개월은 아주 빨리 지나갔고, 우리는 이번 학년의 거의 막바지에 있어. 우리 모두는 멋진 한 해를 보냈어. 우리 중 오직 몇 명만이 내년에 같은 반이 될 것 같아. 모르는 사람처럼 지내지 말자. 서로 만나면 인사말을 건네, 알겠지? 고마워.

6 Listen and Speak 2-C

교과서 135쪽

A: _____ _____ I'm doing.
B: I guess you're playing the piano.
A: You're right.

- -

A: Guess what I'm doing.
B: I guess you're playing the piano.
A: _____ _____. Guess again.
B: _____ _____ _____ _____ _____ on the computer.
A: That's right.

A: 내가 무엇을 하고 있는지 맞혀 봐.
B: 너는 피아노를 치고 있는 것 같아.
A: 맞아.

A: 내가 무엇을 하고 있는지 맞혀 봐.
B: 너는 피아노를 치고 있는 것 같아.
A: 틀렸어. 다시 맞혀 봐.
B: 너는 컴퓨터로 일하고 있는 것 같아.
A: 맞아.

7 Real Life Talk > Watch a Video

교과서 136쪽

Brian: Mom, I can't find my smartphone. _____ _____ _____ _____ _____ it?
Mom: _____ _____ _____ you lost it inside the house?
Brian: Yes. I just _____ _____ _____ a few minutes ago.
Mom: _____ _____ _____ at the time?
Brian: In the kitchen. I was _____ _____ _____.
Mom: Then _____ _____ _____ _____ _____ somewhere in the kitchen.
Brian: I already checked the kitchen, Mom.
Mom: Well, let's _____ _____ _____. Oh, here it is. _____ the refrigerator.
Brian: Thanks, Mom. You are the greatest!
Mom: You're welcome, honey.

Brian: 엄마, 제 스마트폰을 찾을 수가 없어요. 제가 그것을 찾는 걸 도와주시겠어요?
Mom: 집 안에서 잃어버린 것이 확실하니?
Brian: 네. 불과 몇 분 전에 친구에게 문자 메시지를 보냈어요.
Mom: 너는 그때 어디에 있었니?
Brian: 부엌에요. 샌드위치를 만들고 있었어요.
Mom: 그럼 네가 그것을 부엌 어딘가에 놓은 것 같구나.
Brian: 부엌은 이미 확인했어요, 엄마.
Mom: 음, 다시 확인해 보자. 오, 여기 있구나. 냉장고 안에.
Brian: 고마워요, 엄마. 엄마는 최고예요!
Mom: 천만에, 얘야.

대화 순서 배열하기

자연스러운 대화나 말이 되도록 순서를 바르게 배열하시오.

1 Listen and Speak 1-A

교과서 134쪽

ⓐ Sure. What is it?
ⓑ No problem.
ⓒ Can you help me wash the dishes?
ⓓ Jinsu, can I ask you a favor?

(   ) – (   ) – (   ) – (   )

2 Listen and Speak 1-B

교과서 134쪽

ⓐ Tony, can you do me a favor?
ⓑ Can you take care of my dog this weekend? My family is going to visit my grandmother in Busan.
ⓒ Oh, I'm sorry but I can't. My mom doesn't like dogs.
ⓓ Why don't you ask Sumin? Her family loves dogs.
ⓔ Sure. What is it, Narae?
ⓕ Okay. I'll call her right now.
ⓖ Oh, what should I do?

(ⓐ   ) – (   ) – (   ) – (   ) – (   ) – (   ) – (   )

3 Listen and Speak 1-C

교과서 134쪽

ⓐ Can you do me a favor?
ⓑ Can you help me mop the floor?
ⓒ Of course.
ⓓ Sure. What is it?

(   ) – (   ) – (   ) – (   )

4 Listen and Speak 2-A

교과서 135쪽

ⓐ Oh, there he is. You bad dog, Spot!
ⓑ Really? It's not there anymore.
ⓒ Yes, I saw it under the table.
ⓓ Then I guess Spot took it.
ⓔ Did you see my baseball glove?

(   ) – (   ) – (   ) – (   ) – (   )

5 Listen and Speak 2-B

교과서 135쪽

Girl: Good morning, classmates! Nine months have passed so fast, and we are almost at the end of this school year.
ⓐ I guess only a few of us will be in the same class next year.
ⓑ We all had a wonderful year.
ⓒ Don't be a stranger.
ⓓ Say hello when we see each other, okay?
ⓔ Thank you.

(   ) – (   ) – (ⓒ   ) – (   ) – (   )

6 Listen and Speak 2-C

교과서 135쪽

ⓐ I guess you're working on the computer.
ⓑ Guess what I'm doing.
ⓒ That's right.
ⓓ You're wrong. Guess again.
ⓔ I guess you're playing the piano.

(   ) – (   ) – (   ) – (ⓐ   ) – (   )

7 Real Life Talk > Watch a Video

교과서 136쪽

Brian: Mom, I can't find my smartphone. Can you help me find it?
Mom: Are you sure you lost it inside the house?
ⓐ Where were you at the time?
ⓑ Then I guess you left it somewhere in the kitchen.
ⓒ In the kitchen. I was making a sandwich.
ⓓ Well, let's check it again. Oh, here it is. Inside the refrigerator.
ⓔ Thanks, Mom. You are the greatest!
ⓕ I already checked the kitchen, Mom.
ⓖ Yes. I just texted my friend a few minutes ago.
ⓗ You're welcome, honey.

(   ) – (   ) – (   ) – (ⓑ   ) – (   ) – (   ) – (   ) – (   )

01 다음 대화의 밑줄 친 부분의 의도로 알맞은 것은?

A: Can you help me find my bag?
B: Sure.

① 경험 묻기 ② 도움 요청하기 ③ 제안하기
④ 조언 구하기 ⑤ 좋아하는 것 묻기

02 다음 대화의 빈칸에 공통으로 들어갈 말로 알맞은 것은?

A: _____ what I'm doing.
B: I _____ you're playing the piano.

① Do(do) ② Guess(guess)
③ Try(try) ④ Hope(hope)
⑤ Know(know)

03 자연스러운 대화가 되도록 (A)~(D)를 순서대로 배열한 것은?

(A) Can you help me wash the dishes?
(B) Sure. What is it?
(C) Jinsu, can I ask you a favor?
(D) No problem.

① (A)-(B)-(C)-(D) ② (B)-(A)-(C)-(D)
③ (B)-(A)-(D)-(C) ④ (C)-(B)-(A)-(D)
⑤ (C)-(D)-(B)-(A)

04 다음 대화의 밑줄 친 우리말과 같도록 괄호 안의 단어들을 배열할 때, 세 번째로 오는 단어는?

A: 너는 연을 날리고 있는 것 같아.
   (you, flying, I, are, a kite, guess)
B: You're right.

① guess ② flying ③ you
④ are ⑤ a kite

05 다음 중 의도하는 바가 다른 하나는?

① Can you help me?
② Can you do me a favor?
③ Can I help you?
④ Can you give me a hand?
⑤ Can I ask you a favor?

[06-07] 다음 대화를 읽고, 물음에 답하시오.

Brian: Mom, I can't find my smartphone. (①)
Mom: Are you sure you lost it inside the house? (②)
Brian: Yes. I just texted my friend a few minutes ago. (③)
Mom: Where were you at the time? (④)
Brian: In the kitchen. I was making a sandwich. (⑤)
Mom: Then I guess you left it somewhere in the kitchen.
Brian: I already checked the kitchen, Mom.
Mom: Well, let's check it again. Oh, here it is. Inside the refrigerator.
Brian: Thanks, Mom. You are the greatest!
Mom: You're welcome, honey.

06 위 대화의 ①~⑤ 중 주어진 문장이 들어갈 알맞은 곳은?

Can you help me find it?

①   ②   ③   ④   ⑤

07 위 대화의 내용과 일치하지 <u>않는</u> 것은?

① Brian은 집 안에서 스마트폰을 잃어버렸다.

② Brian은 샌드위치를 만들고 있었다.

③ Brian은 이미 부엌에서 스마트폰을 찾아봤다.

④ Brian의 스마트폰을 찾은 사람은 Brian의 엄마이다.

⑤ Brian은 스마트폰을 냉장고 안에 둔 것을 기억해 냈다.

[08-09] 다음 대화를 읽고, 물음에 답하시오.

A: Dad, did you see my baseball glove?

B: Yes, I saw it under the table, Ann.

A: Really? ⓐIt's not there anymore.

B: Then I guess Spot took it.

A: Oh, there ⓑhe is. You bad dog, Spot!

08 위 대화의 내용을 <u>잘못</u> 이해한 사람은?

① 보라: Ann은 야구 글러브를 찾고 있어.

② 지민: Ann의 아빠는 탁자 위에 있는 야구 글러브를 보았구나.

③ 민호: Ann의 아빠는 Spot이 야구 글러브를 가져갔다고 추측하네.

④ 지수: Ann이 야구 글러브를 찾아서 다행이야.

⑤ 가영: Spot은 개의 이름이야.

09 위 대화의 밑줄 친 ⓐ와 ⓑ가 가리키는 것을 위 대화에서 찾아 쓰시오.

ⓐ It: _____   ⓑ he: _____

서술형

10 괄호 안의 말을 이용하여 주어진 대화를 완성하시오.

A: (1) _____

     (help, find, my hat)

B: Okay. Where did you see it last?

A: On the bicycle.

B: (2) _____

     (guess, a bird, take)

고/난도

11 다음 대화의 밑줄 친 우리말을 [조건]에 맞게 영어로 쓰시오.

A: Tony, can you do me a favor?

B: Sure. What is it, Narae?

A: <u>이번 주말에 내 개를 돌봐 줄 수 있니?</u> My family is going to visit my grandmother in Busan.

B: Oh, I'm sorry but I can't. My mom doesn't like dogs.

> [조건]   1. can과 take care of를 사용할 것
>   2. 9단어의 완전한 문장으로 쓸 것

→ _____

고/난도

12 다음 담화의 밑줄 친 ⓐ~ⓔ 중 문맥상 <u>어색한</u> 것을 찾아 기호를 쓰고, 바르게 고쳐 쓰시오.

Girl: Good morning, classmates! Nine months have passed so ⓐ<u>fast</u>, and we are almost at the ⓑ<u>beginning</u> of this school year. We all had a ⓒ<u>wonderful</u> year. I guess only a few of us will be in the ⓓ<u>same</u> class next year. Don't be a ⓔ<u>stranger</u>. Say hello when we see each other, okay? Thank you.

(   ) _____ → _____

핵심 노트

1 something + 형용사

- Is there **something wrong**?   잘못된 것이 있니?
- I saw **something big** in the woods.   나는 숲속에서 큰 무언가를 보았다.
- He tries to do **something good** for others.   그는 다른 사람들을 위해 좋은 일을 하려고 노력한다.

(1) 부정대명사는 정해지지 않은 사람이나 사물을 가리키는 대명사이다. 일반적으로 형용사는 명사를 앞에서 수식하지만, -thing으로 끝나는 부정대명사는 형용사가 뒤에서 수식한다.

- I want to drink **something hot**. 나는 뜨거운 것을 마시고 싶어.
- Tell me **something special**. 나에게 특별한 것을 말해 줘.
- Jenny couldn't hear **anything strange** because of the loud music.
  Jenny는 시끄러운 음악 소리 때문에 이상한 어떤 것도 듣지 못했다.
- The man said there was **nothing wrong** with my computer.
  그 남자는 내 컴퓨터에 아무 이상이 없다고 말했다.

(2) -thing뿐만 아니라 -one, -body로 끝나는 부정대명사도 형용사가 뒤에서 수식한다.

- **Someone strange** knocked on the door. 낯선 누군가가 문을 두드렸다.
- Did you see **anybody famous**? 너는 유명한 누군가를 보았니?

> **point**
> 시험 포인트
> -thing, -one, -body로 끝나는 부정대명사를 수식하는 형용사의 위치를 묻는 문제가 자주 출제돼요. 형용사가 부정대명사를 뒤에서 수식한다는 것을 반드시 기억하세요.

QUICK CHECK

1 다음 괄호 안에서 알맞은 것을 고르시오.

(1) I want to have (something sweet / sweet something).

(2) There isn't (anything strange / anything strangely) in the classroom.

(3) We're looking for (new someone / someone new) for the job.

2 다음 문장의 밑줄 친 부분이 어법상 틀렸으면 바르게 고쳐 쓰시오.

(1) There is special nothing in the store.　　→ _____

(2) Do you have important anything to tell me? → _____

(3) Henry has something funny to show us.　　→ _____

2 간접의문문

- Could you tell me **when this happened**?
- I don't know **why she came late**.
- I'll ask Mary **where she lives**.

언제 이 일이 일어났는지 내게 말해 주겠니?

나는 왜 그녀가 늦게 왔는지 모르겠다.

나는 Mary에게 그녀가 어디에 사는지 물어볼 것이다.

(1) 의문문이 다른 문장의 일부로 쓰여 주어나 목적어 역할을 하는 것을 간접의문문이라고 한다. 간접의문문은 「의문사+주어+동사」의 어순으로 쓰고 물음표(?)를 쓰지 않는다. 의문사가 주어인 경우는 「의문사+동사」의 어순으로 쓴다.

- I wonder. + Why was Tony late for school?
  → I wonder **why Tony was late for school**.
    나는 Tony가 왜 학교에 늦었는지 궁금하다.
- I don't know. + Who is telling the truth?
  → I don't know **who is telling the truth**. 나는 누가 진실을 말하고 있는지 모른다.

> 시험 포인트 **point**
> 간접의문문의 올바른 어순을 묻는 문제가 자주 출제돼요. 간접의문문의 어순과 시제에 유의하세요.

(2) 간접의문문은 주로 다음과 같은 표현들과 함께 쓰인다.

- I (don't) know ~. ~을 안다. / ~을 모른다.
- I (don't) remember ~. ~을 기억한다. / ~을 기억하지 못한다.
- Do you know(remember) ~? ~을 아니(기억하니)?
- Can you tell me ~? ~을 내게 말해 줄 수 있니?
- I wonder ~. 나는 ~이 궁금하다.

___한 단계 | 더!___

의문사가 없는 의문문을 간접의문문으로 쓸 경우에는 '~인지'라는 뜻의 접속사 if를 사용한다.

- I wonder. + Do you know the answer?
  → I wonder **if you know the answer**. 나는 네가 정답을 아는지 궁금하다.

QUICK CHECK

1 다음 괄호 안에서 알맞은 것을 고르시오.

(1) Do you know (who is that man / who that man is)?

(2) I don't know (what she likes / what does she like).

(3) Can you tell me (how did he fix the bike / how he fixed the bike)?

2 자연스러운 문장이 되도록 괄호 안의 말을 바르게 배열하시오.

(1) I want to know _____. (it, what, is)

(2) I wonder _____. (dream, your, is, what, future)

(3) Do you remember _____? (your, is, mother's birthday, when)

연습 문제

1 something + 형용사

A 다음 괄호 안에서 알맞은 것을 고르시오.

1 The children want (something cold / cold something).

2 Do you have (cheap anything / anything cheap)?

3 There is (strange nothing / nothing strange) in his room.

4 We're looking for (something interesting / interesting something).

5 Do you know (smart someone / someone smart)?

B 다음 문장의 밑줄 친 부분이 어법상 틀렸으면 바르게 고쳐 쓰시오.

1 I did special nothing last weekend. → _____

2 There is something wrong with our plan. → _____

3 Is there anything interestingly at the school festival? → _____

4 I thought you were somebody else. → _____

5 The doctor said that there was wrong nothing with me. → _____

C 다음 괄호 안의 단어를 알맞은 위치에 넣어 문장을 다시 쓰시오.

1 Jim didn't buy anything during the trip. (expensive)

→ _____

2 She wanted to do something. (different)

→ _____

3 Your daughter will never do anything again. (stupid)

→ _____

D 다음 우리말과 같도록 something과 괄호 안의 단어를 이용하여 영작하시오.

1 그는 어젯밤 무서운 무언가를 들었다. (hear, scary)

→ _____

2 그녀는 맛있는 무언가를 먹고 싶어 한다. (have, delicious)

→ _____

3 그 과학자는 새로운 무언가를 발명했다. (invent, new)

→ _____

2 간접의문문

A 다음 괄호 안에서 알맞은 것을 고르시오.

1 Can you tell me where (is he / he is) from?

2 Do you remember what (is my name / my name is)?

3 I can't explain (how was it scary / how scary it was)!

4 I know (who sent me / who did send me) this letter.

5 I want to know (where she went / where did she go).

B 다음 문장에서 어법상 틀린 부분을 찾아 바르게 고쳐 쓰시오.

1 I'm not sure where put I the key.　　　　　_____ → _____

2 Do you know invented who the computer?　　_____ → _____

3 He doesn't know this word means what.　　　_____ → _____

4 Nobody knows when happened the accident.　_____ → _____

5 I don't understand why did you that.　　　　_____ → _____

C 다음 우리말과 같도록 괄호 안의 단어들을 바르게 배열하여 문장을 완성하시오.

1 나는 그의 직업이 무엇인지 몰랐다. (was, what, his job)

→ I didn't know _____.

2 우리는 그가 여기서 얼마 동안 일했는지 궁금하다. (worked, how long, he, here)

→ We wonder _____.

3 나에게 그녀가 어디를 방문했는지 말해 주세요. (visited, she, where)

→ Please tell me _____.

D 다음 두 문장을 간접의문문을 사용하여 한 문장으로 바꿔 쓰시오.

1 I don't know. + When does the movie start?

→ _____

2 I wonder. + Why is he so upset?

→ _____

3 Please tell me. + Where can I meet Jason?

→ _____

4 I don't remember. + Does she have any brothers or sisters?

→ _____

[01-02] 다음 문장의 빈칸에 들어갈 말로 알맞은 것을 고르시오.

01 I asked him _____ during the summer vacation.

① what he do
② what does he
③ he did what
④ what he did
⑤ what did he do

02 The weather is really hot. James wants to drink _____ cold.

① any
② some
③ many
④ someone
⑤ something

03 다음 문장의 빈칸에 들어갈 말로 알맞지 않은 것은?

He likes to do something _____ at the weekends.

① new
② challenging
③ interesting
④ exciting
⑤ importance

고
난도 한 단계 더!
04 다음 중 어법상 틀린 것은?

① Tell me who made the chocolate cookies.
② I wonder if he came home early yesterday.
③ We didn't know what time was it.
④ Can you tell me where the bookstore is?
⑤ You don't know what kind of person I am.

05 다음 중 빈칸에 something이 들어갈 수 없는 것은?

① I saw _____ big in the woods.
② _____ strange happened last night.
③ Would you like _____ spicy?
④ There must be _____ mistake.
⑤ There is _____ wrong with my smartphone.

[06-07] 다음 우리말을 바르게 영작한 것을 고르시오.

06 나에게 그 사고가 언제 일어났는지 말해 줄 수 있니?

① When can you tell me the accident happened?
② When do you tell me did the accident happen?
③ Can you tell me when the accident happened?
④ Can you tell me when did the accident happen?
⑤ Can you tell me when you happened the accident?

07 Tony는 맛있는 것을 먹고 싶어 한다.

① Tony wants to have some delicious.
② Tony wants to have something delicious.
③ Tony wants to have delicious anything.
④ Tony wants to have delicious something.
⑤ Tony wants to have nothing delicious.

08 다음 우리말을 영어로 옮길 때 다섯 번째로 오는 단어는?

나는 그녀가 왜 늦게 왔는지 모른다.

① don't   ② know   ③ she
④ why   ⑤ came

한 단계 더!

09 각 문장의 빈칸에 들어갈 말이 순서대로 짝 지어진 것은?

• I wonder _____ you're good at talking with people.
• I don't know _____ I lost my new camera.

① who – where   ② who – if
③ if – where   ④ if – what
⑤ what – if

신유형
[10-11] 다음 우리말을 영어로 옮길 때 쓰이지 <u>않는</u> 단어를 <u>고르시오.</u>

10 나는 Lucy에게 그녀가 어디에 사는지 물어볼 것이다.

① ask   ② lives   ③ she
④ does   ⑤ where

11 내 왼쪽 발에 뭔가 문제가 있다.

① foot   ② something   ③ that
④ have   ⑤ wrong

12 다음 ①~⑤ 중 interesting이 들어갈 알맞은 곳은?

The students (①) want (②) to do (③) something (④) at the talent show (⑤).

[13-14] 다음 문장에서 어법상 <u>틀린</u> 부분을 찾아 바르게 고쳐 쓰시오.

13 I wonder what were you doing an hour ago.

_____ → _____

14 There is sharp something in my shoe.

_____ → _____

고난도 한 단계 더!
15 다음 중 어법상 <u>틀린</u> 문장끼리 짝 지어진 것은?

ⓐ You don't know how much I love you.
ⓑ I wonder where did they first meet.
ⓒ I'd like to know who designed the building.
ⓓ I'm not sure if when I can finish it.

① ⓐ, ⓑ   ② ⓐ, ⓒ   ③ ⓑ, ⓒ
④ ⓑ, ⓓ   ⑤ ⓒ, ⓓ

STEP
A

16 다음 두 문장에 대한 설명으로 옳은 것을 모두 고르면?

(A) I'd like to learn new something.
(B) Do you know what time the concert begins?

① (A)에서 something을 nothing으로 바꿔야 한다.
② (A)에서 new something을 something new로 써야 한다.
③ (B)에서 what time을 when으로 바꿔 쓸 수 있다.
④ (B)에서 what time은 문장의 맨 앞에 써도 된다.
⑤ (B)는 Do you know what time does the concert begin?으로 고쳐야 한다.

17 다음 밑줄 친 부분을 어법상 바르게 고쳐 쓴 것은?

① He never does anything useful.
　　　　　 → anything use
② I couldn't find anything important there.
　　　　　 → 고칠 필요 없음
③ There is wrong something with this computer.
　　　　　 → wrong anything
④ I want light something for lunch.
　　　　　 → 고칠 필요 없음
⑤ We will select someone new for the position.
　　　　　 → new someone

18 다음 중 어법상 옳은 문장의 개수는?

ⓐ I wonder if you can play the guitar.
ⓑ I have no idea how tall he is.
ⓒ I don't know why did she go home early.
ⓓ He doesn't know when they moved to Busan.

① 0개　　　　② 1개　　　　③ 2개
④ 3개　　　　⑤ 4개

19 다음 문장에서 어법상 틀린 부분을 찾아 바르게 고친 것은?

The doctor said that there was wrong something with me.

① said → say
② that → what
③ was → were
④ wrong something → something wrong
⑤ with → to

20 다음 빈칸 ⓐ~ⓒ에 들어갈 말이 바르게 짝 지어진 것은?

• Megan brought something ___ⓐ___ for you.
• He didn't buy ___ⓑ___ expensive at the shop.
• Do you know ___ⓒ___ he solved the puzzle?

	ⓐ	ⓑ	ⓒ
①	special	any	how
②	special	anything	what
③	special	anything	how
④	specialty	any	how
⑤	specialty	anything	what

21 다음 문장의 빈칸에 들어갈 수 없는 것은?

I don't know _____.

① what time it is now
② what I should do
③ when will she come
④ how old he is
⑤ where she went last weekend

22 다음 그림을 보고, 괄호 안의 단어들을 사용하여 문장을 완성하시오.

Amy is bored. She wants _____
_____ . (do, interesting, something)

23 다음 우리말과 같도록 괄호 안의 말을 이용하여 쓰시오.

(1) 너는 그가 지난 주말에 무엇을 했는지 아니?
(know, what, do, last weekend)
→ _____

(2) 나는 그녀가 왜 울고 있는지 이해가 안 된다.
(understand, why, cry)
→ _____

한 단계 더!

24 다음 의문문을 [조건]에 맞게 간접의문문으로 바꿔 쓰시오.

[조건] 1. I wonder로 문장을 시작할 것
2. 시제를 정확하게 쓸 것

(1) What is your favorite subject?
→ _____

(2) Who broke the window?
→ _____

(3) Did you go to the rock concert?
→ _____

25 다음 우리말과 같도록 [보기]에서 알맞은 단어를 사용하여 문장을 쓰시오.

[보기]   nothing   something   anyone
famous   strange   special

(1) 그녀는 나에게 이상한 무언가를 보여 주었다.
→ _____

(2) 나는 유명한 누군가를 만난 적이 없다.
→ _____

고난도
26 다음 대화의 빈칸에 알맞은 간접의문문을 쓰시오.

A: Do you know (1) _____ ?
B: Yes. He is my best friend, Nick.
A: Oh, can you tell me (2) _____ ?
B: Yes. He is from Australia.

(1) _____
(2) _____

고난도
27 다음 대화에서 어법상 틀린 부분을 찾아 바르게 고쳐 문장을 다시 쓰시오.

(1)
A: Do you like horror movies?
B: No, I don't like to watch scary anything.

→ _____

(2)
A: Can you tell me how can I get to the theater?
B: Go straight two blocks and turn right. You can't miss it.

→ _____

R ▶ Reading
만점 노트

사라진 금메달!

The Missing Gold!

01 Reese 교장은 젖은 운동장을 달려왔다.

01 <u>Mr. Reese, the principal,</u> ran across the wet playground.
└동격┘
이전에 비가 왔음을 암시
run across: ~을 가로질러 뛰어가다

02 "Shirley! Shirley! 네 도움이 필요하구나!"

02 "Shirley! Shirley! I need your help!"

03 Shirley는 Bakersville 중학교의 8학년 학생이었다.

03 Shirley was an eighth grade student at Bakersville Middle School.
8학년(→ 우리나라 중학교 2학년에 해당됨)

04 그녀는 또한 그 마을 최고의 탐정이었다.

04 She was also the best detective in the whole town.
ⓗ 최고의(good의 최상급)   ⓗ 전체의

05 "무슨 일이 있나요?" Shirley가 물었다.

05 "Is there something wrong?" asked Shirley.
↑
-thing으로 끝나는 부정대명사는 형용사가 뒤에서 수식

06 "누군가가 장기 자랑 대회 금메달을 훔쳐 갔어!"

06 "Someone has stolen the gold medal for the talent show!"
현재완료 시제 (결과): have(has)+과거분사

07 Reese 교장은 Shirley를 범죄 현장으로 데려갔다.

07 Mr. Reese took Shirley to the scene of the crime.
take A to B: A를 B로 데리고 가다

08 유리창이 깨진 진열장이 있었다.

08 There was a case with a broken window.
There was+단수 명사: ~이 있었다
ⓗ 깨진, 부서진

09 은메달과 동메달은 여전히 그곳에 있었다.

09 The silver and bronze medals were still there.
진열장(case)을 가리킴
ⓟ 여전히, 아직도

10 하지만 금메달은 사라졌다.

10 But the gold medal was missing.
ⓗ 없어진, 실종된

11 그 자리에는 시가 있었다.

11 There was a poem in its place.
ⓜ (한 편의) 시   = the gold medal's

12 내일은 장기 자랑 대회이다.

12 Tomorrow is the talent show.

13 금메달은 어디로 갔을까?

13 Where did the gold medal go?

14 구석구석 찾아라.

14 Look high and low.
각 행의 끝소리(show, go, low, slow)가 비슷한 소리로 반복되어 운율을 이룸

15 당신은 나를 잡을 수 없어. 당신은 너무 느려.

15 You can't catch me. You're too slow.

16 Shirley는 "언제 이 사건이 일어났는지 말씀해 주시겠어요?"라고 물었다.

16 Shirley asked, "Could you tell me when this happened?"
간접의문문 (의문사+주어+동사): 동사 tell의 직접목적어로 쓰임

17 "어젯밤 9시가 조금 넘은 후에.

17 "A little after nine last night.
과거진행형 (be동사의 과거형+동사원형-ing): ~하고 있었다.
시간을 나타내는 접속사 (~할 때)

18 내가 비명 소리를 들었을 때 나는 순찰을 돌고 있었어.

18 I was making my rounds when I heard a scream.
make one's rounds: 순찰하다, 순찰을 돌다

19 rush over: 달려가다   found의 목적어인 Jocelyn과 the case like this 연결
I rushed over and found Jocelyn and the case like this."
병렬 구조   ㉠ ~과 같은

19 나는 달려가서 Jocelyn과 이 상태인 진열 장을 발견했지."

20 ㉠ 또 다른, 그 밖의 (의문대명사(who) 뒤에 쓰임)
"I wonder who else was here last night."
간접의문문 (동사 wonder의 목적어로 쓰임)

20 "어젯밤에 또 다른 누가 여기 있었는지 궁금해요."

21 "Sylvia and Harry. They were also practicing for the talent show.
과거진행형

21 "Sylvia와 Harry가 있었어. 그들 또한 장기 자랑 대회를 위해 연습 중이었어.

22 I'll call them to my office."
= Jocelyn, Sylvia and Harry

22 내가 그들을 내 사무실로 부르마."

23 ㉠ ~을 가진
Jocelyn was a ninth grade student with short curly red hair.
9학년   형용사 순서: 길이(크기), 모양, 색깔

23 Jocelyn은 빨간색 짧은 곱슬머리를 가진 9학년 학생이었다.

24 "I was practicing my song and I became thirsty.
과거진행형   become + 형용사: ~해지다, ~이 되다

24 "저는 제 노래를 연습하고 있었고 목이 말랐어요.

25 I stepped outside the classroom to get some water.
to부정사의 부사적 용법 (목적)

25 저는 물을 좀 가지러 교실 밖으로 나갔어요.

26 It was completely dark.
비인칭 주어 (명암)

26 완전히 어두웠어요.

27 Suddenly, there was a loud sound of thunder.
㉠ (소리가) 큰, 시끄러운

27 갑자기, 커다란 천둥소리가 났어요.

28 I think the thief broke the window at that moment.
접속사 that 생략   '커다란 천둥소리가 들리던 순간'을 가리킴

28 저는 도둑이 그 순간에 유리창을 깼다고 생각해요.

29 Lightning followed right after and it became bright for a second or two.
그 직후   비인칭 주어 (명암)

29 번개가 바로 뒤따랐고 1~2초 정도 밝아졌어요.

30 run away: 도망치다
Then I saw someone running away from the case."
see(지각동사) + 목적어 + 목적격보어(현재분사): (목적어)가 ~하고 있는 것을 보다

30 그때 저는 누군가가 진열장에서 도망치는 걸 봤어요."

31 "Did you see the thief's face?"

31 "도둑의 얼굴을 봤나요?"

32 "No, I only saw the thief's back.

32 "아니요, 도둑의 뒷모습만 봤어요.

33 But the thief had short hair."

33 하지만 그 도둑은 짧은 머리였어요."

34 Next was an eighth grade student, Sylvia.

34 다음은 8학년 학생인 Sylvia였다.

35 She was tall with long black hair.

35 그녀는 긴 검은색 머리에 키가 컸다.

36 She said, "I was reading my poem aloud in the classroom.
㉠ 큰 소리로

36 그녀는 말했다. "저는 교실에서 큰 소리로 제 시를 낭송하고 있었어요.

37 I heard a scream and went outside.
㉠ 비명 소리

37 저는 비명 소리를 듣고 밖으로 나갔어요.

38 There was a girl next to the case.
~ 옆에

38 진열장 옆에 한 소녀가 있었어요.

STEP
A

39 번개의 번쩍임과 어우러져 그것은 공포 영화 같았어요.

39 With the flash from the lightning, it was like a horror movie.
(전) ~과 어우러져, ~과 함께   (전) ~과 같은

40 저는 겁이 나서 곧장 집으로 달려갔어요."

40 I got scared so I ran straight home."
get + 형용사: ~해지다   (부) 곧장, 똑바로

41 "유리창이 깨지는 소리를 들었나요?"

41 "Did you hear the window break?"
hear(지각동사) + 목적어 + 동사원형: (목적어)가 ~하는 것을 듣다

42 "아니요, 천둥소리가 너무 컸어요.

42 "No, the thunder was too loud.

43 음, 제가 그런 게 아니에요.

43 Well, I didn't do it.

44 저는 어쨌든 1등을 할 거였으니까요."

44 I was going to win first place anyway."

45 7학년인 Harry는 짧은 금발을 가지고 있었다.

45 Harry, a seventh grader, had short blond hair.

46 그는 말했다. "이봐요, 사람을 잘못짚었어요.

46 He said, "Hey, you got the wrong guy.

47 저는 제 춤 동작을 연습하고 있었어요.

47 I was practicing my dance moves.
과거진행형   move (명) 동작, 움직임

48 저는 9시 조금 전에 집에 갔어요.

48 I went home a little before nine.

49 저는 그때까지 교실 밖으로 한 발자국도 나가지 않았어요."

49 I didn't take one step outside the classroom until then."
한 발 밖으로 나가다   그때까지

50 "이상한 소리를 들었나요?"

50 "Did you hear anything strange?"
-thing으로 끝나는 부정대명사는 형용사가 뒤에서 수식

51 "제가 어떻게 들었겠어요? 제 음악 소리가 정말 컸어요."

51 "How could I? My music was really loud."

52 "집에 가는 길에 누군가를 보았나요?"

52 "Did you see anyone on the way home?"

53 "아니요, 누군가가 노래를 정말 끔찍하게 부르는 것을 들었지만, 누구도 보진 못했어요."

부사가 부사를 수식하여 의미 강조

53 "No, I heard someone singing really badly, but I didn't see anyone."
hear(지각동사) + 목적어 + 현재분사: (목적어)가 ~하는 것을 듣다   (대) (부정문, 의문문에서) 아무도

54 Shirley는 "더 이상 들을 필요가 없겠네요."라고 말했다.

54 Shirley said, "I don't need to hear anymore."
not ~ anymore: 더 이상 ~ 않다

55 그리고 나서 그녀는 도둑을 향했다.

55 Then she turned to the thief.

56 "정말 곤경에 빠지기 전에 메달을 돌려주는 게 어때요?"

bring ~ back: ~을 돌려주다

56 "Why don't you bring the medal back before you
Why don't you + 동사원형 ~?: ~하는 게 어때?   (접) ~하기 전에

get into some real trouble?"
get into trouble: 곤경에 빠지다

Reading

빈칸 채우기

우리말 뜻과 일치하도록 교과서 본문의 문장을 완성하시오.

중요 문장

01 Mr. Reese, the principal, _____ _____ the wet playground.

01 Reese 교장은 젖은 운동장을 달려왔다.

02 "Shirley! Shirley! I _____ _____ _____!"

02 "Shirley! Shirley! 네 도움이 필요하구나!"

03 Shirley was _____ _____ _____ _____ at Bakersville Middle School.

03 Shirley는 Bakersville 중학교의 8학년 학생이었다.

04 She was also _____ _____ _____ in the whole town.

04 그녀는 또한 그 마을 최고의 탐정이었다.

05 "Is there _____ _____?" asked Shirley.

05 "무슨 일이 있나요?" Shirley가 물었다.

06 "Someone _____ _____ the gold medal for the talent show!"

06 "누군가가 장기 자랑 대회 금메달을 훔쳐 갔어!"

07 Mr. Reese _____ Shirley _____ the scene of the crime.

07 Reese 교장은 Shirley를 범죄 현장으로 데려갔다.

08 There was a case with a _____ _____.

08 유리창이 깨진 진열장이 있었다.

09 The silver and bronze medals _____ _____ there.

09 은메달과 동메달은 여전히 그곳에 있었다.

10 But the gold medal _____ _____.

10 하지만 금메달은 사라졌다.

11 There was _____ _____ in its place.

11 그 자리에는 시가 있었다.

12 Tomorrow is the _____ _____.

12 내일은 장기 자랑 대회이다.

13 _____ _____ the gold medal go?

13 금메달은 어디로 갔을까?

14 Look _____ _____ _____.

14 구석구석 찾아라.

15 You can't catch me. You're _____ _____.

15 당신은 나를 잡을 수 없어. 당신은 너무 느려.

16 Shirley asked, "Could you tell me _____ _____ _____?"

16 Shirley는 "언제 이 사건이 일어났는지 말씀해 주시겠어요?"라고 물었다.

17 "A little after nine _____ _____.

17 "어젯밤 9시가 조금 넘은 후에.

18 I was _____ _____ _____ when I heard a scream.

18 내가 비명 소리를 들었을 때 나는 순찰을 돌고 있었어.

19 I _____ _____ and found Jocelyn and the case like this."

19 나는 달려가서 Jocelyn과 이 상태인 진열장을 발견했지."

20 "I _____ _____ _____ was here last night."

20 "어젯밤에 또 다른 누가 여기 있었는지 궁금해요."

21 "Sylvia and Harry. They _____ _____ _____ for the talent show.

22 I'll _____ them to my office."

23 Jocelyn was a ninth grade student _____ _____ _____ _____ _____.

24 "I was practicing my song and I _____ _____.

25 I _____ _____ the classroom to get some water.

26 It was _____ dark.

27 Suddenly, there was a loud _____ _____ _____.

28 I think the thief _____ _____ _____ at that moment.

29 _____ _____ right after and it became bright for a second or two.

30 Then I _____ _____ _____ away from the case."

31 "_____ _____ _____ the thief's face?"

32 "No, I _____ saw the thief's back.

33 But the thief _____ _____ _____."

34 _____ _____ an eighth grade student, Sylvia.

35 She was tall _____ _____ _____ _____ _____.

36 She said, "I _____ _____ my poem aloud in the classroom.

37 I _____ _____ _____ and went outside.

38 There was a girl _____ _____ _____ _____.

39 With the flash from the lightning, it was _____ _____ _____.

40 I _____ _____ so I ran straight home."

41 "Did you _____ _____ _____ _____ _____ ?"

21 "Sylvia와 Harry가 있었어. 그들 또한 장기 자랑 대회를 위해 연습 중이었어.

22 내가 그들을 내 사무실로 부르마."

23 Jocelyn은 빨간색 짧은 곱슬머리를 가진 9학년 학생이었다.

24 "저는 제 노래를 연습하고 있었고 목이 말랐어요.

25 저는 물을 좀 가지러 교실 밖으로 나갔어요.

26 완전히 어두웠어요.

27 갑자기, 커다란 천둥소리가 났어요.

28 저는 도둑이 그 순간에 유리창을 깼다고 생각해요.

29 번개가 바로 뒤따랐고 1~2초 정도 밝아졌어요.

30 그때 저는 누군가가 진열장에서 도망치는 걸 봤어요."

31 "도둑의 얼굴을 봤나요?"

32 "아니요, 도둑의 뒷모습만 봤어요.

33 하지만 그 도둑은 짧은 머리였어요."

34 다음은 8학년 학생인 Sylvia였다.

35 그녀는 긴 검은색 머리에 키가 컸다.

36 그녀는 말했다. "저는 교실에서 큰 소리로 제 시를 낭송하고 있었어요.

37 저는 비명 소리를 듣고 밖으로 나갔어요.

38 진열장 옆에 한 소녀가 있었어요.

39 번개의 번쩍임과 어우러져 그것은 공포 영화 같았어요.

40 저는 겁이 나서 곧장 집으로 달려갔어요."

41 "유리창이 깨지는 소리를 들었나요?"

42 "No, the thunder was _____ _____.

43 Well, I _____ do it.

44 I was going to _____ _____ _____ anyway."

45 Harry, _____ _____ _____, had short blond hair.

46 He said, "Hey, you got the _____ _____.

47 I _____ _____ my dance moves.

48 I went home a little _____ _____.

49 I didn't _____ _____ _____ _____ the classroom until then."

50 "Did you hear _____ _____?"

51 "How could I? My music _____ _____ _____."

52 "Did you see anyone _____ _____ _____ _____?"

53 "No, I heard _____ _____ _____ _____, but I didn't see anyone."

54 Shirley said, "I don't need to _____ _____."

55 Then she _____ _____ the thief.

56 "Why don't you bring the medal back before you _____ _____ some real _____?"

42 "아니요, 천둥소리가 너무 컸어요.

43 음, 제가 그런 게 아니에요.

44 저는 어쨌든 1등을 할 거였으니까요."

45 7학년인 Harry는 짧은 금발을 가지고 있었다.

46 그는 말했다. "이봐요, 사람을 잘못짚었어요.

47 저는 제 춤 동작을 연습하고 있었어요.

48 저는 9시 조금 전에 집에 갔어요.

49 저는 그때까지 교실 밖으로 한 발자국도 나가지 않았어요."

50 "이상한 소리를 들었나요?"

51 "제가 어떻게 들었겠어요? 제 음악 소리가 정말 컸어요."

52 "집에 가는 길에 누군가를 보았나요?"

53 "아니요, 누군가가 노래를 정말 끔찍하게 부르는 것을 들었지만, 누구도 보진 못했어요."

54 Shirley는 "더 이상 들을 필요가 없겠네요."라고 말했다.

55 그러고 나서 그녀는 도둑을 향했다.

56 "정말 곤경에 빠지기 전에 메달을 돌려주는 게 어때요?"

바른 어휘 • 어법 고르기

글의 내용과 문장의 어법에 맞게 괄호 안에서 알맞은 어휘를 고르시오.

01 Mr. Reese, the principal, ran (across / after) the wet playground.

02 "Shirley! Shirley! I need (your / you) help!"

03 Shirley was an (eight / eighth) grade student at Bakersville Middle School.

04 She (was / were) also the best detective in the whole town.

05 "Is there (wrong something / something wrong)?" asked Shirley.

06 "Someone (has stolen / have stolen) the gold medal for the talent show!"

07 Mr. Reese took Shirley (to / from) the scene of the crime.

08 (There was / There were) a case with a broken window.

09 The silver and bronze medals (was / were) still there.

10 (Although / But) the gold medal was missing.

11 There was a poem (in its place / in its time).

12 Tomorrow (is / are) the talent show.

13 Where did the gold medal (went / go)?

14 Look (highly / high) and low.

15 You can't catch me. You're too (fast / slow).

16 Shirley asked, "Could you tell me (what / when) this happened?"

17 "(A few / A little) after nine last night.

18 I was making my (rounds / walks) when I heard a scream.

19 I rushed over and (found / founded) Jocelyn and the case like this."

20 "I wonder (who / how) else was here last night."

21 "Sylvia and Harry. They were also (practiced / practicing) for the talent show.

22 I'll call (their / them) to my office."

23 Jocelyn was a ninth grade student (with / for) short curly red hair.

24 "I (was practiced / was practicing) my song and I became thirsty.

25 I stepped outside the classroom (to get / get) some water.

26 (It / There) was completely dark.

27   Suddenly, there was a (loud / loudly) sound of thunder.

28   I think the thief (breaks / broke) the window at that moment.

29   Lightning followed right after and it became (dark / bright) for a second or two.

30   Then I saw someone (running / to run) away from the case."

31   "Did you (see / saw) the thief's face?"

32   "No, I only saw the thief's (back / face).

33   But the thief had short (hair / hairs)."

34   Next was an (eight / eighth) grade student, Sylvia.

35   She was tall with (black long / long black) hair.

36   She said, "I (am reading / was reading) my poem aloud in the classroom.

37   I heard a scream and (go / went) outside.

38   There was (girls / a girl) next to the case.

39   With the flash from the (lightning / thunder), it was like a horror movie.

40   I got (scaring / scared) so I ran straight home."

41   "Did you hear the window (break / broke)?"

42   "No, the thunder was too (quiet / loud).

43   Well, I (didn't / wasn't) do it.

44   I was going to (lose / win) first place anyway."

45   Harry, a seventh grader, (had / took) short blond hair.

46   He said, "Hey, you got the (right / wrong) guy.

47   I (practicing / was practicing) my dance moves.

48   I went home (little / a little) before nine.

49   I didn't take one step (inside / outside) the classroom until then."

50   "Did you hear (anything strange / strange anything)?"

51   "How could I? My music was really (loud / loudly)."

52   "(Did / Do) you see anyone on the way home?"

53   "No, I heard someone (singing / to sing) really badly, but I didn't see anyone."

54   Shirley said, "I don't need (hearing / to hear) anymore."

55   Then she turned (on / to) the thief.

56   "Why don't you bring the medal back (before / after) you get into some real trouble?"

틀린 문장 고치기

STEP
A

밑줄 친 부분이 내용이나 어법상 바르면 ○, 어색하면 ×에 표시하고 고쳐 쓰시오.

01 Mr. Reese, the principal, <u>ran across</u> the wet playground. ○ ×

02 "Shirley! Shirley! I need your <u>helping!</u>" ○ ×

03 Shirley was <u>an eight grade</u> student at Bakersville Middle School. ○ ×

04 She was also <u>the better</u> detective in the whole town. ○ ×

05 "Is there <u>something wrong?</u>" asked Shirley. ○ ×

06 "<u>Someone</u> has stolen the gold medal for the talent show!" ○ ×

07 Mr. Reese took Shirley to the scene of <u>the criminal</u>. ○ ×

08 There was a case with <u>a broke window</u>. ○ ×

09 The silver and bronze medals were <u>still there</u>. ○ ×

10 But the gold medal <u>was missing</u>. ○ ×

11 There was <u>a poet</u> in its place. ○ ×

12 <u>Tomorrow is</u> the talent show. ○ ×

13 <u>When</u> did the gold medal go? ○ ×

14 Look <u>high and low</u>. ○ ×

15 You can't catch me. You're too <u>fast</u>. ○ ×

16 Shirley asked, "Could you tell me <u>when happened this?</u>" ○ ×

17 "<u>A little</u> after nine last night. ○ ×

18 I was making my rounds <u>when</u> I heard a scream. ○ ×

19   I <u>rush over</u> and found Jocelyn and the case like this."   ⬚ O ⬚ ✕

20   "<u>I wonder</u> who else was here last night."   ⬚ O ⬚ ✕

21   "Sylvia and Harry. <u>We were</u> also practicing for the talent show.   ⬚ O ⬚ ✕

22   I'll call them <u>to my</u> office."   ⬚ O ⬚ ✕

23   Jocelyn was a ninth grade student <u>with short curly red hair</u>.   ⬚ O ⬚ ✕

24   "I was practicing my song and I <u>became thirst</u>.   ⬚ O ⬚ ✕

25   I stepped <u>inside</u> the classroom to get some water.   ⬚ O ⬚ ✕

26   <u>That</u> was completely dark.   ⬚ O ⬚ ✕

27   Suddenly, there was a loud <u>sound of lightning</u>.   ⬚ O ⬚ ✕

28   I think the thief broke the window <u>at that moment</u>.   ⬚ O ⬚ ✕

29   Lightning <u>followed</u> right after and it became bright for a second or two.   ⬚ O ⬚ ✕

30   Then I saw someone <u>running after</u> from the case."   ⬚ O ⬚ ✕

31   "<u>Did you see</u> the thief's face?"   ⬚ O ⬚ ✕

32   "No, I only <u>see</u> the thief's back.   ⬚ O ⬚ ✕

33   But the thief <u>had</u> short hair."   ⬚ O ⬚ ✕

34   <u>Next was</u> an eighth grade student, Sylvia.   ⬚ O ⬚ ✕

35   She was <u>taller</u> with long black hair.   ⬚ O ⬚ ✕

36   She said, "I was reading my poem <u>aloudly</u> in the classroom.   ⬚ O ⬚ ✕

37   I heard a scream and <u>go</u> outside.   ⬚ O ⬚ ✕

38   There was a girl <u>next to</u> the case.   ⬚ O ⬚ ✕

39   With the <u>sound</u> from the lightning, it was like a horror movie.   ◯ ☓

40   I got scared <u>because</u> I ran straight home."   ◯ ☓

41   "Did you hear the window <u>to break</u>?"   ◯ ☓

42   "No, the thunder was <u>too loud</u>.   ◯ ☓

43   Well, I didn't <u>do</u> it.   ◯ ☓

44   I was going <u>to win second place</u> anyway."   ◯ ☓

45   Harry, <u>a seven grader</u>, had short blond hair.   ◯ ☓

46   He said, "Hey, you <u>got</u> the wrong guy.   ◯ ☓

47   I was practicing <u>my dance moves</u>.   ◯ ☓

48   I <u>will go</u> home a little before nine.   ◯ ☓

49   I didn't take one step outside the classroom <u>from then</u>."   ◯ ☓

50   "Did you hear <u>strange anything</u>?"   ◯ ☓

51   "<u>How could</u> I? My music was really loud."   ◯ ☓

52   "Did you see anyone <u>on the way home</u>?"   ◯ ☓

53   "No, I heard someone singing really badly, but I <u>saw</u> anyone."   ◯ ☓

54   Shirley <u>asked</u>, "I don't need to hear anymore."   ◯ ☓

55   Then she <u>turned to</u> the thief.   ◯ ☓

56   "Why don't you bring the medal back <u>when</u> you get into some real trouble?"   ◯ ☓

배열로 문장 완성하기

정답 보기 >> 106~108쪽

주어진 단어를 바르게 배열하여 문장을 쓰시오.

01 Reese 교장은 젖은 운동장을 달려왔다. (Mr. Reese, / the wet playground / ran across / the principal,)
→

02 "Shirley! Shirley! 네 도움이 필요하구나!" (Shirley! / your help! / need / Shirley! / I)
→

03 Shirley는 Bakersville 중학교의 8학년 학생이었다.
(at Bakersville Middle School / was / Shirley / an eighth grade student)
→

04 그녀는 또한 그 마을 최고의 탐정이었다. (also / she / was / in the whole town / the best detective)
→

05 "무슨 일이 있나요?" Shirley가 물었다. (asked Shirley / there / is / something wrong)
→

06 "누군가가 장기 자랑 대회 금메달을 훔쳐갔어!" (the gold medal / someone / for the talent show / has stolen)
→

07 Reese 교장은 Shirley를 범죄 현장으로 데려갔다. (took / Mr. Reese / of the crime / Shirley / to the scene)
→

08 유리창이 깨진 진열장이 있었다. (with a broken window / there was / a case)
→

09 은메달과 동메달은 여전히 그곳에 있었다. (still there / and / bronze medals / were / the silver)
→

10 하지만 금메달은 사라졌다. (was / the gold medal / but / missing)
→

11 그 자리에는 시가 있었다. (in its place / was / a poem / there)
→

12 내일은 장기 자랑 대회이다. (the talent show / tomorrow / is)
→

13 금메달은 어디로 갔을까? (the gold medal / where / go / did)
→

14 구석구석 찾아라. (and / look / high / low)
→

15 당신은 나를 잡을 수 없어. 당신은 너무 느려. (catch / me / you / can't / too / you're / slow)
→

16 Shirley는 "언제 이 사건이 일어났는지 말씀해 주시겠어요?"라고 물었다.
(tell me / could / you / Shirley asked, / happened / when / this)
→

17 "어젯밤 9시가 조금 넘은 후에. (after / a little / nine / last night)
→

18 내가 비명 소리를 들었을 때 나는 순찰을 돌고 있었어. (was / heard / I / a scream / when / I / making my rounds)
→

19 나는 달려가서 Jocelyn과 이 상태인 진열장을 발견했지."

(like this / I / the case / and / found / Jocelyn / and / rushed over)

→

20 "어젯밤에 또 다른 누가 여기 있었는지 궁금해요." (else / was here / wonder / last night / I / who)

→

21 "Sylvia와 Harry가 있었어. 그들 또한 장기 자랑 대회를 위해 연습 중이었어.

(Sylvia and Harry / for the talent show / they / were also practicing)

→

22 내가 그들을 내 사무실로 부르마." (to my office / call / I'll / them)

→

23 Jocelyn은 빨간색 짧은 곱슬머리를 가진 9학년 학생이었다.

(with short curly red hair / was / Jocelyn / a ninth grade student)

→

24 "저는 제 노래를 연습하고 있었고 목이 말랐어요. (I / thirsty / became / was practicing / and / my song / I)

→

25 저는 물을 좀 가지러 교실 밖으로 나갔어요. (stepped outside / I / to get / the classroom / some water)

→

26 완전히 어두웠어요. (dark / was / completely / it)

→

27 갑자기, 커다란 천둥소리가 났어요. (of thunder / suddenly, / a loud sound / there was)

→

28 저는 도둑이 그 순간에 유리창을 깼다고 생각해요. (the window / think / broke / I / at that moment / the thief)

→

29 번개가 바로 뒤따랐고 1~2초 정도 밝아졌어요.

(right after / followed / it / for a second or two / bright / and / became / lightning)

→

30 그때 저는 누군가가 진열장에서 도망치는 걸 봤어요." (someone / then / I / running away / saw / from the case)

→

31 "도둑의 얼굴을 봤나요?" (did / see / the thief's face / you)

→

32 "아니요, 도둑의 뒷모습만 봤어요. (I / no, / the thief's back / only / saw)

→

33 하지만 그 도둑은 짧은 머리였어요." (but / the thief / short hair / had)

→

34 다음은 8학년 학생인 Sylvia였다. (was / next / Sylvia / an eighth grade student,)

→

35 그녀는 긴 검은색 머리에 키가 컸다. (she / tall / was / with long black hair)

→

36 그녀는 말했다. "저는 교실에서 큰 소리로 제 시를 낭송하고 있었어요.

(in the classroom / she said, / my poem / was reading / aloud / I)

→

37 저는 비명 소리를 듣고 밖으로 나갔어요. (went / I / a scream / and / outside / heard)

→

38 진열장 옆에 한 소녀가 있었어요. (a girl / the case / there / next to / was)

→

39 번개의 번쩍임과 어우러져 그것은 공포 영화 같았어요.

(it / with the flash / a horror movie / from the lightning, / like / was)

→

40 저는 겁이 나서 곧장 집으로 달려갔어요." (got scared / ran / I / straight / so / I / home)

→

41 "유리창이 깨지는 소리를 들었나요?" (hear / you / break / the window / did)

→

42 "아니요, 천둥소리가 너무 컸어요. (was / no, / the thunder / too loud)

→

43 음, 제가 그런 게 아니에요. (didn't do / I / well, / it)

→

44 저는 어쨌든 1등을 할 거였으니까요." (anyway / I / first place / was going to / win)

→

45 7학년인 Harry는 짧은 금발을 가지고 있었다. (a seventh grader, / hair / short / Harry, / blond / had)

→

46 그는 말했다. "이봐요, 사람을 잘못짚었어요. (hey, / the wrong guy / he said, / you / got)

→

47 저는 제 춤 동작을 연습하고 있었어요. (my / I / dance moves / was practicing)

→

48 저는 9시 조금 전에 집에 갔어요. (a little / I / before nine / went home)

→

49 저는 그때까지 교실 밖으로 한 발자국도 나가지 않았어요." (one step / outside / I / until then / didn't take / the classroom)

→

50 "이상한 소리를 들었나요?" (hear / anything / did / strange / you)

→

51 "제가 어떻게 들었겠어요? 제 음악 소리가 정말 컸어요." (I / how / could / really loud / my music / was)

→

52 "집에 가는 길에 누군가를 보았나요?" (anyone / you / on the way home / see / did)

→

53 "아니요, 누군가가 노래를 정말 끔찍하게 부르는 것을 들었지만, 누구도 보진 못했어요."

(heard / no, / I / really badly, / someone / singing / anyone / I / didn't see / but)

→

54 Shirley는 "더 이상 들을 필요가 없겠네요."라고 말했다. (anymore / Shirley said, / don't need / I / to hear)

→

55 그러고 나서 그녀는 도둑을 향했다. (turned to / then / the thief / she)

→

56 "정말 곤경에 빠지기 전에 메달을 돌려주는 게 어때요?"

(before / the medal / get into / bring / back / why don't you / you / some real trouble)

→

[01-03] 다음 글을 읽고, 물음에 답하시오.

Mr. Reese, the principal, ①ran across the wet playground.

"Shirley! Shirley! I need your help!"

Shirley was ②an eighth grade student at Bakersville Middle School. She was also ③the best detective in the whole town.

"(there, is, wrong, something)?" asked Shirley.

"Someone has stolen ④the gold medal for ⑤the talent show!"

01 윗글의 밑줄 친 ①~⑤의 우리말 뜻이 알맞지 <u>않은</u> 것은?

① 도망갔다　　② 8학년 학생　　③ 최고의 탐정

④ 금메달　　⑤ 장기 자랑 대회

02 윗글의 괄호 안의 단어를 바르게 배열하시오.

→ _____

03 윗글을 읽고 알 수 <u>없는</u> 것은?

① Mr. Reese의 직업

② Mr. Reese의 인상착의

③ Shirley의 학년

④ Shirley의 학교 이름

⑤ 도난당한 물건

[04-07] 다음 글을 읽고, 물음에 답하시오.

Mr. Reese took Shirley to the scene of the crime. There was a case with a (A) breaking / broken window. The silver and bronze medals were still there. ___ⓐ___ the gold medal was (B) miss / missing / missed. There was a poem in its place.

Tomorrow is the talent show.

Where did the gold medal go?

Look ⓑ사방으로.

You can't catch me. You're too slow.

04 윗글의 (A)와 (B)에서 알맞은 것끼리 바르게 짝 지어진 것은?

① breaking – miss　　② breaking – missing

③ broken – miss　　④ broken – missing

⑤ broken – missed

05 윗글의 빈칸 ⓐ에 들어갈 알맞은 접속사는?

① So　　② And　　③ But

④ Because　　⑤ Therefore

06 윗글의 밑줄 친 우리말 ⓑ를 영어로 바르게 옮긴 것은?

① up and down　　② back and forth

③ this and that　　④ above and below

⑤ high and low

07 윗글을 읽고 답할 수 <u>없는</u> 질문을 <u>모두</u> 고르면?

① Where did Mr. Reese take Shirley?

② What were in the other cases?

③ Why weren't the other medals stolen?

④ Where was the poem found?

⑤ When is the talent show?

[08-10] 다음 글을 읽고, 물음에 답하시오.

Shirley asked, "언제 이것이 일어났는지 저에게 말씀해 주시겠어요?"

"A little after nine last night. I was making my rounds _____ⓐ_____ I heard a scream. I rushed over and found Jocelyn and the case (A)like this."

"I wonder _____ⓑ_____ else was here last night."

"Sylvia and Harry. They were also practicing for the talent show. I'll call them to my office."

08 윗글의 밑줄 친 우리말을 영어로 옮길 때, 쓰이지 <u>않는</u> 단어는?

① could   ② tell   ③ when
④ this   ⑤ did

09 윗글의 빈칸 ⓐ와 ⓑ에 들어갈 말이 순서대로 짝 지어진 것은?

① why – who   ② when – who
③ when – what   ④ where – what
⑤ where – how

10 윗글의 밑줄 친 (A)like와 쓰임이 같은 것은?

① We like to jog in the park in the morning.
② I'd like to learn a new language.
③ The kids like to have bubbles in their bath.
④ I have a jacket just like that.
⑤ What kind of music do you like?

[11-14] 다음 글을 읽고, 물음에 답하시오.

Jocelyn was a ①ninth grade student with short curly red hair.

"I was practicing my song and I became thirsty. I stepped outside the classroom ②to get some water. It was completely dark. Suddenly, there ③was a loud sound of thunder. I think the thief broke the window at that moment. Lightning followed ④right after and it became bright for a (A)second or two. Then I saw someone ⑤ran away from the case."

"Did you see the thief's face?"

"No, I only saw the thief's back. But the thief had short hair."

11 윗글의 밑줄 친 ①~⑤ 중 어법상 틀린 것은?

①   ②   ③   ④   ⑤

12 윗글의 밑줄 친 (A)와 의미가 <u>다른</u> 것의 개수는?

ⓐ She came <u>second</u> in the marathon.
ⓑ They have a <u>second</u> house in Jeju-do.
ⓒ He can run 100 meters in 13 <u>seconds</u>.
ⓓ This is the <u>second</u> step of the project.

① 0개   ② 1개   ③ 2개   ④ 3개   ⑤ 4개

13 다음 영어 뜻풀이에 해당하는 단어를 윗글에서 찾아 쓰시오.

the very loud sound that comes from the sky during a storm

→ _____

14 윗글의 Jocelyn에 관한 설명으로 알맞지 <u>않은</u> 것은?

① 9학년 학생이다.
② 빨간색의 짧은 곱슬머리이다.
③ 노래를 연습하다가 목이 말라 교실 밖으로 나갔다.
④ 교실 밖에서 커다란 천둥소리를 들었다.
⑤ Jocelyn은 도둑의 얼굴을 목격했다.

STEP
A

[15-17] 다음 글을 읽고, 물음에 답하시오.

Next was an (A) eight / eighth grade student, Sylvia. (①) She was tall with long black hair. (②) She said, "I was reading my poem aloud in the classroom. (③) I heard a scream and went outside. (④) There was a girl next to the case. (⑤) I got (B) scared / scaring so I ran straight home."

"Did you hear the window break?"

"No, the thunder was too (C) loud / loudly . Well, I didn't do it. I was going to win first place anyway."

15 윗글의 (A)~(C)에서 알맞은 것끼리 바르게 짝 지어진 것은?

	(A)		(B)		(C)
①	eight	–	scared	–	loud
②	eight	–	scaring	–	loudly
③	eighth	–	scared	–	loud
④	eighth	–	scaring	–	loud
⑤	eighth	–	scared	–	loudly

16 윗글의 ①~⑤ 중 주어진 문장이 들어갈 알맞은 곳은?

With the flash from the lightning, it was like a horror movie.

①   ②   ③   ④   ⑤

17 윗글의 내용과 일치하지 <u>않는</u> 것은?

① Sylvia는 8학년이다.
② Sylvia는 키가 크고 긴 검은색 머리이다.
③ Sylvia는 교실에서 시를 읽고 있었다.
④ Sylvia는 비명 소리를 듣고 도움을 요청했다.
⑤ Sylvia는 무서워서 집으로 곧장 갔다.

[18-20] 다음 글을 읽고, 물음에 답하시오.

Harry, a seventh grader, had short blond hair. He said, "Hey, you got the ①right guy. I was practicing my dance moves. I went home a little before nine. I didn't take one ②step outside the classroom until then."

"Did you hear anything strange?"

"(A)How could I? My music was really ③loud."

"Did you see anyone on the way home?"

"No, I heard someone (B)sing really ④badly, but I didn't see anyone."

Shirley said, "I don't need to hear anymore." Then she turned to the thief.

"Why don't you bring the medal back before you get into some real ⑤trouble?"

18 윗글의 밑줄 친 ①~⑤ 중 문맥상 어색한 것은?

①   ②   ③   ④   ⑤

19 윗글의 밑줄 친 (A)의 의미로 알맞은 것은?

① 나는 이상한 누군가를 보았다.
② 나는 이상한 소리를 들었다.
③ 나는 음악 소리를 들을 수 있었다.
④ 나는 이상한 어떤 것도 들을 수 없었다.
⑤ 나는 집에 가는 길에 아무도 볼 수 없었다.

20 윗글의 밑줄 친 (B)sing의 형태로 알맞은 것은?

① sings   ② sang   ③ singing
④ to sing   ⑤ song

서술형

[21-22] 다음 글을 읽고, 물음에 답하시오.

Shirley asked, "Could you tell me when this happened?"

Mr. Reese said, "A little after nine last night. I was making my rounds when I heard a scream. I rushed over and found Jocelyn and the case like this."

"저는 어젯밤에 또 다른 누가 여기 있었는지 궁금해요."

"Sylvia and Harry. They were also practicing for the talent show. I'll call them to my office."

21 윗글의 밑줄 친 우리말과 같도록 괄호 안의 단어들을 바르게 배열하여 문장을 쓰시오.

→ _____

(wonder, I, else, who, was, last, here, night)

22 다음 질문에 완전한 영어 문장으로 답하시오.

Q: What was Mr. Reese doing when he heard a scream?

A: _____

고난도

23 다음 글을 읽고, 어법상 틀린 문장을 **두 개** 찾아 문장을 바르게 고쳐 쓰시오.

Jocelyn was a ninth grade student with short curly red hair.

"I was practicing my song and I became thirsty. I stepped outside the classroom get some water. It was completely dark. Suddenly, there was a loud sound of thunder. I think the thief broke the window at that moment. Lightning followed right after and it became bright for a second or two. Then I saw someone to run away from the case."

(1) _____

(2) _____

고난도

24 다음 글을 요약할 때, 빈칸에 알맞은 말을 쓰시오.

Next was an eighth grade student, Sylvia. She was tall with long black hair. She said, "I was reading my poem aloud in the classroom. I heard a scream and went outside. There was a girl next to the case. With the flash from the lightning, it was like a horror movie. I got scared so I ran straight home."

"Did you hear the window break?"

"No, the thunder was too loud. Well, I didn't do it. I was going to win first place anyway."

▼

Sylvia was (1) _____ in the classroom when she heard (2) _____. She went outside and saw a girl next to the case. She (3) _____ so she ran straight home. As the thunder was too loud, she couldn't (4) _____.

고난도

25 다음 글의 밑줄 친 우리말과 같도록 괄호 안의 단어들을 사용하여 문장을 쓰시오.

Harry, a seventh grader, had short blond hair. He said, "Hey, you got the wrong guy. I was practicing my dance moves. I went home a little before nine. I didn't take one step outside the classroom until then."

"(1) 이상한 소리를 들었나요?"

"How could I? My music was really loud."

"Did you see anyone on the way home?"

"No, I heard someone singing really badly, but (2) 나는 누구도 보지 못했어요."

(1) _____
(hear, anything)

(2) _____
(not, anyone)

After You Read_A

When	a little after nine last night
Where	at Bakersville Middle School
What	A thief ❶ stole the gold medal for ❷ the talent show.
How	The thief ❸ broke the window of the case and took the medal.

언제 – 어젯밤 9시가 조금 넘은 후
어디서 – Bakersville 중학교에서
무엇 – 도둑이 장기 자랑 대회 금메달을 훔쳐갔다.
어떻게 – 그 도둑은 진열장의 유리창을 깨고 메달을 가져갔다.

❶ steal(훔치다)의 과거형
❷ 장기 자랑 대회
❸ and는 접속사로 동사구 broke ~ the case와 took the medal을 연결하여 병렬 구조를 이룬다.

Think and Write

When Rapunzel was a baby, a witch put her in a tall tower. Rapunzel ❶ grew up in the tower. She had long hair. The witch used ❷ it ❸ to climb up the tower. The witch always said, "The world outside is very dangerous." ❹ One day, a prince ❺ heard Rapunzel singing beautifully. He said, "Come down. The world outside is wonderful."

Rapunzel이 아기였을 때, 한 마녀가 그녀를 높은 탑에 가뒀다. Rapunzel은 그 탑에서 자랐다. 그녀는 긴 머리카락을 가지고 있었다. 마녀는 탑을 올라가기 위해 그 머리카락을 사용했다. 마녀는 항상 "바깥세상은 너무 위험해."라고 말했다. 어느 날, 한 왕자가 Rapunzel이 아름답게 노래를 부르고 있는 것을 들었다. 그는 "내려와요. 바깥세상은 멋져요."라고 말했다.

❶ grow up: 자라다
❷ = Rapunzel's long hair
❸ 부사적 용법의 to부정사 (목적)
❹ (과거의) 어느 날
❺ hear(지각동사) + 목적어 + 현재분사: (목적어)가 ~하고 있는 것을 듣다

Project

❶ To the treasure hunters,

Hello. We ❷ have hidden our treasure in the classroom. It is ❸ something delicious. Do you want to know ❹ where it is? Then follow the steps. First, ❺ look for a plant near the windows. Look under the plant. You'll find a key. Second, ❻ pick up the key and walk to the back of the classroom. You'll see the lockers. The treasure is in the ❼ third locker from the left. It is locked, so use the key ❽ to open ❾ it. ❿ Got it? Help yourself.

From Group 5

보물을 찾는 사람들에게,
안녕. 우리는 우리의 보물을 교실에 숨겨 놓았어. 그것은 맛있는 것이야. 그것이 어디에 있는지 알고 싶니? 그럼 단계를 따라 봐. 먼저, 창문 가까이에 있는 식물을 찾아. 식물 밑을 봐. 너는 열쇠를 발견할 거야. 두 번째, 열쇠를 들고 교실 뒤로 걸어가. 너는 사물함을 볼 거야. 보물은 왼쪽에서 세 번째 사물함 안에 있어. 그것은 잠겨 있으니 여는 데 열쇠를 사용해 봐. 알겠지? 마음껏 먹으렴.

Group 5로부터

❶ to + 수신자: ~에게
❷ 현재완료 (have(has) + 과거분사)
❸ something + 형용사 (-thing으로 끝나는 부정대명사는 형용사가 뒤에서 수식)
❹ 동사 know의 목적어 역할을 하는 「의문사 + 주어 + 동사」 어순의 간접의문문
❺ ~을 찾다
❻ ~을 집어 들다
❼ 세 번째의
❽ 부사적 용법의 to부정사 (목적)
❾ = the third locker (from the left)
❿ 알겠어? (= You got it? / Do you understand?)

실전 TEST

01 다음 사건 일지를 보고 추론할 수 <u>없는</u> 것은?

When	a little after nine last night
Where	at Bakersville Middle School
What	A thief stole the gold medal for the talent show.
How	The thief broke the window of the case and took the medal.

① 어젯밤 9시가 조금 넘은 시간에 사건이 일어났다.

② Bakersville 중학교에서 일어난 사건이다.

③ 장기 자랑 대회 금메달이 사라졌다.

④ Bakersville 중학교 진열장의 유리창이 깨졌다.

⑤ 도둑은 Bakersville 중학교 학생이다.

[02-03] 다음 글을 읽고, 물음에 답하시오.

　　When Rapunzel was a baby, a witch put her in a tall ①tower. Rapunzel grew up in the tower. She had ②short hair. The witch used it to climb up the tower. The witch always said, "The world outside is very ③dangerous." One day, a prince heard Rapunzel _____ beautifully. He said, "Come ④down. The world outside is ⑤wonderful."

02 윗글의 ①~⑤ 중 흐름상 어색한 것은?

①　　　②　　　③　　　④　　　⑤

03 윗글의 빈칸에 들어갈 말로 알맞은 것은?

① sang　　② sung　　③ sings

④ singing　　⑤ to sing

[04-06] 다음 글을 읽고, 물음에 답하시오.

　　To the treasure hunters,
　　Hello. We have hidden our treasure in the classroom. <u>그것은 맛있는 것이야.</u> Do you want to know where it is? Then follow the steps. First, look for a plant near the windows. (①) Look under the plant. You'll find a key. (②) Second, pick up the key and walk to the back of the classroom. (③) You'll see the lockers. (④) It is locked, so use the key to open it. (⑤) Got it? Help yourself.

　　　　　　　　　　　　　　From Group 5

서술형

04 윗글의 밑줄 친 우리말과 같도록 괄호 안의 단어를 사용하여 문장을 쓰시오.

→ _____

(delicious, something)

05 윗글의 ①~⑤ 중 주어진 문장이 들어갈 알맞은 곳은?

> The treasure is in the third locker from the left.

①　　　②　　　③　　　④　　　⑤

06 윗글의 내용과 일치하지 <u>않는</u> 것은?

① 교실 어딘가에 보물이 숨겨져 있다.

② 창문 근처에 식물이 있다.

③ 화분 안에 열쇠가 숨겨져 있다.

④ 교실 뒤편에 사물함이 있다.

⑤ 보물이 있는 사물함은 잠겨 있다.

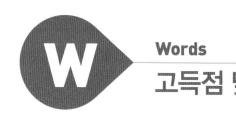

Words

고득점 맞기

01 다음 중 단어의 품사가 나머지와 <u>다른</u> 것은?

① straight　　② strange　　③ anyway

④ suddenly　　⑤ completely

02 다음 짝 지어진 단어의 관계가 같도록 빈칸에 알맞은 단어를 쓰시오.

right : wrong = fold : _____

03 다음 문장의 빈칸에 공통으로 들어갈 말로 알맞은 것은?

• The hospital closed at the end _____ last year.

• Who's taking care _____ the dog while you're away?

① to　　　　② from　　　　③ up

④ of　　　　⑤ down

04 다음 단어의 영어 뜻풀이를 완성할 때, 빈칸에 들어갈 말로 알맞은 것은?

thief: someone who _____ something

① calls　　② steals　　③ steps

④ passes　　⑤ guesses

[05-06] 다음 우리말과 같도록 빈칸에 알맞은 말을 쓰시오.

05 그는 학교 글짓기 대회에서 일등을 했다.

→ He _____ _____ _____ in the school writing contest.

06 여러분의 자녀에게 거리를 가로질러 건너서 뛰어가지 말라고 말해 주세요.

→ Tell your children not to _____ _____ the street.

07 다음 중 밑줄 친 단어의 뜻이 바르지 <u>않은</u> 것은?

① A copy of the letter was <u>posted</u> on the bulletin board.　　((우편물을) 보내다)

② I saw <u>flash</u> of lightning in the distance. (번쩍임)

③ It took ten years for the police to solve the <u>crime</u>. (범죄)

④ My pet was <u>missing</u> in the park. (없어진)

⑤ The <u>detective</u> is searching for clues. (탐정)

08 다음 문장의 빈칸에 들어갈 말이 순서대로 짝 지어진 것은?

• The thief got scared and ran _____.

• Ms. Baker screamed and some people rushed _____ to help her.

① away – after　　　② away – before

③ away – over　　　④ over – after

⑤ over – away

09 다음 단어의 영어 뜻풀이가 알맞지 <u>않은</u> 것은?

① clue: something that helps a person find something

② lightning: the very loud sound that comes from the sky during a storm

③ talent: a natural and special ability to do something well

④ strange: different from what is usual or normal

⑤ principal: the person in charge of a school

10 다음 빈칸에 들어갈 말을 [보기]에서 골라 쓰시오.

| [보기] | talent show | right now |
| | high and low | get into trouble |

• I searched ____(A)____ for my wallet.

• I didn't say anything because I didn't want to ____(B)____.

• Can you guess what I did for the ____(C)____?

(A) _____

(B) _____

(C) _____

11 다음 중 주어진 영어 뜻풀이에 해당하는 단어가 쓰인 문장은?

a bright light that shines for a short time

① A flash of lightning surprised me.

② We don't like watching horror movies.

③ A thief has stolen my new bike.

④ He won a silver medal in taekwondo.

⑤ The prince was turned into a frog by the witch.

12 다음 중 밑줄 친 단어의 쓰임이 어색한 것은?

① Who <u>else</u> was at the party?

② She called to ask me for a <u>favor</u>.

③ It's <u>strange</u> that we've never met before.

④ We followed the <u>footprints</u> of a deer in the snow.

⑤ The exam results will be <u>guessed</u> on the Internet.

13 다음 문장의 빈칸에 들어갈 수 <u>없는</u> 것은?

• Do you like _____ pillows?

• I thought I heard a _____.

• Come _____ home after school.

• Their faces were filled with _____ when they saw the deserted house.

① horror   ② scream   ③ pass

④ feather   ⑤ straight

14 다음 밑줄 친 단어의 의미가 같은 것끼리 짝 지어진 것은?

① They still hoped to find their <u>missing</u> son.

　Do you understand the feeling of <u>missing</u> someone?

② I'll explain it to you <u>step</u> by step.

　He took several <u>steps</u> backwards.

③ I <u>wonder</u> why he is so upset.

　It's no <u>wonder</u> she is tired.

④ There was a <u>notice</u> on the school website.

　Did you <u>notice</u> anything strange in his behavior?

⑤ The <u>whole</u> house was painted blue.

　We walked around the <u>whole</u> town.

우리말과 일치하도록 대화를 바르게 영작하시오.

1 Listen and Speak 1-A

G: _____

B: _____

G: _____

B: _____

해석   교과서 134쪽

G: 진수야, 부탁 하나 해도 될까?
B: 물론이지. 뭔데?
G: 설거지하는 것을 도와줄래?
B: 좋아.

2 Listen and Speak 1-B

G: _____

B: _____

G: _____

_____

B: _____

G: _____

B: _____

G: _____

교과서 134쪽

G: Tony, 부탁 하나 해도 될까?
B: 물론이지. 뭔데, 나래야?
G: 이번 주말에 내 개를 돌봐 줄 수 있니? 우리 가족은 부산에 계신 할머니를 찾아뵐 예정이야.
B: 오, 미안하지만 안 돼. 엄마가 개를 좋아하지 않으셔.
G: 오, 어떻게 해야 하지?
B: 수민이에게 물어보는 게 어때? 그녀의 가족은 개를 정말 좋아해.
G: 알겠어. 지금 당장 그녀에게 전화해야겠다.

3 Listen and Speak 1-C

A: _____

B: _____

A: _____

B: _____

교과서 134쪽

A: 부탁 하나 해도 될까?
B: 물론이지. 뭔데?
A: 바닥을 대걸레로 닦는 것을 도와줄래?
B: 좋아. / 물론이지. /
   미안하지만 못 해. / 유감이지만 못 해.

4 Listen and Speak 2-A

B: _____

W: _____

B: _____

W: _____

B: _____

교과서 135쪽

B: 제 야구 글러브 보셨어요?
W: 그래, 탁자 아래에서 봤어.
B: 정말요? 더 이상 그곳에 없어요.
W: 그럼 Spot이 가져간 것 같구나.
B: 오, 저기 있네요. 이런 나쁜 개, Spot!

5 Listen and Speak 2-B

G: _____

_____

_____

_____

_____

교과서 135쪽

G: 좋은 아침이야, 학급 친구들아! 9개월은 아주 빨리 지나갔고, 우리는 이번 학년의 거의 막바지에 있어. 우리 모두는 멋진 한 해를 보냈어. 우리 중 오직 몇 명만이 내년에 같은 반이 될 것 같아. 모르는 사람처럼 지내지 말자. 서로 만나면 인사말을 건네, 알겠지? 고마워.

6 Listen and Speak 2-C

A: _____

B: _____

A: _____

- -

A: _____

B: _____

A: _____

B: _____

A: _____

교과서 135쪽

A: 내가 무엇을 하고 있는지 맞혀 봐.
B: 너는 피아노를 치고 있는 것 같아.
A: 맞아.

A: 내가 무엇을 하고 있는지 맞혀 봐.
B: 너는 피아노를 치고 있는 것 같아.
A: 틀렸어. 다시 맞혀 봐.
B: 너는 컴퓨터로 일하고 있는 것 같아.
A: 맞아.

7 Real Life Talk > Watch a Video

Brian: _____

Mom: _____

Brian: _____

Mom: _____

Brian: _____

Mom: _____

Brian: _____

Mom: _____

Brian: _____

Mom: _____

교과서 136쪽

Brian: 엄마, 제 스마트폰을 찾을 수가 없어요. 제가 그것을 찾는 걸 도와주시겠어요?
Mom: 집 안에서 잃어버린 것이 확실하니?
Brian: 네. 불과 몇 분 전에 친구에게 문자 메시지를 보냈어요.
Mom: 너는 그때 어디에 있었니?
Brian: 부엌에요. 샌드위치를 만들고 있었어요.
Mom: 그럼 네가 그것을 부엌 어딘가에 놓은 것 같구나.
Brian: 부엌은 이미 확인했어요, 엄마.
Mom: 음, 다시 확인해 보자. 오, 여기 있구나. 냉장고 안에.
Brian: 고마워요, 엄마. 엄마는 최고예요!
Mom: 천만에, 얘야.

STEP B

01 자연스러운 대화가 되도록 (A)~(D)를 순서대로 배열하시오.

A: Did you see my baseball glove?
(A) Really? It's not there anymore.
(B) Yes, I saw it under the table.
(C) Oh, there he is. You bad dog, Spot!
(D) Then I guess Spot took it.

(   ) - (   ) - (   ) - (   )

02 다음 중 짝 지어진 대화가 <u>어색한</u> 것은?

① A: Can you do me a favor?
   B: Sure. What is it?
② A: Can you help me wash the dishes?
   B: Sorry, I can't. I have an appointment.
③ A: Can you help me clean the windows?
   B: No problem. I'm busy.
④ A: Guess what I'm doing.
   B: I guess you're going up a ladder.
⑤ A: I can't find my wallet.
   B: I guess it's in the drawer.

03 다음 대화의 빈칸에 들어갈 수 있는 말끼리 짝 지어진 것은?

A: _____
B: Sure. What is it?
A: Can you water the plants?
B: Of course.

ⓐ Can you do me a favor?
ⓑ Let me help you.
ⓒ Can you ask me a favor?
ⓓ Can I help you?
ⓔ Can you give me a hand?

① ⓐ, ⓑ   ② ⓐ, ⓑ, ⓔ   ③ ⓐ, ⓔ
④ ⓑ, ⓒ, ⓔ   ⑤ ⓒ, ⓓ, ⓔ

04 다음 글을 읽고 답할 수 <u>없는</u> 질문은?

Good morning, classmates! Nine months have passed so fast, and we are almost at the end of this school year. We all had a wonderful year. I guess only a few of us will be in the same class next year. Don't be a stranger. Say hello when we see each other, okay? Thank you.

① Who is the speaker talking to?
② When is the speech taking place?
③ When will the school year finish?
④ What does the speaker guess?
⑤ What does the speaker ask the classmates to do?

[05-06] 다음 대화를 읽고, 물음에 답하시오.

A: Tony, ①can you do me a favor?
B: Sure. What is it, Narae?
A: ②Can you take care of my dog this weekend? My family is going to visit my grandmother in Busan.
B: ③No problem. My mom doesn't like dogs.
A: ④Oh, what should I do?
B: ⑤Why don't you ask Sumin? Her family loves dogs.
A: Okay. I'll call her right now.

05 위 대화의 밑줄 친 ①~⑤ 중 흐름상 어색한 것은?

①   ②   ③   ④   ⑤

06 위 대화의 내용과 일치하지 <u>않는</u> 것은?

① Narae asks Tony if he can take care of her dog this weekend.
② Narae will visit her grandmother in Busan on the weekend.
③ Tony's mom doesn't like dogs.
④ Tony will take care of Narae's dog.
⑤ Narae will ask Sumin to take care of her dog.

07 다음 상황을 읽고, 괄호 안의 말을 사용하여 대화를 완성하시오.

> Amy has to carry some boxes, but it's hard to carry the heavy boxes by herself. So she asks Suho for help. Suho will help to carry the boxes.

A: Suho, (1) _____ (ask, favor)
B: Sure. What is it?
A: (2) _____
    (help, me, these boxes)
B: No problem.

08 다음 대화의 빈칸에 알맞은 말을 [보기]에서 골라 쓰시오.

A: (1) _____
B: I guess you're flying a kite.
A: (2) _____ Guess again.
B: I guess you're fishing.
A: (3) _____

[보기] • That's right.
       • You're wrong.
       • Guess what I'm doing.

09 다음 표의 내용과 일치하도록 대화를 완성하시오.

Missing item	a hat
Guess	A bird took it.
Clue	feathers on the bicycle

A: Can you (1) _____ find my hat?
B: Okay. Where did you see it last?
A: On the bicycle.
B: I guess (2) _____ . I can see
   (3) _____ .

[10-12] 다음 대화를 읽고, 물음에 답하시오.

Brian: Mom, I can't find my smartphone. Can you help me find it?
Mom: <u>네가 그것을 집 안에서 잃어버린 것이 확실하니?</u>
Brian: Yes. I just texted my friend a few minutes ago.
Mom: Where were you at the time?
Brian: In the kitchen. I was making a sandwich.
Mom: Then I guess you left it somewhere in the kitchen.
Brian: I already checked the kitchen, Mom.
Mom: Well, let's check it again. Oh, here it is. Inside the refrigerator.
Brian: Thanks, Mom. You are the greatest!
Mom: You're welcome, honey.

10 위 대화의 밑줄 친 우리말과 같도록 괄호 안의 단어들을 사용하여 영어로 쓰시오.

→ _____
  (sure, lost, it, inside)

11 Answer the following questions in English.

(1) What is Brian's problem?
   → _____
(2) What was Brian doing in the kitchen?
   → _____

12 위 대화의 내용과 일치하도록 빈칸에 알맞은 말을 쓰시오.

> Brian's mom guessed Brian lost his smartphone (1) _____ . But Brian said that he checked the kitchen already. She checked the kitchen again and found it (2) _____ .

Grammar
고득점 맞기

01 다음 문장의 빈칸에 들어갈 말로 알맞지 <u>않은</u> 것은?

I don't want to eat anything _____.

① sweet　　② cold　　③ spicy
④ warmly　　⑤ delicious

02 다음 우리말을 영어로 쓸 때, 빈칸에 쓰이지 <u>않는</u> 단어를 <u>모두</u> 고르면?

민수는 그의 개가 어디에 있는지 궁금하다.
→ Minsu wonders _____.

① dog　　② does　　③ where
④ is　　⑤ if

03 다음 두 문장을 한 문장으로 바르게 바꾼 것은?

• I don't know.
• How did he solve the problem?

① I don't know how did he solve the problem.
② I don't know how he solved the problem.
③ I don't know how he solves the problem.
④ I don't know how does he solve the problem.
⑤ I don't know how he didn't solve the problem.

04 다음 ①~⑤ 중 important가 들어갈 알맞은 곳은?

Is (①) there (②) anything (③) you (④) need to (⑤) tell him?

05 다음 두 문장의 의미가 같도록 할 때 빈칸에 알맞은 말을 쓰시오.

I have nothing special to say.
= I don't have _____ special to say.

06 다음 우리말을 영어로 옮길 때 네 번째로 오는 단어는?

그 자판기에 무언가 문제가 있다.

① is　　② wrong　　③ there
④ nothing　　⑤ something

07 다음 두 문장의 의미가 같도록 할 때 빈칸에 들어갈 말로 알맞은 것은?

그가 언제 공항에 도착하는지 나에게 말해 줘.
= Tell me _____ at the airport.

① if he arrives
② when he arrives
③ when does he arrive
④ when will he arrive
⑤ when he will arrives

08 다음 중 밑줄 친 부분의 쓰임이 <u>다른</u> 것은?

① Do you know <u>what</u> he did yesterday?
② Did you find the dog <u>which</u> you lost?
③ I'm curious about <u>where</u> she bought the dress.
④ Nobody knows <u>who</u> he is.
⑤ I wonder <u>what</u> the boy wants to be in the future.

09 다음 중 빈칸에 something이 들어갈 수 있는 문장의 개수는?

> ⓐ Here's _____ news you will be interested in.
> ⓑ She wanted to do _____ different.
> ⓒ Would you like _____ cold to drink?
> ⓓ He wants to buy _____ interesting to read.
> ⓔ I need to get _____ fresh air.

① 1개 ② 2개 ③ 3개 ④ 4개 ⑤ 5개

10 다음 중 어법상 틀린 부분을 찾아 바르게 고친 것은?

> ⓐ I wonder who will win today's match.
> ⓑ I don't know who that girl is at the gate.
> ⓒ My mom asked how tall was the boy.
> ⓓ Do you remember who did sit next to you?

① ⓐ who will win → will who win
② ⓑ who that girl is → who is that girl
③ ⓐ who will win → will who win
　　ⓒ how tall was the boy → how tall the boy was
④ ⓑ who that girl is → who is that girl
　　ⓓ who did sit → who sat
⑤ ⓒ how tall was the boy → how tall the boy was
　　ⓓ who did sit → who sat

11 다음 괄호 안의 단어들을 바르게 배열한 것은?

> Can you tell me (near, is, a flower shop, if, here, there)?

① there a flower shop is if near here
② if there is a flower shop near here
③ if here is a flower shop near there
④ there is a flower shop if near here
⑤ there if a flower shop is near here

12 Which is grammatically incorrect?

① I don't know why he is angry at me.
② I wonder if you know the answer.
③ Do you know when was he born?
④ She didn't know where her car key was.
⑤ Can you tell me how the washing machine works?

13 다음 중 어법상 옳은 문장의 개수는?

> • I will never do stupid anything again.
> • Do you know if they are married?
> • I can do everything possible for you.
> • I wonder why doesn't Amy write me a letter.

① 0개 ② 1개 ③ 2개 ④ 3개 ⑤ 4개

14 다음 중 어법상 틀린 문장끼리 바르게 짝 지어진 것은?

> ⓐ He wants to meet interesting someone.
> ⓑ Do you know what the problem is?
> ⓒ I did nothing special last weekend.
> ⓓ I wonder that you can help me now.
> ⓔ Can you tell me what you bought at the store?

① ⓐ, ⓒ　　　　② ⓐ, ⓓ　　　　③ ⓐ, ⓓ, ⓔ
④ ⓑ, ⓒ, ⓓ　　⑤ ⓒ, ⓓ, ⓔ

서술형

15 [보기]의 단어들을 사용하여 이어질 문장을 쓰시오. (중복 사용 가능)

> [보기] something   she   he   drink
>   wants   sweet   cold   eat

(1) Monica is buying some cookies.

_____

(2) Steve feels very hot.

_____

16 다음 빈칸에 알맞은 간접의문문을 써 넣어 대화를 완성하시오.

(1) A: I wonder _____.

　　B: My concert is September 28th.

(2) A: I wonder _____.

　　B: My blood type is B.

(3) A: I wonder _____.

　　B: My favorite singer is Jason Mraz.

17 다음 우리말과 같도록 괄호 안의 단어들을 순서대로 배열하여 문장을 쓰시오.

(1) 나는 네가 학교에 어떻게 오는지 모른다.

→ _____

(come, how, know, school, don't, you, to, I)

(2) 그녀는 형형색색의 무언가를 입고 싶어 한다.

→ _____

(wear, to, colorful, she, something, wants)

[18-19] 다음 문장에서 틀린 부분을 찾아 그 이유를 우리말로 쓰고, 올바른 문장으로 고쳐 쓰시오.

18 Judy wants to ride exciting something.

(1) 틀린 이유: _____

(2) 올바른 문장: _____

19 Tell me when does the movie start.

(1) 틀린 이유: _____

(2) 올바른 문장: _____

20 다음 대화를 읽고, 물음에 답하시오.

A: I'm so hungry.

B: Me too. (A) 나는 맛있는 것을 먹고 싶어.

A: Do you like Italian food?

B: Of course. (B) 너는 이 근처에 이탈리아 음식점이 어디에 있는지 아니?

A: Yes, there is one around the corner.

(1) 위 대화의 밑줄 친 (A)의 우리말과 같도록 [조건]에 맞게 문장을 쓰시오.

> [조건]　1. delicious와 something을 사용할 것
> 　　　　2. 6단어의 완전한 문장으로 쓸 것

→ _____

(2) 위 대화의 밑줄 친 (B)의 우리말과 같도록 괄호 안의 말을 사용하여 문장을 쓰시오.

→ _____

(an Italian restaurant, near here)

다음 우리말과 일치하도록 각 문장을 바르게 영작하시오.

01
_____

Reese 교장은 젖은 운동장을 달려왔다.

02
_____

"Shirley! Shirley! 네 도움이 필요하구나!"

03
_____

Shirley는 Bakersville 중학교의 8학년 학생이었다.

04
_____

그녀는 또한 그 마을 최고의 탐정이었다.

05
_____

☆ "무슨 일이 있나요?" Shirley가 물었다.

06
_____

☆ "누군가가 장기 자랑 대회 금메달을 훔쳐갔어!"

07
_____

Reese 교장은 Shirley를 범죄 현장으로 데려갔다.

08
_____

유리창이 깨진 진열장이 있었다.

09
_____

은메달과 동메달은 여전히 그곳에 있었다.

10
_____

하지만 금메달은 사라졌다.

11
_____

그 자리에는 시가 있었다.

12
_____

내일은 장기 자랑 대회이다.

13
_____

금메달은 어디로 갔을까?

14
_____

구석구석 찾아라.

15
_____

당신은 나를 잡을 수 없어. 당신은 너무 느려.

16
_____

☆ Shirley는 "언제 이 사건이 일어났는지 말씀해 주시겠어요?"라고 물었다.

17
_____

"어젯밤 9시가 조금 넘은 후에.

18
_____

☆ 내가 비명 소리를 들었을 때 나는 순찰을 돌고 있었어.

19
_____

나는 달려가서 Jocelyn과 이 상태인 진열장을 발견했지."

20
_____

"어젯밤에 또 다른 누가 여기 있었는지 궁금해요."

21
_____

"Sylvia와 Harry가 있었어. 그들 또한 장기 자랑 대회를 위해 연습 중이었어.

22
_____

내가 그들을 내 사무실로 부르마."

23
_____

☆ Jocelyn은 빨간색 짧은 곱슬머리를 가진 9학년 학생이었다.

24
_____

"저는 제 노래를 연습하고 있었고 목이 말랐어요.

25
_____

저는 물을 좀 가지러 교실 밖으로 나갔어요.

26
_____

완전히 어두웠어요.

27
_____

갑자기, 커다란 천둥소리가 났어요.

28
_____

저는 도둑이 그 순간에 유리창을 깼다고 생각해요.

29
_____

☆ 번개가 바로 뒤따랐고 1~2초 정도 밝아졌어요.

30
_____

☆ 그때 저는 누군가가 진열장에서 도망치는 걸 봤어요."

31

"도둑의 얼굴을 봤나요?"

32

"아니요, 도둑의 뒷모습만 봤어요.

33

하지만 그 도둑은 짧은 머리였어요."

34

☆ 다음은 8학년 학생인 Sylvia였다.

35

그녀는 긴 검은색 머리에 키가 컸다.

36

그녀는 말했다. "저는 교실에서 큰 소리로 제 시를 낭송하고 있었어요.

37

저는 비명 소리를 듣고 밖으로 나갔어요.

38

☆ 진열장 옆에 한 소녀가 있었어요.

39

☆ 번개의 번쩍임과 어우러져 그것은 공포 영화 같았어요.

40

저는 겁이 나서 곧장 집으로 달려갔어요."

41

☆ "유리창이 깨지는 소리를 들었나요?"

42

"아니요, 천둥소리가 너무 컸어요.

43

음, 제가 그런 게 아니에요.

44

저는 어쨌든 1등을 할 거였으니까요."

45

☆ 7학년인 Harry는 짧은 금발을 가지고 있었다.

46

그는 말했다. "이봐요, 사람을 잘못짚었어요.

STEP

B

47
_____

저는 제 춤 동작을 연습하고 있었어요.

48
_____

저는 9시 조금 전에 집에 갔어요.

49
_____

저는 그때까지 교실 밖으로 한 발자국도 나가지 않았어요."

50
_____

☆ "이상한 소리를 들었나요?"

51
_____

"제가 어떻게 들었겠어요? 제 음악 소리가 정말 컸어요."

52
_____

"집에 가는 길에 누군가를 보았나요?"

53
_____

☆ "아니요, 누군가가 노래를 정말 끔찍하게 부르는 것을 들었지만, 누구도 보진 못했어요."

54
_____

Shirley는 "더 이상 들을 필요가 없겠네요."라고 말했다.

55
_____

그러고 나서 그녀는 도둑을 향했다.

56
_____

"정말 곤경에 빠지기 전에 메달을 돌려주는 게 어때요?"

[01-03] 다음 글을 읽고, 물음에 답하시오.

Mr. Reese, the principal, ran across the wet playground.

"Shirley! Shirley! I need your help!"

Shirley was an eighth grade student at Bakersville Middle School. She was also the best detective in the whole town.

"Is there (A) wrong something / something wrong ?" asked Shirley.

"Someone ⓐhas stolen the gold medal for the talent show!"

Mr. Reese took Shirley to the scene of the crime. There was a case with a (B) breaking / broken window. The silver and bronze medals were still there. But the gold medal was missing. There was a poem in (C) its / their place.

01 윗글의 (A)~(C)에서 알맞은 말이 순서대로 짝 지어진 것은?

	(A)	(B)	(C)
①	wrong something	– breaking	– their
②	wrong something	– broken	– its
③	something wrong	– broken	– its
④	something wrong	– breaking	– its
⑤	something wrong	– broken	– their

고/산도

02 윗글의 밑줄 친 ⓐhas stolen과 쓰임이 같은 것은?

① We have lived in this small town for 10 years.

② I have never visited the robot museum before.

③ He has already finished writing the report.

④ Have you ever eaten Spanish food?

⑤ They have gone to their home country.

03 윗글의 내용과 일치하지 <u>않는</u> 것은?

① Reese 교장 선생님은 Shirley에게 도움을 요청했다.

② Shirley는 Bakersville 중학교 8학년 학생이었다.

③ Shirley는 마을 최고의 탐정이었다.

④ Shirley는 Reese 교장 선생님과 함께 범죄 현장으로 갔다.

⑤ Shirley는 범죄 현장에서 금메달을 찾았다.

04 다음 글의 밑줄 친 <u>them</u>이 가리키는 대상을 <u>모두</u> 찾아 쓰시오.

Shirley asked, "Could you tell me when this happened?"

"A little after nine last night. I was making my rounds when I heard a scream. I rushed over and found Jocelyn and the case like this."

"I wonder who else was here last night."

"Sylvia and Harry. They were also practicing for the talent show. I'll call <u>them</u> to my office."

→ _____

[05-07] 다음 글을 읽고, 물음에 답하시오.

Jocelyn was a ninth grade student with short curly red hair.

"I was practicing my song and I became thirsty. (①) I stepped outside the classroom to get some water. (②) It was completely dark. Suddenly, there was a loud sound of thunder. (③) Lightning followed right after and it became bright for a second or two. (④) Then I saw someone running away from the case." (⑤)

"Did you see the thief's face?"

"No, I only saw the thief's back. But the thief had short hair."

05 윗글의 ①~⑤ 중 주어진 문장이 들어갈 알맞은 곳은?

> I think the thief broke the window at that moment.

①   ②   ③   ④   ⑤

고_{난도} 신_{유형}

06 다음 영어 뜻풀이에 해당하는 단어 중 윗글에서 찾을 수 <u>없</u>는 것은?

① quickly and in a sudden way
② a bright light that shines for a short time
③ the very loud sound that comes from the sky during a storm
④ a powerful flash of light in the sky, usually followed by thunder
⑤ someone who steals something

07 윗글을 읽고 답할 수 <u>없는</u> 질문은?

① What did Jocelyn look like?
② What was Jocelyn doing in the classroom?
③ Why did Jocelyn step outside the classroom?
④ What did Jocelyn see when lightning struck?
⑤ What did the thief's face look like?

[08-10] 다음 글을 읽고, 물음에 답하시오.

Next was an ①eighth grade student, Sylvia. She was tall ___ⓐ___ long black hair. She said, "I was reading my poem aloud in the classroom. I heard a scream and went outside. There was a girl ②next to the case. ___ⓑ___ the flash from the lightning, it was ③like a horror movie. I got ④scared so I ran straight home."

"Did you hear the window ⑤broken?"

"No, the thunder was too loud. Well, I didn't do it. I was going to win first place anyway."

08 윗글의 빈칸 ⓐ와 ⓑ에 공통으로 들어갈 말로 알맞은 것은?

① in(In)   ② on(On)   ③ with(With)
④ from(From)   ⑤ of(Of)

09 윗글의 밑줄 친 ①~⑤ 중 어법상 <u>틀린</u> 것은?

①   ②   ③   ④   ⑤

10 윗글을 읽고 알 수 <u>없는</u> 것은?

① Sylvia의 학년   ② Sylvia의 생김새
③ Sylvia가 하고 있던 일   ④ Sylvia가 밖으로 나간 이유
⑤ Sylvia가 집에 간 시각

[11-12] 다음 글을 읽고, 물음에 답하시오.

Harry was a seventh grade student and had short blond hair. He said, "Hey, you got the wrong guy. I was practicing my dance moves. I went home a little before nine. I didn't take one step outside the classroom until then."

"Did you hear anything strange?"

"How could I? My music was really loud."

"Did you see anyone on the way home?"

"No, I heard someone singing really badly, but I didn't see anyone."

11 윗글의 밑줄 친 문장과 같은 의미가 되도록 빈칸에 알맞은 말을 쓰시오.

= Harry, _____ _____ _____, had short blond hair.

12 윗글의 내용과 일치하지 <u>않는</u> 것은?

① Harry was practicing his dance moves.
② Harry heard something strange.
③ Harry turned his music up really loud.
④ Harry didn't see anyone.
⑤ Harry heard someone singing badly.

서술형

[13-14] 다음 글을 읽고, 물음에 답하시오.

Mr. Reese, the principal, ran across the wet playground.

"Shirley! Shirley! I need your help!"

Shirley was an eighth grade student at Bakersville Middle School. She was also the best detective in the whole town.

"ⓐIs there wrong something?" asked Shirley.

"Someone has stolen the gold medal for the talent show!"

Mr. Reese took Shirley to the scene of ⓑthe crime. There was a case with a broken window. The silver and bronze medals were still there. But the gold medal was missing. There was a poem in its place.

13 윗글의 밑줄 친 ⓐ를 바르게 고쳐 쓰시오.

→ _____

14 윗글의 밑줄 친 ⓑ를 설명하는 문장을 찾아 쓰시오.

→ _____

[15-16] 다음 글을 읽고, 물음에 답하시오.

Shirley asked, "언제 이것이 일어났는지 제게 말해 주시겠어요?"

Mr. Reese said, "A little after nine last night. I was making my rounds when I heard a scream. I rushed over and found Jocelyn and the case like this."

"I wonder who else was here last night."

"Sylvia and Harry. They were also practicing for the talent show. I'll call them to my office."

고 난도

15 윗글의 밑줄 친 우리말을 [조건]에 맞게 영작하시오.

> [조건]   1. 간접의문문을 포함한 문장을 쓸 것
>
> 2. could, this, happen을 이용할 것
>
> 3. 7단어의 완전한 문장으로 쓸 것

→ _____

16 윗글을 다음과 같이 요약할 때 빈칸에 알맞은 말을 쓰시오.

> The crime that Shirley asked about happened (1) _____. At that time, Mr. Reese was (2) _____. Jocelyn, Sylvia and Harry were also in the school. They were (3) _____.

[17-18] 다음 글을 읽고, 물음에 답하시오.

Harry, a seventh grader, had short blond hair. He said, "Hey, you got the wrong guy. I was practicing my dance moves. I went home a little before nine. I didn't take one step outside the classroom until then."

"Did you hear strange anything?"

"How could I? My music was really loudly."

"Did you see anyone on the way home?"

"No, I heard someone singing really badly, but I didn't see anyone."

고 난도

17 윗글에서 어법상 틀린 문장을 두 개 찾아 문장을 바르게 고쳐 쓰시오.

(1) _____

(2) _____

18 윗글의 내용과 일치하도록 다음 질문에 완전한 영어 문장으로 답하시오.

(1) When did Harry go home?

→ _____

(2) What did Harry hear on the way home?

→ _____

서술형 100% TEST

01 다음 빈칸에 들어갈 알맞은 말을 [보기]에서 골라 쓰시오.

> [보기]   thief   detective   principal

(1) The _____ solved the old mystery.

(2) I saw a policeman chasing a _____.

(3) He goes to a small school with just three teachers and a _____.

STEP B

02 다음 문장의 빈칸에 알맞은 단어를 [조건]에 맞게 쓰시오.

> The police rushed to the scene of the _____.

> [조건]   1. The word starts with "c."
>   2. The word has 5 letters.
>   3. The word means "an activity that involves breaking the law."

03 다음 우리말과 같도록 빈칸에 알맞은 말을 쓰시오.

(1) 계속 거짓말을 하면 너는 곤경에 처할 것이다.

→ You will _____ _____ _____ if you keep telling lies.

(2) 너는 장기 자랑 대회에서 뭘 할 거니?

→ What are you going to do at the _____ _____?

(3) 나는 Kate가 괜찮은지 확인하려고 그녀에게 달려갔다.

→ I _____ _____ to Kate to see if she was okay.

04 다음 대화의 밑줄 친 우리말을 [조건]에 맞게 영작하여 대화를 완성하시오.

A: (1) 부탁 하나 해도 될까? (favor)

B: Sure. What is it?

A: (2) 내가 진공청소기로 바닥을 청소하는 것을 도와줄 수 있니? (vacuum)

B: No problem.

> [조건]   1. 도움을 요청하는 표현을 사용할 것
>   2. (1)에는 6단어, (2)에는 7단어의 문장을 쓸 것
>   3. 주어로 you를 쓰고, can과 괄호 안의 단어를 사용할 것

(1) _____

(2) _____

05 다음 글의 내용과 일치하도록 [조건]에 맞게 대화를 완성하시오.

> Narae's family is going to Busan. She asks Tony to take care of her dog this weekend. But Tony can't help her because his mother doesn't like dogs.

Narae: Tony, can you do me a favor?

Tony: Sure. What is it, Narae?

Narae: (1) _____? My family is going to visit my grandmother in Busan.

Tony: Oh, (2) _____. My mom doesn't like dogs.

> [조건]   1. (1)에는 9단어의 문장으로 쓸 것
>   2. (2)에는 축약형 2개를 포함한 5단어의 문장으로 쓸 것

(1) _____

(2) _____

[06-07] 다음 그림을 보고, 괄호 안의 말을 사용하여 대화를 완성하시오.

06

A: Can I ask you a favor?

B: Of course. What is it?

A: _____?

        (can, help, set the table)

B: No problem.

07

A: Guess what I'm doing.

B: _____

        (guess, play)

A: That's right.

[08-09] 다음 글을 읽고, 물음에 답하시오.

> Good morning, classmates! ⓐNine months have passed so fast, and we are almost at the end of this school year. ⓑWe all had a wonderful year. ⓒI guess only a few of us are in the same class next year. ⓓDon't be a stranger. ⓔSay hello when we see each other, okay? Thank you.

08 윗글의 밑줄 친 ⓐ~ⓔ 중 어법상 <u>틀린</u> 문장을 찾아 기호를 쓴 후, 문장을 바르게 고쳐 쓰시오.

(   ) → _____

_____

09 윗글의 내용과 일치하도록 다음 질문에 완전한 영어 문장으로 답하시오.

Q: What does the speaker ask the classmates to do?

A: _____

10 다음 중 어법상 <u>틀린</u> 문장을 <u>두 개</u> 찾아 기호를 쓴 후, 문장을 바르게 고쳐 쓰시오.

> ⓐ I wonder why did he call me.
> ⓑ Do you know where your brother is?
> ⓒ I have nothing new to tell you.
> ⓓ There isn't interesting anything in the newspaper.
> ⓔ I'm not sure if I can pass the test.

(   ) → _____

(   ) → _____

고
난도
11 다음 우리말을 [조건]에 맞게 영작하시오.

[조건]
1. 간접의문문을 사용할 것
2. [보기]에서 알맞은 단어를 두 개씩 골라 쓸 것
3. 시제에 유의하고 필요시 어형을 변화시킬 것

[보기]	know	wonder	tell
	play	happen	visit

[1] 나는 그가 어제 어디를 방문했는지 궁금하다.

→ _____

[2] 나는 그녀에게 무슨 일이 일어났었는지 모른다.

→ _____

[3] 너는 네가 언제 기타를 연주하기 시작했는지 내게 말해 줄 수 있니?

→ _____

12 다음 괄호 안의 말을 사용하여 우리말을 영작하시오.

(1) 그는 스트레스를 받을 때 단것을 먹는다.

→ _____

(eat, sweet, is, stressed)

(2) 어떤 나쁜 일도 네게 일어나지 않을 거야.

→ _____

(nothing, happen)

(3) 그 도둑이 귀중한 것을 가져갔나요?

→ _____

(the thief, take, valuable)

13 다음 인터뷰 질문을 보고, [조건]에 맞게 글을 완성하시오.

[조건] 1. 주어진 질문을 간접의문문 형태로 바꿔 쓸 것
        2. 주어와 시제를 정확히 쓸 것

Interview with Tony

Q1. When were you born?
Q2. Where do you live?
Q3. What is your hobby?
Q4. What is your future dream?

Today, I have an interview with Tony. First, I'll ask when he was born. Then I'll ask (1) _____. I'll also ask (2) _____.
Lastly, I'll ask (3) _____.

14 다음 글을 읽고, 등장인물에 관한 정보를 완성하시오.

Mr. Reese, the principal, ran across the wet playground.

"Shirley! Shirley! I need your help!"

Shirley was an eighth grade student at Bakersville Middle School. She was also the best detective in the whole town.

"Is there something wrong?" asked Shirley.

"Someone has stolen the gold medal for the talent show!"

Mr. Reese	(1) _____ at Bakersville Middle School
Shirley	(2) _____ at Bakersville Middle School
	(3) _____

[15-16] 다음 글을 읽고, 물음에 답하시오.

Jocelyn was a ninth grade student with short curly red hair.

"I was practicing my song and I became thirsty. I stepped outside the classroom getting some water. It was completely dark. Suddenly, there was a loud sound of thunder. I think the thief broke the window at that moment. Lightning followed right after and it became bright for a second or two. Then I saw someone to run away from the case."

15 윗글에서 어법상 틀린 문장을 두 개 찾아 문장을 바르게 고쳐 쓰시오.

(1) _____

(2) _____

16 윗글을 아래와 같이 요약할 때 빈칸에 알맞은 말을 쓰시오.

Jocelyn was (1) _____ and felt thirsty. When she stepped outside the classroom, there was (2) _____.
Then (3) _____ and it became bright for a short time. So she could see someone at that moment.

[17-18] 다음 글을 읽고, 물음에 답하시오.

Next was an eighth grade student, Sylvia. She was tall with long black hair. She said, "I was reading my poem aloud in the classroom. I heard a scream and went outside. There was a girl next to the case. With the flash from the lightning, ⓐit was like a horror movie. 저는 겁이 나서 곧장 집으로 달려갔어요."

"Did you hear the window break?"

Sylvia answered, "No, the thunder was too loud. Well, I didn't do it. I was going to win first place anyway."

17 윗글의 밑줄 친 ⓐit이 가리키는 것을 우리말로 쓰시오.

_____

18 윗글의 밑줄 친 우리말과 같도록 괄호 안의 단어들을 바르게 배열하여 문장을 쓰시오.

→ _____

(I, so, got, straight, I, ran, scared, home)

[19-20] 다음 글을 읽고, 물음에 답하시오.

Harry, a seventh grader, had short blond hair. He said, "Hey, you got the wrong guy. I was practicing my dance moves. I went home a little before nine. I didn't take one step outside the classroom until then."

Shirley asked, "Did you hear anything strange?"

"How could I? My music was really loud."

"Did you see anyone on the way home?"

"No, I heard someone singing really badly, but I didn't see anyone."

Shirley said, "I don't need to hear anymore." Then she turned to the thief.

"정말 곤경에 빠지기 전에 메달을 돌려주는 게 어때요?"

19 윗글의 내용과 일치하도록 다음 질문에 완전한 영어 문장으로 답하시오.

(1) What was Harry doing before he went home?

→ _____

(2) Why couldn't Harry hear anything strange?

→ _____

20 윗글의 밑줄 친 우리말을 [조건]에 맞게 영작하시오.

[조건]	1. 「Why don't you+동사원형 ~?」으로 문장을 시작할 것
	2. get into trouble 표현을 포함할 것
	3. [보기]에 주어진 말을 모두 사용할 것

[보기]	some	bring	trouble
	back	before	get	you
	real	into	the medal

→ _____

_____

21 다음 글의 내용과 일치하도록 아래 대화를 완성하시오.

When Rapunzel was a baby, a witch put her in a tall tower. Rapunzel grew up in the tower. She had long hair. The witch used it to climb up the tower. The witch always said, "The world outside is very dangerous." One day, a prince heard Rapunzel singing beautifully. He said, "Come down. The world outside is wonderful."

Prince: Why are you in the tall tower?

Rapunzel: (1) _____

Prince: How does the witch climb up the tower?

Rapunzel: (2) _____

Prince: Come down. The world outside is wonderful.

01 다음 중 짝 지어진 두 단어의 관계가 [보기]와 다른 것은? [3점]

> [보기] horror – fear

① completely – totally ② whole – entire
③ scream – yell ④ ordinary – strange
⑤ difficult – tough

02 다음 영어 뜻풀이에 해당하는 단어는? [4점]

> a person whose job is to find information about something or someone

① teacher ② detective ③ thief
④ principal ⑤ clerk

03 다음 중 밑줄 친 부분의 우리말 뜻이 알맞지 <u>않은</u> 것은? [3점]

① The thief <u>ran away</u> from the crowd.
(도망갔다)
② We don't want you to <u>get into trouble</u>.
(곤경에 빠지다)
③ I <u>ran across</u> the playground to catch the ball.
(가로질러 뛰어갔다)
④ She is going to sing and dance at the <u>talent show</u>.
(장기 자랑 대회)
⑤ The guards found me when they <u>made their rounds</u> in the museum.
(회전하다)

04 다음 대화의 빈칸에 들어갈 말이 순서대로 짝 지어진 것은? [4점]

> A: Can you do me a _____?
> B: Sure. What is it?
> A: Can you _____ me carry these books?
> B: Of course.

① favor – do ② favor – help
③ help – help ④ help – do
⑤ hand – help

서술형1
05 다음 대화의 밑줄 친 우리말과 같도록 [조건]에 맞게 영어 문장을 쓰시오. [4점]

> A: <u>내가 무엇을 하고 있는지 맞혀 봐.</u>
> B: I guess you're flying a kite
> A: You're wrong. Guess again.
> B: I guess you're fishing.
> A: That's right.

> [조건] 1. guess와 간접의문문을 사용할 것
>   2. 축약형은 한 단어로 취급하여 4단어의 문장으로 쓸 것

→ _____

06 다음 대화의 밑줄 친 부분과 바꿔 쓸 수 있는 것을 <u>모두</u> 고르면? [4점]

> A: Can you help me wash the dishes?
> B: <u>Of course.</u>

① Sure. ② Sorry, I can't.
③ No problem. ④ I'm afraid I can't.
⑤ I'd love to, but I can't.

07 자연스러운 대화가 되도록 (A)~(D)를 순서대로 배열한 것은? [4점]

> (A) On the bench.
> (B) Can you help me find my baseball glove?
> (C) Okay. Where did you see it last?
> (D) I guess a dog took your baseball glove. I can see its footprints on the bench.

① (A)–(C)–(B)–(D)　　② (B)–(C)–(A)–(D)
③ (B)–(D)–(A)–(C)　　④ (C)–(A)–(D)–(B)
⑤ (D)–(A)–(B)–(C)

08 다음 대화의 밑줄 친 ①~⑤ 중 흐름상 어색한 것은? [4점]

> A: Can you take care of my dog this weekend, Tony?
> B: ①Sure. My mom doesn't like dogs.
> A: Oh, ②what should I do?
> B: ③Why don't you ask Sumin? ④Her family loves dogs.
> A: Okay. ⑤I'll call her right now.

①　　②　　③　　④　　⑤

[09-10] 다음 대화를 읽고, 물음에 답하시오.

> Brian: Mom, I can't find my smartphone. Can you help me find it?
> Mom: Are you sure you lost it inside the house? (①)
> Brian: Yes. I just texted my friend a few minutes ago. (②)
> Mom: Where were you at the time? (③)
> Brian: In the kitchen. I was making a sandwich.
> Mom: Then I guess you left it somewhere in the kitchen. (④)
> Brian: I already checked the kitchen, Mom.
> Mom: Well, let's check it again. (⑤) Inside the refrigerator.
> Brian: Thanks, Mom. You are the greatest!

09 위 대화의 ①~⑤ 중 주어진 문장이 들어갈 알맞은 곳은? [4점]

> Oh, here it is.

①　　②　　③　　④　　⑤

서술형 **2**

10 위 대화의 내용과 일치하도록 다음 질문에 완전한 영어 문장으로 답하시오. [각 2점]

(1) What did Brian lose?

　→ _____

(2) Where was the lost item?

　→ _____

11 다음 두 문장을 한 문장으로 쓸 때 빈칸에 들어갈 말로 알맞은 것은? [4점]

> I wonder. What sport do you like the most?
> → I wonder _____ .

① what sport do you like the most
② what you like sport the most
③ what sport you like the most
④ what sport the most do you like
⑤ what sport the most you like

서술형 **3**

12 다음 우리말과 같도록 괄호 안의 말을 바르게 배열하여 문장을 쓰시오. [4점]

> 나는 인터넷에서 재미있는 어떤 것도 찾을 수 없었다.

→ _____

(find, on, I, anything, couldn't, interesting, the Internet)

13 다음 중 어법상 옳은 문장끼리 짝 지어진 것은? [5점]

> ⓐ Can you tell me what her phone number is?
> ⓑ He asked me who made the cookies.
> ⓒ There is nothing serious to worry about.
> ⓓ Nobody is allowed to carry dangerous anything here.
> ⓔ Please tell me why was he angry.

① ⓐ, ⓑ, ⓒ   ② ⓐ, ⓒ, ⓓ   ③ ⓑ, ⓓ, ⓔ

④ ⓒ, ⓔ   ⑤ ⓓ, ⓔ

서술형 **4**

14 다음 [보기]를 참고하여 대화의 빈칸을 완성하시오. [각 2점]

> [보기]   A: How tall are you?
>   B: I don't know exactly <u>how tall I am.</u>

(1) A: Where did you buy the coat?

    B: I don't remember _____.

(2) A: How much is the sweater?

    B: I don't know _____.

(3) A: When does the museum open?

    B: I'll find out _____.

[15-16] 다음 글을 읽고, 물음에 답하시오.

> Mr. Reese took Shirley _____ⓐ_____ the scene of the crime. There was a case _____ⓑ_____ a broken window. The silver and bronze medals were still there. But the gold medal was missing. There was a poem _____ⓒ_____ its place.
>
> Tomorrow is the talent show.
> Where did the gold medal go?
> Look high and low.
> You can't catch me. You're too slow.

15 윗글의 빈칸 ⓐ~ⓒ에 들어갈 말이 순서대로 짝 지어진 것은? [3점]

① from – of – in   ② from – with – on

③ to – of – on   ④ to – with – in

⑤ to – with – from

16 윗글을 읽고 답할 수 있는 질문은? [4점]

① Who took the gold medal?

② What date is the talent show?

③ Who won the talent show?

④ Who can catch the thief?

⑤ Where was the poem?

[17-19] 다음 글을 읽고, 물음에 답하시오.

> Jocelyn was a ninth grade student with short curly red hair.
>
> "I ①was practicing my song and I became thirsty. I stepped outside the classroom ②to get some water. It was completely dark. Suddenly, there ③was a loud sound of thunder. I think the thief broke the window at that moment. Lightning followed right after and it ④became bright for a second or two. Then I saw someone ⑤ran away from the case."
>
> Shirley asked, "ⓐDid you see the thief's face?"
>
> "No, I only saw the thief's back. But the thief had short hair."

17 윗글의 밑줄 친 ①~⑤ 중 어법상 틀린 것은? [4점]

①   ②   ③   ④   ⑤

서술형 **5**

18 윗글의 밑줄 친 ⓐ를 [조건]에 맞게 바꿔 쓰시오. [4점]

> [조건]   1. 간접의문문을 사용할 것
>   2. 시제에 유의할 것

Shirley asked _____.

서술형6

19 윗글의 내용과 일치하도록 빈칸에 알맞은 말을 쓰시오. [5점]

> Jocelyn guessed that (1) _____
> when there was (2) _____.
> When (3) _____ flashed, it became bright.
> So she could see someone near the case, but
> she could only see the person's (4) _____.

[20-22] 다음 글을 읽고, 물음에 답하시오.

> Next was an eighth grade student, Sylvia. She was tall with long black hair. She said, "I was reading my poem aloud in the classroom. I heard a ①scream and went outside. There was a girl next to the case. With the ②flash from the lightning, it was like a horror movie. I got ③pleased so I ran straight home."
> Shirley asked, "ⓐDid you hear the window to break?"
> "No, the thunder was too ④loud. Well, I didn't do it. I was going to win ⑤first place anyway."

20 윗글의 밑줄 친 ①~⑤ 중 문맥상 어색한 것은? [4점]

① ② ③ ④ ⑤

서술형7

21 윗글의 밑줄 친 ⓐ를 어법상 바르게 고쳐 쓰시오. [4점]

→ _____

22 윗글의 내용과 일치하는 것은? [4점]

① Sylvia has a short black hair.
② Sylvia was reading a book in the classroom.
③ Sylvia saw a girl next to the case.
④ Sylvia went home because of the lightning.
⑤ Sylvia heard someone break the window.

[23-24] 다음 글을 읽고, 물음에 답하시오.

> Harry, a seventh grader, had short blond hair. He said, "Hey, ⓐ you got the wrong guy. I was practicing my dance moves. I went home a little before nine. I didn't take one step outside the classroom until then."
> "Did you (anything, hear, strange)?"
> "How could I? My music was really loud."

23 윗글의 밑줄 친 ⓐ의 의미로 알맞은 것은? [3점]

① 당신이 잘못했다
② 당신은 사람을 잘못짚었다
③ 잘못한 사람이 잡혔다
④ 당신은 나쁜 사람이다
⑤ 당신이 잘못한 사람을 잡았다

서술형8

24 윗글의 괄호 안의 단어들을 바르게 배열하여 문장을 완성하시오. [4점]

→ Did you _____?

25 다음 글을 읽고 알 수 없는 것은? [4점]

> When Rapunzel was a baby, a witch put her in a tall tower. Rapunzel grew up in the tower. She had long hair. The witch used it to climb up the tower. The witch always said, "The world outside is very dangerous." One day, a prince heard Rapunzel singing beautifully. He said, "Come down. The world outside is wonderful."

① Rapunzel을 탑에 가둔 사람
② Rapunzel의 머리 모양
③ 마녀가 탑에 올라간 방법
④ Rapunzel이 부른 노래
⑤ 세상에 대한 왕자의 생각

모의고사

서술형1
01 다음 [조건]에 해당하는 단어를 쓰시오. [4점]

> [조건] 1. The word starts with "c."
>   2. The word has 4 letters.
>   3. The word means "something that helps a person find something."

→ _____

02 다음 중 밑줄 친 부분의 우리말 뜻이 알맞지 <u>않은</u> 것은? [3점]

① He arrived <u>at the end of</u> the concert.
　　　　　　(～의 끝에)
② Bill looked <u>high and low</u> for his lost shoe.
　　　　　　(높낮이)
③ Can you <u>take care of</u> my cat this weekend?
　　　　　　(～을 돌보다)
④ I wanted to <u>run away</u> to a safe place.
　　　　　　(도망치다)
⑤ I think Tim will <u>win first place</u> at the contest.
　　　　　　(일등을 하다)

03 다음 영어 뜻풀이에 해당하는 단어가 포함된 문장은? [4점]

> the person in charge of a school

① The thief tried to unlock the door.
② The detective found some clues.
③ The students talked with the principal.
④ He saw a stranger standing on the doorstep.
⑤ The athlete won a bronze medal in the 1988 Olympics.

04 다음 중 밑줄 친 부분의 공통된 의도로 알맞은 것은? [3점]

> A: Guess what I'm doing.
> B: <u>I guess you're cooking.</u>
> A: You're wrong. Guess again.
> B: <u>I guess you're washing the dishes.</u>
> A: That's right.

① 추천하기　　② 인사하기　　③ 소개하기
④ 추측하기　　⑤ 요청하기

05 다음 대화의 빈칸에 들어갈 말로 알맞지 <u>않은</u> 것은? [4점]

> A: _____
> B: Sure. What is it?
> A: Can you help me water the plants?
> B: Of course.

① Can I help you?
② Can you help me?
③ Can I ask you a favor?
④ Can you do me a favor?
⑤ Can you give me a hand?

서술형2
06 다음 대화의 밑줄 친 우리말과 같도록 [조건]에 맞게 영어 문장을 쓰시오. [4점]

> A: Mom, I can't find my bag.
> B: Where did you put your bag last?
> A: Next to the bed.
> B: <u>Spot이 그것을 가져간 것 같아.</u>

> [조건] 1. guess와 take를 포함한 5단어의 문장으로 쓸 것
>   2. 필요시 단어의 형태를 변형할 것

→ _____

[07-08] 다음 대화를 읽고, 물음에 답하시오.

> A: Tony, can you do me a favor?
>
> B: Sure. What is it, Narae?
>
> A: Can you take care of my dog this weekend? My family is going to visit my grandmother in Busan.
>
> B: Oh, I'm sorry but I can't. My mom doesn't like dogs.
>
> A: Oh, what should I do?
>
> B: Why don't you ask Sumin? Her family loves dogs.
>
> A: Okay. I'll call her right now.

서술형 **3**

07 Answer the following question in English. [4점]

> Q: Why can't Tony help Narae?
>
> A: _____

08 위 대화가 끝난 후 나래가 할 일로 알맞은 것은? [4점]

① 개를 동물 병원에 데려가기
② 개를 산책시키기
③ 수민이에게 전화하기
④ 수민이에게 개를 맡기기
⑤ 할머니를 찾아뵙기

[09-10] 다음 대화를 읽고, 물음에 답하시오.

> Brian: Mom, I can't find my smartphone. Can you help me find ⓐit?
>
> Mom: Are you sure you lost ⓑit inside the house?
>
> Brian: Yes. I just texted my friend a few minutes ago.
>
> Mom: Where were you at the time?
>
> Brian: In the kitchen. I was making a sandwich.
>
> Mom: Then I guess you left ⓒit somewhere in the kitchen.
>
> Brian: I already checked the kitchen, Mom.
>
> Mom: Well, let's check ⓓit again. Oh, here ⓔit is. Inside the refrigerator.
>
> Brian: Thanks, Mom. You are the greatest!

09 위 대화의 밑줄 친 ⓐ~ⓔ 중 가리키는 대상이 다른 하나는? [3점]

① ⓐ   ② ⓑ   ③ ⓒ   ④ ⓓ   ⑤ ⓔ

10 위 대화를 읽고 알 수 없는 것은? [4점]

① Brian이 잃어버린 물건
② Brian이 부엌에서 하던 일
③ Brian이 물건을 잃어버린 이유
④ Brian이 잃어버린 물건을 찾은 사람
⑤ Brian이 잃어버린 물건을 찾은 곳

11 다음 빈칸에 들어갈 말로 알맞은 것은? [4점]

> It's too cold. I want to drink _____ warm.

① ice   ② water   ③ some
④ something   ⑤ nothing

12 다음 ①~⑤ 중 new가 들어갈 알맞은 곳은? [3점]

> We're (①) looking (②) for (③) somebody (④) for (⑤) the job.

13 다음 우리말을 영어로 바르게 옮긴 것은? [4점]

> 나에게 박물관이 언제 문을 여는지 말해 줄 수 있니?

① When can you tell me the museum opens?
② When can you tell me does the museum open?
③ Can you tell me when the museum opened?
④ Can you tell me when does the museum open?
⑤ Can you tell me when the museum opens?

서술형 **4**

14 다음 괄호 안의 단어들을 이용하여 우리말을 영작하시오. [각 3점]

(1) 그는 새로운 무언가를 살 것이다.

(buy, something)

→ _____

(2) 그들은 아무것도 잘못하지 않았다.

(do, nothing)

→ _____

15 다음 밑줄 친 부분을 어법상 바르게 고쳐 쓴 것은? [4점]

① I want to ask her <u>what sport she likes.</u>

→ what likes she sport

② Can you tell me <u>when were you born?</u>

→ when were born you

③ I want to know <u>why do you skip breakfast.</u>

→ why you skip breakfast.

④ Let me know <u>how long will you stay here.</u>

→ how you will stay long here

⑤ Please tell me <u>when the shop opens.</u>

→ when will the shop open

16 다음 중 어법상 틀린 것은? [4점]

① There is wrong nothing with the book.

② Please tell me how you found them.

③ I don't know who stole my purse.

④ I'd like to know who your favorite singer is.

⑤ I'll bring something delicious to the party.

서술형 **5**

17 다음 [조건]에 맞게 대화를 완성하시오. [각 3점]

> [조건] 1. 간접의문문을 사용할 것
>
> 2. 적절한 의문사를 사용할 것

(1) A: Do you know _____?

B: She lives in San Francisco.

(2) A: Can you tell me _____?

B: My birthday is March 24th.

[18-19] 다음 글을 읽고, 물음에 답하시오.

> Shirley asked, "Could you tell me when this happened?"
>
> "A little after nine last night. I ①was making my rounds when I ②heard a scream. I ③rushed over and found Jocelyn and the case ④like this."
>
> "나는 어젯밤에 또 다른 누가 여기 있었는지 궁금해요."
>
> "Sylvia and Harry. They were also practicing for the ⑤talent show. I'll call them to my office."

18 윗글의 밑줄 친 ①~⑤의 우리말 뜻이 알맞지 <u>않은</u> 것은? [3점]

① 순찰을 돌고 있었다   ② 비명 소리를 들었다

③ 도망갔다   ④ ~과 같은

⑤ 장기 자랑 대회

서술형 **6**

19 윗글의 밑줄 친 우리말을 [조건]에 맞게 영작하시오. [4점]

> [조건] 1. 간접의문문을 사용할 것
>
> 2. wonder와 else를 포함한 8단어로 쓸 것

→ _____

[20-21] 다음 글을 읽고, 물음에 답하시오.

Jocelyn was a ninth grade student with short curly red hair.

"I was practicing my song and I became ①thirst. I stepped outside the classroom ②to get some water. It was completely dark. Suddenly, there ③was a loud sound of thunder. I think the thief broke the window at that moment. Lightning followed right after and it became bright ④for a second or two. Then I saw someone ⑤running away from the case."

"Did you see the thief's face?"

"No, I only saw the thief's back. But the thief had short hair."

20 윗글의 밑줄 친 ①~⑤ 중 어법상 틀린 것은? [4점]

①   ②   ③   ④   ⑤

서술형**7**

21 윗글을 읽고 답할 수 있는 질문을 골라 기호를 쓴 후, 완전한 문장으로 답하시오. [5점]

ⓐ What was the song that Jocelyn was practicing?

ⓑ Where did Jocelyn go to get some water?

ⓒ What did Jocelyn see when it became bright?

ⓓ Who was the thief?

(   ) → _____

[22-23] 다음 글을 읽고, 물음에 답하시오.

Next was an eighth grade student, Sylvia. (①) She was tall with long black hair. She said, "I was reading my poem aloud in the classroom. I heard a scream and went outside. (②) There was a girl next to the case. (③) With the flash from the lightning, it was like a horror movie. (④)"

"Did you hear the window break? (⑤)"

"No, the thunder was too loud. Well, I didn't do it. I was going to win first place anyway."

22 윗글의 ①~⑤ 중 주어진 문장이 들어갈 알맞은 곳은? [4점]

I got scared so I ran straight home.

①   ②   ③   ④   ⑤

23 윗글을 읽고 답할 수 없는 질문은? [4점]

① What did Sylvia look like?

② What was Sylvia doing in the classroom?

③ What did Sylvia do when she heard a scream?

④ Why did Sylvia run straight home?

⑤ Who broke the window?

[24-25] 다음 글을 읽고, 물음에 답하시오.

Harry, a seventh grader, had short blond hair. He said, "Hey, you got the (A) right / wrong guy. I was practicing my dance moves. I went home a little before nine. I didn't take one step outside the classroom until then."

"Did you hear anything strange?"

"How could I? My music was really (B) quiet / loud ."

"Did you see anyone on the way home?"

"No, I heard someone singing really badly, but I didn't see anyone."

서술형**8**

24 윗글의 (A)와 (B)에서 알맞은 말을 골라 쓰시오. [각 2점]

(A) _____   (B) _____

25 윗글의 내용과 일치하지 않는 것은? [4점]

① Harry는 춤 동작을 연습하고 있었다.

② Harry는 9시 이전에 집에 갔다.

③ Harry는 집에 갈 때까지 교실 밖으로 나가지 않았다.

④ Harry는 교실에 있을 때 이상한 소리를 듣지 못했다.

⑤ Harry는 누군가 노래를 부르는 것을 봤다.

01 다음 중 짝 지어진 두 단어의 관계가 나머지와 <u>다른</u> 것은? [3점]

① bad – badly
② thirst – thirsty
③ real – really
④ sudden – suddenly
⑤ complete – completely

서술형**1**

02 다음 문장의 빈칸에 알맞은 단어를 [조건]에 맞게 쓰시오. [4점]

> There was a _____ of lightning and the house became dark.

> [조건] 1. The word starts with "f."
>   2. The word has 5 letters.
>   3. The word means "a bright light that shines for a short time."

03 다음 중 밑줄 친 단어를 괄호 안의 단어로 바꿔 쓸 수 <u>없는</u> 것은? [3점]

① Let's read the poem aloud together.
  (→ out loud)
② The whole village was destroyed.
  (→ entire)
③ I've completely forgotten her name.
  (→ totally)
④ Suddenly there was a knock on the door.
  (→ All of a sudden)
⑤ Can you take care of my dog for a minute?
  (→ look for)

04 다음 대화의 빈칸에 들어갈 말로 알맞지 <u>않은</u> 것은? [3점]

> A: Hey, Mike. Can I ask you a favor?
> B: Of course. What is it?
> A: Can you help me mop the floor?
> B: _____

① Of course.
② No problem.
③ I'm afraid I can't.
④ I'm happy with it.
⑤ I'm sorry, but I can't.

05 다음 대화의 내용과 일치하지 <u>않는</u> 것은? [3점]

> A: Can you help me find my hat?
> B: Okay. Where did you see it last?
> A: On the bicycle.
> B: I guess a bird took it. I can see feathers on the bicycle.

① A는 B에게 도움을 요청하고 있다.
② A는 모자를 잃어버렸다.
③ A는 자전거 위에서 모자를 마지막으로 보았다.
④ B는 새가 모자를 가져갔다고 추측했다.
⑤ B는 자전거 위에 있는 새를 발견했다.

06 자연스러운 대화가 되도록 (A)~(D)를 순서대로 배열한 것은? [3점]

> (A) Then I guess Spot took it.
> (B) Yes, I saw it under the table.
> (C) Did you see my baseball cap?
> (D) Really? It's not there anymore.

① (B)-(A)-(C)-(D)
② (B)-(C)-(D)-(A)
③ (C)-(A)-(B)-(D)
④ (C)-(B)-(D)-(A)
⑤ (D)-(C)-(B)-(A)

[07-09] 다음 대화를 읽고, 물음에 답하시오.

> A: Tony, (A)can you do me a favor?
> B: (①) Sure. What is it, Narae?
> A: (②) Can you take care of my dog this weekend? My family is going to visit my grandmother in Busan.
> B: (③) My mom doesn't like dogs.
> A: (④) Oh, what should I do?
> B: (⑤) Why don't you ask Sumin? Her family loves dogs.
> A: Okay. I'll call her right now.

07 위 대화의 밑줄 친 (A)와 바꿔 쓸 수 <u>없는</u> 것을 <u>모두</u> 고르면? [4점]

① let me help you.
② can you help me?
③ can I help you?
④ may I ask you a favor?
⑤ can you give me a hand?

08 위 대화의 ①~⑤ 중 주어진 문장이 들어갈 알맞은 곳은? [4점]

> Oh, I'm sorry but I can't.

①   ②   ③   ④   ⑤

09 위 대화를 읽고 추론할 수 <u>없는</u> 것은? [5점]

① Narae is looking for a person who can take care of her dog.
② Narae's grandmother lives in Busan.
③ Narae's grandmother doesn't like dogs.
④ Tony thinks Sumin can take care of Narae's dog.
⑤ Narae will probably ask Sumin for help.

[10-11] 다음 대화를 읽고, 물음에 답하시오.

> Brian: Mom, I can't find my smartphone. ①Can you help me find it?
> Mom: Okay. ②Are you sure you lost it inside the house?
> Brian: Yes. I just texted my friend a few minutes ago.
> Mom: ③Where were you at the time?
> Brian: In the kitchen. I was making a sandwich.
> Mom: ④Then I guess you leave it somewhere in the kitchen.
> Brian: I already checked the kitchen, Mom.
> Mom: Well, let's check it again. Oh, here it is. ⑤Inside the refrigerator.
> Brian: Thanks, Mom. You are the greatest!

서술형 **2**

10 위 대화의 밑줄 친 ①~⑤ 중 어법상 틀린 문장을 찾아 번호를 쓴 후, 문장을 바르게 고쳐 쓰시오. [5점]

(   ) → _____

서술형 **3**

11 위 대화의 내용과 일치하도록 빈칸에 알맞은 말을 쓰시오. [각 2점]

> Brian's mother guessed Brian left (1) _____ _____ somewhere (2) _____.
> Finally, she found it (3) _____.

12 다음 우리말을 영어로 옮길 때 네 번째로 오는 단어는? [3점]

> 나는 더 이상 너에게 말할 특별한 것이 없다.

① have   ② to   ③ special
④ nothing   ⑤ anymore

13 다음 우리말을 영어로 바르게 옮기지 <u>못한</u> 것을 <u>모두</u> 고르면? [4점]

① 너는 달콤한 어떤 것도 먹지 않는 게 좋겠다.
→ You'd better not eat sweet anything.

② 우리는 어제 이상한 무언가를 보았다.
→ We saw something strange yesterday.

③ 나는 네가 쇼핑몰에서 무엇을 샀는지 궁금하다.
→ I wonder what did you buy at the mall.

④ 그녀는 신나는 무언가를 할 필요가 있다.
→ She needs to do something exciting.

⑤ 그는 내게 그 다리가 언제 지어졌는지 물었다.
→ He asked me when the bridge was built.

14 다음 문장들에 대해 <u>잘못</u> 말한 사람은? [4점]

> ⓐ Do you know where is the shoe store?
> ⓑ I want to eat spicy something.
> ⓒ I have something important to tell you.
> ⓓ I want to know when the guests will arrive.
> ⓔ There isn't anything wrong with your arm.

① 정민: ⓐ는 간접의문문의 어순이 잘못되었다.
② 지윤: ⓑ에서 spicy는 something 뒤에 와야 한다.
③ 하준: ⓒ에서 something과 important의 위치를 바꿔야 한다.
④ 수진: ⓓ는 간접의문문의 어순이 올바르다.
⑤ 지현: ⓔ는 잘못된 부분이 없는 올바른 문장이다.

15 다음 중 어법상 옳은 문장의 개수는? [4점]

> ⓐ Tell me what are you interested in.
> ⓑ Do you know where he is from?
> ⓒ I want to know when the first class starts.
> ⓓ Alex asked me when did I meet Jenny.
> ⓔ Can you tell me where the bank is?

① 1개   ② 2개   ③ 3개   ④ 4개   ⑤ 5개

서술형 **4**

16 다음 의문문을 간접의문문으로 바꿔 문장을 완성하시오. [각 3점]

(1) Who is your favorite actor?
→ Tell me _____.

(2) Why did you call me last night?
→ Can you tell me _____?

(3) Have you been to Busan?
→ I wonder _____.

17 다음 대화의 ①~⑤ 중 hot이 들어갈 위치로 알맞은 곳은? [3점]

> A: I think it's a little cold here.
> B: Oh, really? I'll turn on the heater (①) and (②) bring (③) something (④) for you (⑤).
> A: Thank you.

[18-21] 다음 글을 읽고, 물음에 답하시오.

> Mr. Reese took Shirley to the scene of the crime. There was a case with a broken window. The silver and bronze medals were still there. _____ⓐ_____ the gold medal was missing. There was a poem in its place.
>
> Tomorrow is the talent show.
> ⓑWhere did the gold medal go?
> Look high and low.
> You can't catch me. You're too slow.

18 윗글의 빈칸 ⓐ에 들어갈 접속사로 알맞은 것은? [3점]

① So   ② But   ③ Then
④ Because   ⑤ Also

서술형 5

19 윗글의 밑줄 친 ⓑ를 [조건]에 맞게 바꿔 쓰시오. [4점]

> [조건] 1. Do you know로 문장을 시작할 것
> 2. ⓑ를 간접의문문으로 바꿔 쓸 것
> 3. 시제에 유의할 것

→ _____

서술형 6

20 윗글에서 다음 영어 뜻풀이에 해당하는 표현을 찾아 쓰시오. [4점]

> in every possible place

→ _____

21 윗글을 읽고 추론한 내용으로 알맞은 것을 <u>모두</u> 고르면? [4점]

① Shirley가 범죄 현장을 발견했다.
② 범인은 창문으로 도망쳤다.
③ 진열장에는 메달이 2개 남아 있었다.
④ 시는 범인이 남겨 놓은 것이다.
⑤ 범인은 달리기가 빠르다.

[22-23] 다음 글을 읽고, 물음에 답하시오.

> Shirley asked, "제게 언제 이것이 일어났는지 말씀해 주시겠어요?"
> "A little after nine last night. I was making my rounds ___ⓐ___ I heard a scream. I rushed over and found Jocelyn and the case like this."
> "I wonder ___ⓑ___ else was here last night."
> "Sylvia and Harry. They were also practicing for the talent show. I'll call them to my office."

서술형 7

22 윗글의 밑줄 친 우리말과 같도록 괄호 안의 단어들을 바르게 배열하여 문장을 쓰시오. [4점]

→ _____

(when, could, this, tell, me, happened, you)

23 윗글의 빈칸 ⓐ와 ⓑ에 들어갈 말이 순서대로 짝 지어진 것은? [4점]

① after – who
② after – what
③ while – why
④ when – what
⑤ when – who

[24-25] 다음 글을 읽고, 물음에 답하시오.

> Harry, a seventh grader, had short blond hair. He said, "Hey, you got the wrong guy. I was practicing my dance moves. I went home a little before nine. ① I didn't take one step outside the classroom until then."
> "② Did you hear anything strange?"
> "How could I? My music was really ___ⓐ___."
> "③ Did you see anyone on the way home?"
> "No, ④ I heard someone singing really badly, but ⑤ I saw anyone."

24 윗글의 빈칸 ⓐ에 들어갈 말로 알맞은 것은? [3점]

① small   ② special   ③ loud
④ peaceful   ⑤ beautiful

서술형 8

25 윗글의 ①~⑤ 중 흐름상 어색한 것을 찾아 번호를 쓴 후, 바르게 고쳐 쓰시오. [4점]

(_____) → _____

01 다음 빈칸에 들어갈 말로 알맞은 것은? [3점]

> There was a loud clap of _____ and then the rain started to pour down.

① flash ② crime ③ scream
④ thief ⑤ thunder

02 다음 단어의 영어 뜻풀이에 해당하지 <u>않는</u> 것은? [4점]

> strange thief horror talent

① a strong feeling of shock and fear
② a mark left by a foot or shoe
③ different from what is usual or normal
④ a natural and special ability to do something well
⑤ someone who steals something

03 다음 중 밑줄 친 단어의 쓰임이 <u>어색한</u> 것은? [3점]

① They wrote the <u>notice</u> in big red letters.
② He <u>stepped</u> out of his office for lunch.
③ Two of my front teeth were <u>missing</u>.
④ I <u>wonder</u> if I can use your phone.
⑤ The little girl was as light as a <u>case</u>.

서술형 **1**

04 다음 대화의 밑줄 친 문장과 같은 의미가 되도록 [조건]에 맞게 쓰시오. [3점]

> A: <u>Can you help me?</u>
> B: Sure. What is it?
> A: Can you clean the living room?
> B: No problem.

> [조건] 1. ask와 favor를 반드시 사용할 것
>   2. 6단어의 문장으로 쓸 것

→ _____

서술형 **2**

05 다음 대화의 내용과 일치하도록 아래 글을 완성하시오. [4점]

> Tony: Jina, can you help me find my baseball glove?
> Jina: Sure. I saw it under the table.
> Tony: Really? It's not there anymore.
> Jina: Then I guess Spot took it.
> Tony: Oh, there he is. You bad dog, Spot!

> Tony is looking for his (1) _____ _____. Tony asks Jina to (2) _____ _____ _____ it. She saw it (3) _____ _____ _____, but it is not there anymore. Jina (4) _____ that Spot took it.

06 다음 중 짝 지어진 대화가 <u>어색한</u> 것은? [3점]

① A: Can you help me?
  B: Sure. I'm busy with my homework.
② A: Can you help me clean the board?
  B: No problem.
③ A: I guess you're playing the violin.
  B: You're right.
④ A: Guess what I'm doing.
  B: I guess you're flying a kite.
⑤ A: Did you see my backpack?
  B: Yes, I saw it on the bench.

[07-08] 다음 담화를 읽고, 물음에 답하시오.

> Girl: Good morning, classmates! Nine months have passed so fast, and we are almost at the end of this school year. We all had a wonderful year. I guess only a few of us will be in the same class next year. Don't be a stranger. Say hello when we see each other, okay? Thank you.

07 위 담화의 화자에 관한 내용과 일치하지 <u>않는</u> 것은? [3점]

① 학급 친구들과 9개월 동안 함께 공부했다.

② 이번 학년의 막바지에 있다.

③ 학급 친구들과 멋진 한 해를 보냈다.

④ 내년에 많은 친구들이 같은 반이 될 거라고 생각한다.

⑤ 학급 친구들에게 서로 만나면 인사하자고 했다.

서술형3

08 Answer the following question in English. [4점]

Q: What does the girl ask her classmates to do?
A: _____

_____

[09-10] 다음 대화를 읽고 물음에 답하시오.

Brian: Mom, I can't find my smartphone.
(1) _____
Mom: Are you sure you lost it inside the house?
Brian: Yes. I just texted my friend a few minutes ago.
Mom: (2) _____
Brian: In the kitchen. (3) _____
Mom: Then I guess you left it somewhere in the kitchen.
Brian: I already checked the kitchen, Mom.
Mom: Well, let's check it again. Oh, here it is. Inside the refrigerator.
Brian: Thanks, Mom. You are the greatest!
Mom: You're welcome, honey.

서술형4

09 위 대화의 빈칸에 알맞은 말을 [보기]에서 골라 쓰시오. [4점]

[보기]
• I was making a sandwich.
• Where were you at the time?
• Can you help me find it?

(1) _____

(2) _____

(3) _____

서술형5

10 What does Brian's mom guess about the smartphone? [4점]

→ _____

_____

11 다음 빈칸에 들어갈 말로 알맞지 <u>않은</u> 것은? [3점]

Do you know _____?

① what her name is

② why was he absent from school

③ how many pets I have

④ what kind of music she likes

⑤ which team won the game

12 다음 밑줄 친 ①~⑤ 중 어법상 <u>틀린</u> 것은? [3점]

Kevin likes ① many kinds of drinks, but he prefers ② to drink ③ hot something. However, he ④ doesn't drink ⑤ anything hot in hot weather.

서술형6

13 다음 우리말을 [조건]에 맞게 영작하시오. [4점]

[조건]   1. 간접의문문을 사용할 것
2. wonder와 bag을 포함한 7단어로 쓸 것

나는 그녀가 이 가방을 어디에서 샀는지 궁금해.

→ _____

서술형7

14 다음 중 어법상 틀린 문장을 <u>모두</u> 찾아 기호를 쓴 후, 문장을 바르게 고쳐 쓰시오. [각 3점]

ⓐ Can you tell me why do you want to become a singer?

ⓑ Do you know when the next train will arrive?

ⓒ I'd like to know what kind of movies you like.

ⓓ Do you remember when you did meet Tom?

(1) (   ) → _____

_____

(2) (   ) → _____

서술형 8

15 다음 인터뷰 질문을 참고하여, 아래 글을 완성하시오.
[각 2점]

> (1) What grade are you in?
> (2) What subject do you like?
> (3) What is your hobby?
> (4) What do you want to be in the future?

> I'm going to interview a new friend, Minji.
> First, I'm going to ask (1) _____.
> Second, I will ask (2) _____.
> Third, I'll ask (3) _____. Lastly,
> I'll ask (4) _____.

16 다음 밑줄 친 ①~⑤ 중 어법상 **틀린** 부분을 바르게 고친 것은? [4점]

> - Do you know ①how high ②is this mountain?
> - Would you like ③to drink ④something cold?
> - I wonder ⑤if you know the answer.

① how high → how deep

② is this mountain → this mountain is

③ to drink → drink

④ something cold → cold something

⑤ if → that

[17-19] 다음 글을 읽고, 물음에 답하시오.

> Mr. Reese, the principal, ran ____ⓐ____ the wet
> playground.
> "Shirley! Shirley! I need your help!"
> Shirley was an eighth grade student at Bakersville
> Middle School. She was also the best detective
> ____ⓑ____ the whole town.
> "(something, there, is, wrong)?" asked Shirley.
> "Someone has stolen the gold medal ____ⓒ____
> the talent show!"

17 윗글의 빈칸 ⓐ~ⓒ에 들어갈 말이 순서대로 짝 지어진 것은? [3점]

① away – at – for ② away – in – with

③ over – at – for ④ across – at – with

⑤ across – in – for

서술형 9

18 윗글의 괄호 안의 단어들을 어법에 맞게 바르게 배열하여 쓰시오. [3점]

→ _____ ?

19 According to the above text, which one is **NOT** correct? [4점]

① Mr. Reese is the principal at Bakersville Middle
School.

② Mr. Reese asked Shirley for help.

③ Shirley helped Mr. Reese many times.

④ Shirley was known as the best detective in the
town.

⑤ The gold medal for the talent show was stolen.

[20-22] 다음 글을 읽고, 물음에 답하시오.

> ① Mr. Reese took Shirley to the scene of the crime.
> There was a case with a broken window. The silver
> and bronze medals were still there. ② But the gold
> medal was missing. ③ There was a poem in it's
> place.
> Tomorrow is the talent show.
> Where did the gold medal go?
> Look high and low.
> You can't catch me. You're too slow.
> Shirley asked, "Could you tell me ____ⓐ____ this
> happened?"
> "A little after nine last night. I was making my
> rounds ____ⓑ____ I heard a scream. ④ I rushed over
> and found Jocelyn and the case like this."
> "⑤ I wonder who else here last night."
> "Sylvia and Harry. They were also practicing for
> the talent show. I'll call them to my office."

20 윗글의 밑줄 친 ①~⑤ 중 어법상 <u>틀린</u> 문장의 개수는? [4점]

① 0개　　② 1개　　③ 2개　　④ 3개　　⑤ 4개

21 윗글의 빈칸 ⓐ와 ⓑ에 공통으로 들어갈 말로 알맞은 것은? [3점]

① who　　　② why　　　③ when
④ how　　　⑤ where

22 윗글을 읽고 답할 수 <u>없는</u> 질문은? [4점]

① Where did Mr. Reese take Shirley?
② What was in the gold medal's place?
③ Who took the gold medal?
④ Who heard a scream?
⑤ What were Sylvia and Harry doing last night?

서술형 **10**

23 다음 글을 읽고, 주어진 질문에 완전한 영어 문장으로 답하시오. [각 3점]

> Next was an eighth grade student, Sylvia. She was tall with long black hair. She said, "I was reading my poem aloud in the classroom. I heard a scream and went outside. There was a girl next to the case. With the flash from the lightning, it was like a horror movie. I got scared so I ran straight home."
>
> "Did you hear the window break?"
>
> "No, the thunder was too loud. Well, I didn't do it. I was going to win first place anyway."

(1) What was Sylvia doing in the classroom?

→ _____

(2) What did Sylvia see when she went outside the classroom?

→ _____

(3) Why didn't Sylvia hear the window break?

→ _____

[24-25] 다음 글을 읽고, 물음에 답하시오.

> Harry, a seventh grader, had short blond hair. He said, "Hey, you got the wrong guy. I was practicing my dance moves. I went home a little before nine. I didn't take one step outside the classroom until then."
> 　(A) "How could I? My music was really loud."
> 　(B) "Did you hear anything strange?"
> 　(C) "Did you see anyone on the way home?"
> 　(D) "No, I heard someone singing really badly, but I didn't see anyone."
> 　Shirley said, "ⓐI don't need to hear anymore." Then she turned to the thief.
> 　"Why don't you bring the medal back before you get into some real trouble?"

24 자연스러운 글이 되도록 (A)~(D)를 순서대로 배열한 것은? [3점]

① (B)-(A)-(C)-(D)　　② (B)-(C)-(D)-(A)
③ (C)-(A)-(B)-(D)　　④ (C)-(B)-(D)-(A)
⑤ (D)-(C)-(B)-(A)

서술형 **11**

25 윗글의 밑줄 친 ⓐ의 이유를 우리말로 쓰시오. [4점]

→ _____

● 틀린 문항을 표시해 보세요.

〈제1회〉 대표 기출로 내신 **적중** 모의고사　　총점 _____ / 100

문항	영역	문항	영역	문항	영역
01	p.86(W)	10	p.91(L&S)	19	pp.106-108(R)
02	p.86(W)	11	p.99(G)	20	pp.106-108(R)
03	p.84(W)	12	p.98(G)	21	pp.106-108(R)
04	p.89(L&S)	13	pp.98-99(G)	22	pp.106-108(R)
05	p.91(L&S)	14	p.99(G)	23	pp.106-108(R)
06	p.89(L&S)	15	pp.106-108(R)	24	pp.106-108(R)
07	p.89(L&S)	16	pp.106-108(R)	25	p.124(M)
08	p.90(L&S)	17	pp.106-108(R)		
09	p.91(L&S)	18	pp.106-108(R)		

〈제2회〉 대표 기출로 내신 **적중** 모의고사　　총점 _____ / 100

문항	영역	문항	영역	문항	영역
01	p.86(W)	10	p.91(L&S)	19	pp.106-108(R)
02	p.84(W)	11	p.98(G)	20	pp.106-108(R)
03	p.86(W)	12	p.98(G)	21	pp.106-108(R)
04	p.91(L&S)	13	p.99(G)	22	pp.106-108(R)
05	p.90(L&S)	14	p.98(G)	23	pp.106-108(R)
06	p.89(L&S)	15	p.99(G)	24	pp.106-108(R)
07	p.90(L&S)	16	pp.98-99(G)	25	pp.106-108(R)
08	p.90(L&S)	17	p.99(G)		
09	p.91(L&S)	18	pp.106-108(R)		

〈제3회〉 대표 기출로 내신 **적중** 모의고사　　총점 _____ / 100

문항	영역	문항	영역	문항	영역
01	p.86(W)	10	p.91(L&S)	19	pp.106-108(R)
02	p.86(W)	11	p.91(L&S)	20	pp.106-108(R)
03	p.86(W)	12	p.98(G)	21	pp.106-108(R)
04	p.90(L&S)	13	pp.98-99(G)	22	pp.106-108(R)
05	p.89(L&S)	14	pp.98-99(G)	23	pp.106-108(R)
06	p.90(L&S)	15	p.99(G)	24	pp.106-108(R)
07	p.90(L&S)	16	p.99(G)	25	pp.106-108(R)
08	p.90(L&S)	17	p.98(G)		
09	p.90(L&S)	18	pp.106-108(R)		

〈제4회〉 고난도로 내신 **적중** 모의고사　　총점 _____ / 100

문항	영역	문항	영역	문항	영역
01	p.84(W)	10	p.91(L&S)	19	pp.106-108(R)
02	p.86(W)	11	p.99(G)	20	pp.106-108(R)
03	p.84(W)	12	p.98(G)	21	pp.106-108(R)
04	p.89(L&S)	13	p.99(G)	22	pp.106-108(R)
05	p.90(L&S)	14	p.99(G)	23	pp.106-108(R)
06	p.89(L&S)	15	p.99(G)	24	pp.106-108(R)
07	p.91(L&S)	16	pp.98-99(G)	25	pp.106-108(R)
08	p.91(L&S)	17	pp.106-108(R)		
09	p.91(L&S)	18	pp.106-108(R)		

● 부족한 영역을 점검해 보고 어떻게 더 학습할지 학습 계획을 적어 보세요.

오답 공략
부족한 영역
학습 계획

오답 공략
부족한 영역
학습 계획

오답 공략
부족한 영역
학습 계획

오답 공략
부족한 영역
학습 계획

Special
Lesson

2

Frindle

| 주요
학습 내용 | 재귀대명사 | "When did I agree?" he said to **himself**.
("내가 언제 동의했지?" 그는 혼잣말을 했다.) |
| | 5형식 동사＋목적어＋형용사 | Nick's classmates **found this funny** and began to use the word more and
more. (Nick의 학급 친구들은 이것을 재미있어 했고 더더욱 그 단어를 사용하기 시작했다.) |

학습 단계 PREVIEW	STEP **A**	Words	Reading
	STEP **B**	Words	Reading
	내신 **적중** 모의고사	제 **1** 회	제 **2** 회

Words

만점 노트

Reading

☐☐ article	명 (신문의) 기사	
☐☐ bark	동 (개가) 짖다	
☐☐ be over	끝나다	
☐☐ borrow	동 빌리다 (↔ lend 빌려주다)	
☐☐ by the time	~할 때까지(는), ~할 무렵에(는)	
☐☐ choice ☆	명 선택권, 선택	
☐☐ cover	동 1. 보도하다 2. 덮다	
☐☐ date	동 날짜를 적다 명 날짜	
☐☐ dictionary☆	명 사전	
☐☐ entire	형 전체의 (= whole)	
☐☐ envelope	명 봉투	
☐☐ extra	형 여분의, 추가의	
☐☐ forget	동 잊어버리다	
☐☐ graduate	동 졸업하다	
☐☐ hate	동 몹시 싫어하다	
☐☐ have no choice	선택의 여지가 없다, 대안이 없다	

☐☐ local	형 지역의, 현지의	
☐☐ look up☆	~을 (사전 등에서) 찾아보다	
☐☐ more and more	더더욱, 점점 더	
☐☐ nearby	형 인근의, 가까이의	
☐☐ out of hand☆	손을 쓸 수 없는	
☐☐ package	명 소포	
☐☐ perfectly	부 완벽하게 (= completely)	
☐☐ pleased	형 기쁜, 기뻐하는	
☐☐ punish	동 처벌하다, 벌주다	
☐☐ receive	동 받다	
☐☐ satisfied	형 만족하는, 받아들이는	
☐☐ shortly after	곧, 금세	
☐☐ signature☆	명 서명	
☐☐ situation☆	명 상황	
☐☐ spread☆	동 퍼지다, 확산되다	
☐☐ vocabulary☆	명 어휘	

Project

☐☐ all over the country	전국에(서)	
☐☐ bad guy	악당, 악역	
☐☐ fail	동 실패하다	

☐☐ name☆	동 이름을 지어 주다	
☐☐ realize☆	동 깨닫다	
☐☐ wonder	동 궁금하다, 궁금해하다	

영어 뜻풀이

☐☐ bark	(개가) 짖다	(of a dog) to make a short loud sound
☐☐ cover	보도하다	to report the news about a particular event
☐☐ date	날짜를 적다	to write the date on something
☐☐ entire	전체의	including everything, complete or full
☐☐ envelope	봉투	a paper container for letters, cards, etc.
☐☐ extra	여분의, 추가의	more than is usual or necessary
☐☐ local	지역의, 현지의	belonging to a particular area
☐☐ nearby	인근의, 가까이의	not far away
☐☐ package	소포	a box, bag, etc. that is sent or delivered
☐☐ punish	처벌하다, 벌주다	to make somebody suffer for doing something wrong
☐☐ signature	서명	your name as you usually write it
☐☐ situation	상황	the facts and events that affect you; a state of affairs
☐☐ spread	퍼지다, 확산되다	to affect a large area or more people
☐☐ vocabulary	어휘	the words that a person knows and uses

Words
연습 문제

A 다음 단어의 우리말 뜻을 쓰시오.

01 package _____

02 entire _____

03 nearby _____

04 punish _____

05 signature _____

06 vocabulary _____

07 situation _____

08 article _____

09 satisfied _____

10 spread _____

B 다음 우리말에 해당하는 영어 단어를 쓰시오.

11 지역의, 현지의 _____

12 봉투 _____

13 사전 _____

14 날짜를 적다, 날짜 _____

15 기쁜, 기뻐하는 _____

16 이름을 지어 주다 _____

17 깨닫다 _____

18 선택권, 선택 _____

19 (개가) 짖다 _____

20 몹시 싫어하다 _____

C 다음 영어 표현의 우리말 뜻을 쓰시오.

01 out of hand _____

02 have no choice _____

03 all over the country _____

04 look up _____

D 다음 뜻풀이에 알맞은 말을 [보기]에서 골라 쓴 후, 우리말 뜻을 쓰시오.

[보기]	cover	extra	spread	local	envelope

01 _____ : belonging to a particular area : _____

02 _____ : more than is usual or necessary : _____

03 _____ : a paper container for letters, cards, etc. : _____

04 _____ : to report the news about a particular event : _____

05 _____ : to affect a large area or more people : _____

E 다음 우리말과 같도록 빈칸에 알맞은 말을 쓰시오.

01 다행히 구급차가 곧 도착했다. → Luckily an ambulance arrived _____ _____.

02 사전에서 그 단어의 의미를 찾아봐. → _____ _____ the meaning of the word in the dictionary.

03 우리는 일이 손을 쓸 수 없게 되기 전에 떠났다. → We left before things got _____ _____ _____.

04 점점 더 많은 사람들이 도시로 이사했다. → _____ _____ _____ people moved to the cities.

01 다음 영어 뜻풀이에 해당하는 단어로 알맞은 것은?

> to make somebody suffer for doing something wrong

① hate   ② receive   ③ punish
④ realize   ⑤ spread

02 다음 빈칸에 들어갈 말로 알맞은 것은?

> She went to the post office to mail a(n) _____.

① choice   ② article   ③ package
④ date   ⑤ vocabulary

03 다음 밑줄 친 단어와 바꿔 쓸 수 있는 것은?

> I can eat an entire pizza by myself.

① whole   ② nearby   ③ satisfied
④ pleased   ⑤ extra

고
난도
04 다음 문장의 밑줄 친 단어와 같은 의미로 쓰인 것은?

> He went to Italy to cover the World Cup.

① She covered her brother with a blanket.
② Cover the pot and boil the potatoes for 15 minutes.
③ All the furniture was covered in dust.
④ The story wasn't covered on the national news.
⑤ The light was so bright that I had to cover my eyes.

05 다음 중 밑줄 친 부분의 우리말 뜻이 알맞지 <u>않은</u> 것은?

① The party was over by midnight.
(끝났다)
② When you have no choice, just do your best.
(선택의 여지가 없다)
③ I find myself thinking about it more and more.
(점점 더)
④ They are holding special events all over the country.
(전국에서)
⑤ Can you look up the opening time on the website?
(~을 돌보다)

06 다음 문장의 빈칸에 공통으로 들어갈 말을 쓰시오.

> • Please write your full _____ and address on the form.
> • We decided to _____ our dogs Leo and Kay.

→ _____

07 다음 우리말과 같도록 빈칸에 알맞은 말을 쓰시오.

> They let the situation get _____ _____
> _____.
> (그들은 상황을 손 쓸 수 없게 되도록 내버려 두었다.)

Reading
핵심 구문 노트

---

1 재귀대명사

- "When did I agree?" he said to **himself**.
  재귀 용법
- Mina made the cake **herself**.
  강조 용법

"내가 언제 동의했지?"라고 그는 자신에게 말했다.

미나는 직접 케이크를 만들었다.

(1) 형태: 인칭대명사의 소유격이나 목적격에 '-self' 또는 '-selves'를 붙인 형태이다.

	단수	복수
1인칭	myself	ourselves
2인칭	yourself	yourselves
3인칭	himself/herself/itself	themselves

(2) 쓰임

① 재귀 용법: '~ 자신'이라는 뜻으로 문장의 주어와 목적어가 같을 때 목적어 대신 사용한다.
- I'm looking at **myself** in the mirror. 나는 거울 속의 내 모습을 보고 있다.

② 강조 용법: '직접, 스스로'라는 뜻으로 주어나 목적어, 보어를 강조하며 생략할 수 있다.
- Jack fixed his bike **himself**. Jack은 직접 자신의 자전거를 고쳤다.

> **point**
>
> 시험 포인트
>
> 재귀대명사의 쓰임을 구별하는 문제가 자주 출제돼요. 각 재귀대명사의 형태와 쓰임을 정확히 기억하세요.

* **재귀대명사를 포함한 관용 표현**
- by oneself: 혼자, 홀로
- for oneself: 혼자 힘으로, 스스로
- of itself: 저절로
- in itself: 본래

---

2 5형식 동사 + 목적어 + 형용사

- Nick's classmates **found this funny** and began to use the word more and more.
- But this only **made things worse**.

Nick의 학급 친구들은 이것을 재미있어 했고 더더욱 그 단어를 사용하기 시작했다.

하지만 이것은 상황을 더 나쁘게 만들 뿐이었다.

find, make, keep, leave 등의 동사가 5형식 문장에서 쓰일 때 목적격보어로 목적어의 상태를 설명해 주는 형용사가 올 수 있다.

find + 목적어 + 형용사: ~이 …하다는 것을 알게 되다, ~을 …하다고 여기다(생각하다) / make + 목적어 + 형용사: ~을 …하게 만들다

keep + 목적어 + 형용사: ~을 …하게 유지하다 / leave + 목적어 + 형용사: ~을 …한 채로 두다

- I **found this article interesting**. 나는 이 기사가 흥미롭다는 것을 알게 되었다.
- This sweater will **keep you warm**. 이 스웨터는 너를 따뜻하게 해 줄 것이다.

QUICK CHECK

1 다음 빈칸에 알맞은 재귀대명사를 쓰시오.

(1) The boy fell and hurt _____.

(2) Let me introduce _____ to you.

(3) They hid _____ behind a rock.

2 다음 괄호 안에서 알맞은 것을 고르시오.

(1) We found our neighbors (nice / nicely).

(2) You should keep your room (clean / to clean).

(3) Eating a lot of vegetable makes you (health / healthy).

STEP A

Frindle

01 Nick Allen은 5학년이 시작되는 것이 신났지만, 한 가지가 걱정되었다. 그것은 Granger 선생님의 영어 수업이었다.

02 Granger 선생님은 어려운 어휘 수업으로 유명했다.

03 첫 번째 시간에 Granger 선생님은 말씀 하셨다. "모두 좋은 사전을 가지고 있어야 해요.

04 여러분은 사전에서 새 단어의 뜻을 찾을 수 있어요."

05 "Granger 선생님? 누가 단어의 뜻을 정 하나요?

06 제 말은, '개'는 짖는 동물을 뜻한다고 누가 정했나요?" Nick이 물었다.

07 "네가 그랬지, Nick. 너와 나, 그리고 온 마을과 나라가 말이야.

08 우리 모두가 동의했단다.

09 그게 그 단어에게 의미를 부여하는 거야."

10 Nick은 마음에 들지 않았다.

11 "내가 언제 동의했지?" 그는 혼잣말을 했다.

12 집에 가는 길에, 그는 Granger 선생님의 생각을 시험하기로 결심했다.

13 그는 펜을 하나 꺼내서 말했다. "오늘부터, 이것은 'frindle'이야."

14 그 다음날, Nick은 다섯 명의 친구들에게 단어 'frindle'을 사용해 달라고 부탁했다.

15 수업 중에, Nick이 말했다. "Granger 선 생님, 오늘 'frindle'을 빠뜨리고 왔어요."

Frindle

01 Nick Allen was excited about starting fifth grade, but he was worried
be excited about: ~에 신이 나다   be worried about: ~을 걱정하다

about one thing — Mrs. Granger's English class.

02 Mrs. Granger was famous for her difficult vocabulary lessons.
be famous for: ~으로 유명하다

03 In the first class, Mrs. Granger said, "Everyone should have a good
~해야 한다
(의무를 나타내는 조동사)

dictionary.

04 You can look up the meanings of new words in it."
~을 (사전 등에서) 찾아보다   앞 문장의 a good dictionary를 가리킴

05 "Mrs. Granger? Who decides the meanings of words?
「의문사(주어)+동사+목적어?」의 어순으로 쓰인 의문문

06 I mean, who decided that 'dog' means an animal [that barks]?"
의문사   목적어 역할을 하는   선행사   주격 관계대명사
명사절을 이끄는 접속사

Nick asked.

07 "You did, Nick. You, me, and the entire town and country.
= decided   형 전체의

08 We all agreed.

09 That gives the word its meaning."
주어(That)+수여동사(gives)+간접목적어(the word)+직접목적어(its meaning) 〈4형식〉
= 주어(That)+수여동사(gives)+직접목적어(its meaning)+to+간접목적어(the word) 〈3형식〉

10 Nick wasn't satisfied.

11 "When did I agree?" he said to himself.
전치사 to의 목적어로 쓰인 재귀대명사
→ 주어와 같은 대상을 가리킴 (재귀 용법)
say to oneself: 혼잣말을 하다

12 On the way home, he decided to test Mrs. Granger's idea.
on the(one's) way: decide는 to부정사를 목적어로 취하는 동사
~에 가는 길에

13 He took out a pen and said, "From today, this is a frindle."

14 The next day, he asked five friends to use the word frindle.
ask+목적어+to부정사: ~에게 …을 부탁하다

15 During class, Nick said, "Mrs. Granger, I forgot my frindle today."
전 ~ 동안

16 His friend, John, held up a pen and said, "I have an extra *frindle*.
= 콤마(,)로 연결된 동격 관계   (형) 여분의

16 Nick의 친구인 John이 펜을 하나 들고서는 말했다. "내가 여분의 'frindle'이 있어.

17 Do you want to borrow my *frindle*?"

17 내 'frindle'을 빌리고 싶니?"

18 Mrs. Granger was not pleased.

18 Granger 선생님은 즐거워하지 않으셨다.

19 She said, "Your new word is cute, but it already has a perfectly good name
아이들이 'frindle'이라고   (부) 완벽하게
부른 물건(펜)을 가리킴   (형용사 good을 수식함)
— a pen."

19 선생님이 말씀하셨다. "너희들의 새 단어는 귀엽지만, 그건 이미 'pen'이라는 완벽하게 좋은 이름이 있단다."

20 Nick's classmates found this funny and began to use the word more and
등위접속사 and로 연결된 병렬 구조
find+목적어(this)+형용사(funny) :   명사적 용법의 to부정사(목적어 역할)
~을 …하다고 여기다(생각하다)
more.

20 Nick의 학급 친구들은 이것을 재미있어 했고 더더욱 그 단어를 사용하기 시작했다.

21 In just three days, it became the cool word at school.
단어 'frindle'을 가리킴
(전) ~만에, ~ 후에 (시간의 경과를 나타냄)   (형) 멋진

21 단지 3일 만에, 그것은 학교에서 멋진 단어가 되었다.

22 Mrs. Granger said to Nick after class, "This is getting out of hand.
손을 쓸 수 없는

22 Granger 선생님은 수업 후에 Nick에게 말씀하셨다. "점점 손을 쓸 수 없게 되어 가는구나.

stop+동명사: ~하는 것을 멈추다
(cf. stop+to부정사: ~하기 위해 멈추다)

23 Can you tell your friends to stop saying *frindle*?"
tell+목적어(your friends)+to부정사(to stop): ~에게 …하라고 말하다

23 네 친구들에게 'frindle'을 말하는 것을 멈춰 달라고 말해 줄래?"

24 "I'm sorry, but I can't stop it.
'친구들이 frindle이라는 단어를 말하는 것'을 가리킴

24 "죄송하지만, 멈추게 할 수가 없어요.

25 It started as my word, but now it's the students' word."
단어 'frindle'을 가리킴

25 그건 제 단어로 시작됐지만, 이제 그건 학생들의 단어예요."

26 "Very well. Then I have no choice."
선택의 여지가 없다, 대안이 없다

26 "좋아. 그러면 선택의 여지가 없구나."

ask+목적어+to부정사   (to)

27 Mrs. Granger took out an envelope and asked Nick to sign and date the
등위접속사 and로 연결된 병렬 구조   등위접속사 and로
연결된 병렬 구조
back.

27 Granger 선생님은 봉투를 하나 꺼내시더니 Nick에게 뒷면에 서명을 하고 날짜를 적게 하셨다.

시간을 나타내는 접속사   be over: 끝나다

28 She said, "I'll give this letter to you when all this is over."
= give you this letter   시간의 부사절에서는 의미상 미래의
일이더라도 현재시제로 씀

28 선생님은 말씀하셨다. "이 모든 것이 끝나면 내가 이 편지를 너에게 줄게."

29 Nick thought, "She really hates me."

29 Nick은 생각했다. "선생님은 내가 정말 싫으신가 봐."

30 다음 주에, Granger 선생님은 'frindle' 과의 전쟁을 시작하셨다.

30 Next week, Mrs. Granger began a war with *frindle*.

31 선생님은 그 단어를 사용한다면 어떤 학생이든 벌을 줄 것이라고 말씀하셨다.

31 She said that she would punish any student for using it.
단어 'frindle'을 가리킴
조동사 will의 과거형 (주절의 동사 said(과거시제)와 시제 일치)

32 하지만 이것은 상황을 더 나쁘게 만들 뿐이었다.

앞 문장 전체를 가리킴   형용사 bad의 비교급
32 But this only made things worse.
make+목적어(things)+형용사(worse): ~을 …하게 만들다

33 학생들은 그 단어를 더더욱 사용하고 싶어했다.

33 The students wanted to use the word more and more.
want는 to부정사를 목적어로 취하는 동사

34 'frindle'은 근처의 중학교와 고등학교로 빠르게 퍼져 나갔다.

34 *Frindle* quickly spread to nearby middle and high schools.
⑧ 퍼지다, 확산되다

35 곧, 지역 신문 기자가 그 상황에 관한 기사를 썼고, 마을의 모든 사람들이 그것에 관해 알게 되었다.

35 Shortly after, a local newspaper reporter wrote an article on the situation
⑪ ~에 관한

and everyone in town knew about it.

36 한 달 후에, 한 전국 텔레비전 방송국에서 그 소식을 다루었고, 모든 사람들이 'frindle'에 관해 알게 되었다.

36 A month later, a national television station covered the news and everyone
⑱ 전국적인   cover ⑧ 보도하다

found out about *frindle*.
find out about: ~에 대해 알게 되다

37 Nick이 초등학교를 졸업할 때쯤에는, 이 나라의 대부분의 학생들이 그 단어를 사용했다.

37 By the time Nick graduated from elementary school, most students in the
~할 때까지(는),   graduate from: ~을 졸업하다   ⑱ 대부분의
~할 무렵에(는)
country used the word.

38 시간은 흘러 Nick은 21살이 되었다.

38 Time flew by and Nick turned 21.
시간이 빨리 지나갔다   turn+나이(숫자): ~살이 되다

39 어느 날, Nick은 소포를 하나 받았다.

39 One day, he received a package.

40 소포 안에서 그는 펜 한 자루, 봉투 한 장, 그리고 사전 한 권을 발견했다.

앞 문장의 a package를 가리킴
40 Inside it, he found a pen, an envelope and a dictionary.
셋 이상을 나열할 때는 마지막 단어 앞에만 and를 사용함

41 봉투에는 5학년 때의 그의 서명이 있었다.

41 The envelope had his signature from fifth grade.

42 사전에는 노란색 쪽지가 있었다.

42 The dictionary had a yellow note.
⑱ 쪽지

43 "541쪽을 확인해 봐."라고 적혀 있었다.

43 It said, "Check page 541."

빈칸 채우기

우리말 뜻과 일치하도록 교과서 본문의 문장을 완성하시오.

중요 문장

01 Nick Allen _____ _____ _____ starting fifth grade, but he was worried about one thing — Mrs. Granger's English class.

02 Mrs. Granger _____ _____ _____ her difficult vocabulary lessons.

03 In the first class, Mrs. Granger said, "Everyone should _____ _____ _____ _____.

04 You can _____ _____ the meanings of new words in it."

05 "Mrs. Granger? _____ _____ the meanings of words?

06 I mean, who decided that 'dog' means _____ _____ _____ _____?" Nick asked.

07 "You did, Nick. You, me, and the _____ _____ and country.

08 We _____ _____.

09 That _____ the word its meaning."

10 Nick wasn't _____.

11 "When did I agree?" he _____ _____ _____.

12 On the way home, he decided _____ _____ Mrs. Granger's idea.

13 He _____ _____ a pen and said, "From today, this is a *frindle*."

14 The next day, he asked five friends _____ _____ _____ _____ *frindle*.

15 _____ class, Nick said, "Mrs. Granger, I forgot my *frindle* today."

16 His friend, John, held up a pen and said, "I have an _____ *frindle*.

17 Do you want to _____ my *frindle*?"

18 Mrs. Granger _____ _____ _____.

19 She said, "Your new word is cute, but _____ _____ _____ a perfectly good name — a pen."

20 Nick's classmates _____ _____ _____ and began to use the word more and more.

01 Nick Allen은 5학년이 시작되는 것이 신났지만, 한 가지가 걱정되었다. 그것은 Granger 선생님의 영어 수업이었다.

02 Granger 선생님은 어려운 어휘 수업으로 유명했다.

03 첫 번째 시간에 Granger 선생님은 말씀하셨다. "모두 좋은 사전을 가지고 있어야 해요.

04 여러분은 사전에서 새 단어의 뜻을 찾을 수 있어요."

05 "Granger 선생님? 누가 단어의 뜻을 정하나요?

06 제 말은, '개'는 짖는 동물을 뜻한다고 누가 정했나요?" Nick이 물었다.

07 "네가 그랬지, Nick. 너와 나, 그리고 온 마을과 나라가 말이야.

08 우리 모두가 동의했단다.

09 그게 그 단어에게 의미를 부여하는 거야."

10 Nick은 마음에 들지 않았다.

11 "내가 언제 동의했지?" 그는 혼잣말을 했다.

12 집에 가는 길에, 그는 Granger 선생님의 생각을 시험하기로 결심했다.

13 그는 펜을 하나 꺼내서 말했다. "오늘부터, 이것은 'frindle'이야."

14 그 다음날, Nick은 다섯 명의 친구들에게 단어 'frindle'을 사용해 달라고 부탁했다.

15 수업 중에, Nick이 말했다. "Granger 선생님, 오늘 'frindle'을 빠뜨리고 왔어요."

16 Nick의 친구인 John이 펜을 하나 들고서는 말했다. "내가 여분의 'frindle'이 있어.

17 내 'frindle'을 빌리고 싶니?"

18 Granger 선생님은 즐거워하지 않으셨다.

19 선생님이 말씀하셨다. "너희들의 새 단어는 귀엽지만, 그건 이미 'pen'이라는 완벽하게 좋은 이름이 있단다."

20 Nick의 학급 친구들은 이것을 재미있어 했고 더더욱 그 단어를 사용하기 시작했다.

21 In just three days, it became the _____ _____ at school.

22 Mrs. Granger said to Nick after class, "This is _____ _____ _____ _____.

23 Can you tell your friends _____ _____ saying *frindle*?"

24 "I'm sorry, but I _____ _____ it.

25 It _____ _____ my word, but now it's the students' word."

26 "Very well. Then I _____ _____ _____."

27 Mrs. Granger _____ _____ _____ _____ and asked Nick to sign and date the back.

28 She said, "I'll give this letter to you when all this _____ _____."

29 Nick thought, "She really _____ _____."

30 Next week, Mrs. Granger _____ _____ _____ with *frindle*.

31 She said that she would _____ _____ _____ for using it.

32 But this only _____ _____ _____.

33 The students wanted to use the word _____ _____ _____.

34 *Frindle* quickly _____ to nearby middle and high schools.

35 Shortly after, a local newspaper reporter _____ _____ _____ on the situation and everyone in town knew about it.

36 A month later, a national television station covered the news and everyone _____ _____ about *frindle*.

37 _____ _____ _____ Nick graduated from elementary school, most students in the country used the word.

38 _____ _____ _____ and Nick turned 21.

39 One day, he _____ _____ _____.

40 _____ _____, he found a pen, an envelope and a dictionary.

41 The envelope had his signature from _____ _____.

42 The dictionary had a _____ _____.

43 It _____, "Check page 541."

---

21 단지 3일 만에, 그것은 학교에서 멋진 단어가 되었다.

22 Granger 선생님은 수업 후에 Nick에게 말씀하셨다. "점점 손을 쓸 수 없게 되어 가는구나.

23 네 친구들에게 'frindle'을 말하는 것을 멈춰 달라고 말해 줄래?"

24 "죄송하지만, 멈추게 할 수가 없어요.

25 그건 제 단어로 시작됐지만, 이제 그건 학생들의 단어예요."

26 "좋아. 그러면 선택의 여지가 없구나."

27 Granger 선생님은 봉투를 하나 꺼내시더니 Nick에게 뒷면에 서명을 하고 날짜를 적게 하셨다.

28 선생님은 말씀하셨다. "이 모든 것이 끝나면 내가 이 편지를 너에게 줄게."

29 Nick은 생각했다. "선생님은 내가 정말 싫으신가 봐."

30 다음 주에, Granger 선생님은 'frindle'과의 전쟁을 시작하셨다.

31 선생님은 그 단어를 사용한다면 어떤 학생이든 벌을 줄 것이라고 말씀하셨다.

32 하지만 이것은 상황을 더 나쁘게 만들 뿐이었다.

33 학생들은 그 단어를 더더욱 사용하고 싶어 했다.

34 'frindle'은 근처의 중학교와 고등학교로 빠르게 퍼져 나갔다.

35 곧, 지역 신문 기자가 그 상황에 관한 기사를 썼고, 마을의 모든 사람들이 그것에 관해 알게 되었다.

36 한 달 후에, 한 전국 텔레비전 방송국에서 그 소식을 다루었고, 모든 사람들이 'frindle'에 관해 알게 되었다.

37 Nick이 초등학교를 졸업할 때쯤에는, 이 나라의 대부분의 학생들이 그 단어를 사용했다.

38 시간이 빨리 지나갔고 Nick은 21살이 되었다.

39 어느 날, Nick은 소포를 하나 받았다.

40 그것(소포) 안에서 그는 펜 한 자루, 봉투 한 장, 그리고 사전 한 권을 발견했다.

41 봉투에는 5학년 때의 그의 서명이 있었다.

42 사전에는 노란색 쪽지가 있었다.

43 "541쪽을 확인해 봐."라고 적혀 있었다.

바른 어휘 · 어법 고르기

글의 내용과 문장의 어법에 맞게 괄호 안에서 알맞은 어휘를 고르시오.

01   Nick Allen was excited about (to start / starting) fifth grade, but he was (excited / worried) about one thing — Mrs. Granger's English class.

02   Mrs. Granger was famous (of / for) her difficult vocabulary lessons.

03   In the first class, Mrs. Granger said, "(Everyone / No one) should have a good dictionary.

04   You can (look after / look up) the meanings of new words in it."

05   "Mrs. Granger? Who decides the (spellings / meanings) of words?

06   I mean, who decided that 'dog' means an animal (that / what) barks?" Nick asked.

07   "You did, Nick. You, me, (and / but) the entire town and country.

08   We all (agreed / disagreed).

09   That (give / gives) the word its meaning."

10   Nick wasn't (satisfied / satisfy).

11   "When did I agree?" he said to (oneself / himself).

12   On the way home, he decided (tested / to test) Mrs. Granger's idea.

13   He took out a pen and said, "(From / To) today, this is a *frindle*."

14   The next day, he asked five friends (using / to use) the word *frindle*.

15   (During / When) class, Nick said, "Mrs. Granger, I forgot my *frindle* today."

16   His friend, John, (held over / held up) a pen and said, "I have an extra *frindle*.

17   Do you want to (borrow / lend) my *frindle*?"

18   Mrs. Granger was not (pleasing / pleased).

19   She said, "Your new word is cute, but it already has a (perfection / perfectly) good name — a pen."

20   Nick's classmates found this (funny / boring) and began to use the word more and more.

21   In just three days, it became the (cool / bad) word at school.

22 Mrs. Granger said to Nick after class, "This is getting (in / out) of hand.

23 Can you tell your friends to stop (to say / saying) *frindle*?"

24 "I'm sorry, but I (can't / can) stop it.

25 It started (as / to) my word, but now it's the students' word."

26 "Very well. Then I have (a / no) choice."

27 Mrs. Granger took out an envelope and asked Nick (sign / to sign) and date the back.

28 She said, "I'll give this letter to you (where / when) all this is over."

29 Nick thought, "She really (hate / hates) me."

30 Next week, Mrs. Granger began a war (with / by) *frindle*.

31 She said that she would punish any student for using (them / it).

32 But this only made things (worse / better).

33 The students wanted to use the word more and (more / less).

34 *Frindle* quickly spread (to / from) nearby middle and high schools.

35 Shortly after, a local newspaper reporter wrote an article on the situation and everyone in town (knew / knows) about it.

36 A month later, a national television station covered the news and everyone (turned out / found out) about *frindle*.

37 By the time Nick graduated from elementary school, most students in the country (forgot / used) the word.

38 Time flew by and Nick (returned / turned) 21.

39 (One / The other) day, he received a package.

40 (Outside / Inside) it, he found a pen, an envelope and a dictionary.

41 The envelope had his signature (from / as) fifth grade.

42 The dictionary had a yellow (word / note).

43 It (said / written), "Check page 541."

틀린 문장 고치기

밑줄 친 부분이 내용이나 어법상 바르면 ○, 어색하면 ×에 표시하고 고쳐 쓰시오.

01 Nick Allen <u>excited</u> about starting fifth grade, but he was worried about one thing
— Mrs. Granger's English class. ○ ×

02 Mrs. Granger was famous for her <u>difficulty</u> vocabulary lessons. ○ ×

03 In the first class, Mrs. Granger said, "Everyone should <u>has</u> a good dictionary. ○ ×

04 You <u>can look up</u> the meanings of new words in it." ○ ×

05 "Mrs. Granger? Who <u>decide</u> the meanings of words? ○ ×

06 I mean, who decided that 'dog' <u>meanings</u> an animal that barks?" Nick asked. ○ ×

07 "You did, Nick. You, me, and the <u>entire</u> town and country. ○ ×

08 We all <u>disagreed</u>. ○ ×

09 That gives the word <u>their</u> meaning." ○ ×

10 Nick wasn't <u>satisfied</u>. ○ ×

11 "When did I agree?" he said to <u>him</u>. ○ ×

12 <u>On the way home</u>, he decided to test Mrs. Granger's idea. ○ ×

13 He took out a pen and said, "From today, <u>that</u> is a *frindle*." ○ ×

14 The next day, he <u>asked to use five friends</u> the word *frindle*. ○ ×

15 During class, Nick said, "Mrs. Granger, I forgot <u>mine</u> *frindle* today." ○ ×

16 His friend, John, held up a pen and <u>said</u>, "I have an extra *frindle*. ○ ×

17 Do you want to <u>lend</u> my *frindle*?" ○ ×

18 Mrs. Granger was not <u>pleased</u>. ○ ×

19 She said, "Your <u>old</u> word is cute, but it already has a perfectly good name — a pen." ○ ×

20 Nick's classmates <u>found funny this</u> and began to use the word more or more. ○ ×

21 In just three days, it became the <u>cool</u> word at school.   ○ ✕

22 Mrs. Granger said to Nick after class, "This is getting <u>in hand</u>.   ○ ✕

23 Can you tell your friends to stop <u>to say</u> *frindle*?"   ○ ✕

24 "I'm sorry, <u>but</u> I can't stop it.   ○ ✕

25 It <u>finished</u> as my word, but now it's the students' word."   ○ ✕

26 "Very well. Then I <u>have no choice</u>."   ○ ✕

27 Mrs. Granger took out an envelope and <u>asked Nick signs</u> and date the back.   ○ ✕

28 She said, "I'll give this letter <u>from you</u> when all this is over."   ○ ✕

29 Nick thought, "She <u>real</u> hates me."   ○ ✕

30 Next week, Mrs. Granger <u>stopped</u> a war with *frindle*.   ○ ✕

31 She said that she <u>would punish</u> any student for using it.   ○ ✕

32 But this only <u>made things worse</u>.   ○ ✕

33 The students wanted to use the word <u>no more</u>.   ○ ✕

34 *Frindle* quickly spread to <u>nearly</u> middle and high schools.   ○ ✕

35 Shortly after, a local newspaper reporter wrote <u>an article on</u> the situation and everyone in town knew about it.   ○ ✕

36 A month later, a national television station <u>covers</u> the news and everyone found out about *frindle*.   ○ ✕

37 <u>By the time</u> Nick graduated from elementary school, most students in the country used the word.   ○ ✕

38 Time <u>flew by</u> and Nick turned 21.   ○ ✕

39 One day, he received a <u>package</u>.   ○ ✕

40 Inside <u>them</u>, he found a pen, an envelope and a dictionary.   ○ ✕

41 The envelope had his <u>signature</u> from fifth grade.   ○ ✕

42 The dictionary <u>had</u> a yellow note.   ○ ✕

43 <u>They said</u>, "Check page 541."   ○ ✕

배열로 문장 완성하기

정답 보기 >> 168~170쪽

주어진 단어를 바르게 배열하여 문장을 쓰시오.

01 Nick Allen은 5학년이 시작되는 것이 신났지만, 한 가지가 걱정되었다. 그것은 Granger 선생님의 영어 수업이었다.
(but / Nick Allen / about one thing — Mrs. Granger's English class / about starting fifth grade, / he / was worried / was excited)
→

02 Granger 선생님은 어려운 어휘 수업으로 유명했다. (Mrs. Granger / her difficult vocabulary lessons / was famous for)
→

03 첫 번째 시간에 Granger 선생님은 말씀하셨다. "모두 좋은 사전을 가지고 있어야 해요.
(Mrs. Granger / everyone / a good dictionary / in the first class, / said, / should have)
→

04 여러분은 그것(사전)에서 새 단어의 뜻을 찾을 수 있어요." (the meanings / in it / can look up / you / of new words)
→

05 "Granger 선생님? 누가 단어의 뜻을 정하나요? (decides / Mrs. Granger / the meanings of words / who)
→

06 제 말은, '개'는 짖는 동물을 뜻한다고 누가 정했나요?" Nick이 물었다.
(that / that barks / I mean, / decided / 'dog' means an animal / Nick asked / who)
→

07 "네가 그랬지, Nick. 너와 나, 그리고 온 마을과 나라가 말이야. (you, me, / you did, Nick / and the entire town / and country)
→

08 우리 모두가 동의했단다. (agreed / all / we)
→

09 그게 그 단어에게 의미를 부여하는 거야." (its meaning / that / the word / gives)
→

10 Nick은 마음에 들지 않았다. (Nick / satisfied / wasn't)
→

11 "내가 언제 동의했지?" 그는 혼잣말을 했다. (when / agree / said to / did / I / himself / he)
→

12 집에 가는 길에, 그는 Granger 선생님의 생각을 시험하기로 결심했다.
(he / on the way home, / decided / Mrs. Granger's idea / to test)
→

13 그는 펜을 하나 꺼내서 말했다. "오늘부터, 이것은 'frindle'이야."
(a pen / he / a *frindle* / from today, / took out / and said, / this is)
→

14 그 다음날, 그는 다섯 명의 친구들에게 단어 'frindle'을 사용해 달라고 부탁했다.
(to use / the word *frindle* / the next day, / asked / five friends / he)
→

15 수업 중에, Nick이 말했다. "Granger 선생님, 저는 오늘 'frindle'을 빠뜨리고 왔어요."

(forgot / Nick said, / during class, / today / Mrs. Granger, / I / my *frindle*)

→

16 그의 친구인 John이 펜을 하나 들고서는 말했다. "내가 여분의 'frindle'이 있어.

(held up / his friend, John, / have / a pen / I / an extra *frindle* / and said,)

→

17 너는 내 'frindle'을 빌리고 싶니?" (do / my *frindle* / want / you / to borrow)

→

18 Granger 선생님은 즐거워하지 않으셨다. (was / Mrs. Granger / pleased / not)

→

19 그녀(선생님)는 말씀하셨다. "너희들의 새 단어는 귀엽지만, 그건 이미 'pen'이라는 완벽하게 좋은 이름이 있단다."

(is cute, / she said, / your new word / it / already / a perfectly good name — a pen / has / but)

→

20 Nick의 학급 친구들은 이것을 재미있어 했고 더더욱 그 단어를 사용하기 시작했다.

(funny / more and more / found / to use / Nick's classmates / and / this / began / the word)

→

21 단지 3일 만에, 그것은 학교에서 멋진 단어가 되었다. (became / it / in just three days, / at school / the cool word)

→

22 Granger 선생님은 수업 후에 Nick에게 말씀하셨다. "점점 손을 쓸 수 없게 되어 가는구나.

(said to / after class, / out of hand / Mrs. Granger / Nick / this is getting)

→

23 네 친구들에게 'frindle'을 말하는 것을 멈춰 달라고 말해 줄래?" (tell / can / to stop / saying *frindle* / you / your friends)

→

24 "죄송하지만, 멈추게 할 수가 없어요. (can't / it / but / stop / I'm / sorry, / I)

→

25 그건 제 단어로 시작됐지만, 이제 그건 학생들의 단어예요."

(but / it / as my word, / started / it's / the students' word / now)

→

26 "좋아. 그러면 선택의 여지가 없구나." (then / very well / no choice / I / have)

→

27 Granger 선생님은 봉투를 하나 꺼내시더니 Nick에게 뒷면에 서명을 하고 날짜를 적게 하셨다.

(Nick / an envelope / Mrs. Granger / the back / took out / and / asked / to sign and date)

→

28 그녀(선생님)는 말씀하셨다. "이 모든 것이 끝나면 내가 이 편지를 너에게 줄게."

(this letter / she said, / all this / I'll give / is over / to you / when)

→

29 Nick은 생각했다. "그녀(선생님)는 내가 정말 싫으신가 봐." (really / she / Nick thought, / hates / me)

→

30 다음 주에, Granger 선생님은 'frindle'과의 전쟁을 시작하셨다.

(a war / Mrs. Granger / began / next week, / with *frindle*)

→

31 그녀(선생님)는 그 단어를 사용한다면 어떤 학생이든 벌을 줄 것이라고 말씀하셨다.

(for using it / she said / would punish / any student / she / that)

→

32 하지만 이것은 상황을 더 나쁘게 만들 뿐이었다. (made / things / but / only / this / worse)

→

33 학생들은 그 단어를 더더욱 사용하고 싶어 했다. (to use / the students / more and more / wanted / the word)

→

34 'frindle'은 근처의 중학교와 고등학교로 빠르게 퍼져 나갔다.

(nearby / *Frindle* / spread to / middle and high schools / quickly)

→

35 곧, 지역 신문 기자가 그 상황에 관한 기사를 썼고 마을의 모든 사람들이 그것에 관해 알게 되었다.

(a local newspaper reporter / shortly after, / on the situation / and / knew / about it / wrote an article / everyone in town)

→

36 한 달 후에, 한 전국 텔레비전 방송국에서 그 소식을 다루었고 모든 사람들이 'frindle'에 관해 알게 되었다.

(a national television station / about *frindle* / and / a month later, / everyone / covered / the news / found out)

→

37 Nick이 초등학교를 졸업할 때쯤에는, 이 나라의 대부분의 학생들이 그 단어를 사용했다.

(most students / by the time / elementary school, / graduated from / in the country / used / Nick / the word)

→

38 시간이 빨리 지나갔고 Nick은 21살이 되었다. (time / turned 21 / flew by / Nick / and)

→

39 어느 날, 그는 소포를 하나 받았다. (received / one day, / a package / he)

→

40 그것 안에서 그는 펜 한 자루, 봉투 한 장, 그리고 사전 한 권을 발견했다.

(found / inside it, / a pen, an envelope and a dictionary / he)

→

41 봉투에는 5학년 때의 그의 서명이 있었다. (his signature / the envelope / from fifth grade / had)

→

42 사전에는 노란색 쪽지가 있었다. (a yellow note / the dictionary / had)

→

43 "541쪽을 확인해 봐."라고 적혀 있었다. (page 541 / it said, / check)

→

Reading
실전 TEST

[01-03] 다음 글을 읽고, 물음에 답하시오.

(A) In the first class, Mrs. Granger said, "Everyone should have a good dictionary. You can look up the meanings of new words in it."

"Mrs. Granger? Who ①decides the meanings of words? I mean, who decided ___ⓐ___ 'dog' means an animal ___ⓑ___ barks?" Nick asked.

"You did, Nick. You, me, and the entire town and country. ②We all agreed. That gives the word ③its meaning."

(B) Nick wasn't satisfied. "When did I agree?" he said to ④him.

On the way home, he decided to test Mrs. Granger's idea. He took out a pen and said, "From today, this is a *frindle*."

(C) Nick Allen was excited about ⑤starting fifth grade, but he was worried about one thing — Mrs. Granger's English class. Mrs. Granger was famous for her difficult vocabulary lessons.

01 자연스러운 글이 되도록 윗글의 (A)~(C)를 바르게 배열한 것은?

① (A)–(B)–(C) ② (A)–(C)–(B) ③ (B)–(C)–(A)
④ (C)–(A)–(B) ⑤ (C)–(B)–(A)

02 윗글의 밑줄 친 ①~⑤ 중 어법상 틀린 것은?

①   ②   ③   ④   ⑤

03 윗글의 빈칸 ⓐ와 ⓑ에 공통으로 들어갈 말로 알맞은 것은?

① what   ② which   ③ who
④ that   ⑤ why

[04-05] 다음 글을 읽고, 물음에 답하시오.

The next day, he asked five friends to use ⓐthe word *frindle*. During class, Nick said, "Mrs. Granger, I forgot my *frindle* today." His friend, John, held up a pen and said, "I have an extra *frindle*. Do you want to borrow my *frindle*?" Mrs. Granger was not ___(A)___. She said, "ⓑYour new word is cute, but ©it already has a perfectly good name — a pen."

Nick's classmates found this ___(B)___ and began to use ⓓthe word more and more. In just three days, ⓔit became the cool word at school.

04 윗글의 밑줄 친 ⓐ~ⓔ 중 가리키는 것이 <u>다른</u> 하나는? ^{고/난도}

① ⓐ   ② ⓑ   ③ ©   ④ ⓓ   ⑤ ⓔ

05 윗글의 빈칸 (A)와 (B)에 알맞은 말이 순서대로 짝 지어진 것은?

① lonely – funny   ② lonely – boring
③ pleased – funny   ④ pleased – strange
⑤ afraid – boring

06 다음 글의 ①~⑤ 중 주어진 문장이 들어갈 알맞은 곳은?

Mrs. Granger said to Nick after class, "This is getting out of hand. (①)"

"I'm sorry, but I can't stop it. (②) It started as my word, but now it's the students' word. (③)"

"Very well. (④) Then I have no choice." Mrs. Granger took out an envelope and asked Nick to sign and date the back. She said, "I'll give this letter to you when all this is over. (⑤)"

Nick thought, "She really hates me."

Can you tell your friends to stop saying *frindle*?

①   ②   ③   ④   ⑤

[07-09] 다음 글을 읽고, 물음에 답하시오.

Next week, Mrs. Granger began a war with *frindle*. She said that she would punish any student for using it. But this only made things (A) better / worse . The students wanted to use the word more and more. *Frindle* quickly (B) ran / spread to nearby middle and high schools. Shortly after, a local newspaper reporter wrote an article on the situation and everyone in town knew about it. A month later, a national television station (C) heard / covered the news and everyone found out about *frindle*. _____ⓐ_____ Nick graduated from elementary school, most students in the country used the word.

Time flew by and Nick turned 21. One day, he received a package. Inside it, he found a pen, an envelope and a dictionary. The envelope had his signature from fifth grade. The dictionary had a yellow note. It said, "Check page 541."

07 윗글의 (A)~(C)에 알맞은 말이 순서대로 짝 지어진 것은?

   (A)   (B)   (C)
① better – ran – heard
② better – spread – covered
③ worse – ran – heard
④ worse – spread – heard
⑤ worse – spread – covered

08 윗글의 빈칸 ⓐ에 들어갈 말로 알맞은 것은?

① While   ② Because
③ Every time   ④ By the time
⑤ Even though

09 윗글의 내용과 일치하지 <u>않는</u> 것은?

① Granger 선생님은 단어 'frindle'의 사용을 금지했다.
② 학생들은 단어 'frindle'을 점점 더 많이 사용했다.
③ 'frindle'의 확산은 지역 사회의 관심을 끌지 못했다.
④ 전국의 학생들이 'frindle'이라는 단어를 사용하기에 이르렀다.
⑤ Nick은 21살이 되던 해에 사전이 담긴 소포를 하나 받았다.

 서술형

[10-12] 다음 글을 읽고, 물음에 답하시오.

Nick Allen was excited about starting fifth grade, but he was worried about one thing — Mrs. Granger's English class. Mrs. Granger was famous for her difficult vocabulary lessons.

In the first class, Mrs. Granger said, "Everyone should have a good dictionary. <u>여러분은 그것에서 새 단어의 뜻을 찾을 수 있어요.</u>"

"Mrs. Granger? Who decides the meanings of words? I mean, who decided that 'dog' means an animal that barks?" Nick asked.

"You did, Nick. You, me, and the entire town and country. We all agreed. That gives the word its meaning."

Nick wasn't satisfied. "When did I agree?" he said to himself.

On the way home, he decided to test ⓐ<u>Mrs. Granger's idea</u>. He took out a pen and said, "From today, this is a *frindle*."

10 윗글의 밑줄 친 우리말과 같도록 괄호 안의 표현을 사용하여 문장을 쓰시오.

→ _____
(look up, the meanings, new words)

11 윗글의 밑줄 친 ⓐ의 구체적인 내용을 우리말로 쓰시오.

→ _____

12 윗글의 내용과 일치하도록 주어진 질문에 완전한 영어 문장으로 답하시오.

(1) **Q:** What was Nick worried about?
   A: _____
(2) **Q:** What did Mrs. Granger want everyone to have?
   A: _____
(3) **Q:** What did Nick call a pen?
   A: _____

STEP B
내신 만점을 위한 고득점 TEST 구간

W Words
고득점 맞기

01 다음 중 나머지 넷과 성격이 다른 것은?

① entire ② choice ③ article
④ package ⑤ envelope

02 다음 짝 지어진 두 단어의 관계가 같도록 빈칸에 알맞은 말을 쓰시오.

choose : choice = ＿＿＿＿＿＿ : punishment

03 다음 문장의 빈칸에 공통으로 들어갈 말로 알맞은 것은?

• He ＿＿＿＿ the map out on the desk.
• The news quickly ＿＿＿＿ through the village.

① realized ② spread ③ wondered
④ received ⑤ borrowed

04 다음 중 단어의 영어 뜻풀이가 알맞지 않은 것은?

① bark: (of a dog) to make a short loud sound
② date: to write the date on something
③ envelope: a paper container for letters, cards, etc.
④ vocabulary: the words that a person knows and uses
⑤ punish: to report the news about a particular event

05 다음 중 주어진 영어 뜻풀이에 해당하는 단어가 쓰인 문장은?

the facts and events that affect you; a state of affairs

① The dog always barks at strangers.
② James explained the situation to everyone.
③ Breakfast is provided at no extra charge.
④ I need your signature on the credit card receipt.
⑤ Sue usually meets her friends in a nearby restaurant.

06 다음 중 밑줄 친 단어의 의미가 서로 다른 것끼리 짝 지어진 것은?

① They plan to <u>name</u> the baby Andrew.
  We <u>named</u> our daughter Sarah.
② I <u>wonder</u> if he will come to the party.
  She <u>wondered</u> what that noise was.
③ The politician was <u>punished</u> for lying.
  Parents sometimes <u>punish</u> their children.
④ We <u>covered</u> the sofa with a large blanket.
  She's <u>covering</u> the American election for BBC television.
⑤ Thank you for your letter <u>dated</u> 30 August.
  Make sure you sign and <u>date</u> it at the bottom.

07 다음 문장의 빈칸에 들어갈 단어를 [보기]에서 골라 알맞은 형태로 쓰시오.

[보기]   bark   nearby   situation   borrow

(1) Dan ＿＿＿＿＿＿ a novel from the library yesterday.
(2) Her mother lived in a ＿＿＿＿＿＿ town.
(3) The dog began to ＿＿＿＿＿＿ as she walked to the front door.

영작하기

다음 우리말과 일치하도록 각 문장을 바르게 영작하시오.

01
_____
Nick Allen은 5학년이 시작되는 것이 신났지만, 한 가지가 걱정되었다. 그것은 Granger 선생님의 영어 수업이었다.

02
_____
☆ Granger 선생님은 어려운 어휘 수업으로 유명했다.

03
_____
첫 번째 시간에, Granger 선생님은 말씀하셨다. "모두 좋은 사전을 가지고 있어야 해요.

04
_____
여러분은 그것(사전)에서 새 단어의 뜻을 찾을 수 있어요."

05
_____
"Granger 선생님? 누가 단어의 뜻을 정하나요?

06
_____
제 말은, '개'는 짖는 동물을 뜻한다고 누가 정했나요?" Nick이 물었다.

07
_____
"네가 그랬지, Nick. 너와 나, 그리고 온 마을과 나라가 말이야.

08
_____
우리 모두가 동의했단다.

09
_____
그게 그 단어에게 의미를 부여하는 거야."

10
_____
Nick은 마음에 들지 않았다.

11
_____
☆ "내가 언제 동의했지?" 그는 혼잣말을 했다.

12
_____
집에 가는 길에, 그는 Granger 선생님의 생각을 시험하기로 결심했다.

13
_____
그는 펜을 하나 꺼내서 말했다. "오늘부터, 이것은 'frindle'이야."

14
_____
☆ 그 다음날, 그는 다섯 명의 친구들에게 단어 'frindle'을 사용해 달라고 부탁했다.

15
_____
수업 중에, Nick이 말했다. "Granger 선생님, 저는 오늘 'frindle'을 빠뜨리고 왔어요."

16
_____
그의 친구인 John이 펜을 하나 들고서는 말했다. "내가 여분의 'frindle'이 있어.

17
_____
너는 내 'frindle'을 빌리고 싶니?"

18
_____
Granger 선생님은 즐거워하지 않으셨다.

19
_____
그녀(선생님)는 말씀하셨다. "너희들의 새 단어는 귀엽지만, 그건 이미 'pen'이라는 완벽하게 좋은 이름이 있단다."

20
_____
☆ Nick의 학급 친구들은 이것을 재미있어 했고 더더욱 그 단어를 사용하기 시작했다.

21

단지 3일 만에, 그것은 학교에서 멋진 단어가 되었다.

22

Granger 선생님은 수업 후에 Nick에게 말씀하셨다. "점점 손을 쓸 수 없게 되어 가는구나.

23

네 친구들에게 'frindle'을 말하는 것을 멈춰 달라고 말해 줄래?"

24

"죄송하지만, 저는 그것을 멈추게 할 수가 없어요.

25

그건 제 단어로 시작됐지만, 이제 그건 학생들의 단어예요."

26

"좋아. 그러면 선택의 여지가 없구나."

27

☆ Granger 선생님은 봉투를 하나 꺼내시더니 Nick에게 뒷면에 서명을 하고 날짜를 적게 하셨다.

28

그녀(선생님)는 말씀하셨다. "이 모든 것이 끝나면 내가 이 편지를 너에게 줄게."

29

Nick은 생각했다. "그녀(선생님)는 내가 정말 싫으신가 봐."

30

다음 주에, Granger 선생님은 'frindle'과의 전쟁을 시작하셨다.

31

그녀(선생님)는 그 단어를 사용한다면 어떤 학생이든 벌을 줄 것이라고 말했다.

32

☆ 하지만 이것은 상황을 더 나쁘게 만들 뿐이었다.

33

☆ 학생들은 그 단어를 더더욱 사용하고 싶어 했다.

34

'frindle'은 근처의 중학교와 고등학교로 빠르게 퍼져 나갔다.

35

곧, 지역 신문 기자가 그 상황에 관한 기사를 썼고 마을의 모든 사람들이 그것에 관해 알게 되었다.

36

☆ 한 달 후에, 한 전국 텔레비전 방송국에서 그 소식을 다루었고 모든 사람들이 'frindle'에 관해 알게 되었다.

37

☆ Nick이 초등학교를 졸업할 때쯤에는, 이 나라의 대부분의 학생들이 그 단어를 사용했다.

38

시간이 빨리 지나갔고 Nick은 21살이 되었다.

39

어느 날, 그는 소포를 하나 받았다.

40

☆ 그것 안에서, 그는 펜 한 자루, 봉투 한 장, 그리고 사전 한 권을 발견했다.

41

봉투에는 5학년 때의 그의 서명이 있었다.

42

사전에는 노란색 쪽지가 있었다.

43

"541쪽을 확인해 봐."라고 적혀 있었다.

고득점 맞기

[01-03] 다음 글을 읽고, 물음에 답하시오.

Nick Allen was excited about starting fifth grade, but he was worried about one thing — Mrs. Granger's English class. Mrs. Granger was famous for ____①____ difficult vocabulary lessons.

In the first class, Mrs. Granger said, "Everyone should have a good dictionary. You can ____(A)____ the meanings of new words in it."

"Mrs. Granger? Who decides the meanings of words? I mean, who decided ____②____ 'dog' means an animal that barks?" Nick asked.

"You did, Nick. You, me, and the entire town and country. We all agreed. That gives the word ____③____ meaning."

Nick wasn't satisfied. "When did I agree?" he said to ____④____.

On the way home, he decided to test Mrs. Granger's idea. He took out a pen and said, "From today, ____⑤____ is a *frindle*."

01 윗글의 빈칸 ①~⑤에 들어갈 말로 알맞지 <u>않은</u> 것은?

① her ② that ③ it's
④ himself ⑤ this

02 윗글의 빈칸 (A)에 들어갈 말로 알맞은 것은?

① look up ② look out ③ look after
④ look around ⑤ look up to

03 윗글의 Nick에 대한 설명으로 알맞지 <u>않은</u> 것은?

① 5학년이 되었다.
② Granger 선생님의 영어 수업을 들었다.
③ 누가 단어의 뜻을 정하는지 궁금해했다.
④ 'dog'라는 단어에 다른 이름을 지었다.
⑤ 단어의 의미 부여에 관한 Granger 선생님의 설명을 시험해 보기로 했다.

[04-07] 다음 글을 읽고, 물음에 답하시오.

The next day, he asked five friends to use the word *frindle*. ①For class, Nick said, "Mrs. Granger, I forgot my *frindle* today." His friend, John, held up a pen and said, "I have an extra *frindle*. Do you want to borrow my *frindle*?" Mrs. Granger was not ②pleasing. She said, "Your new word is cute, but it already has a perfectly good name — a pen."

Nick's classmates found this ③funnily and began to use the word more and more. In just three days, it became the ____(A)____ word at school.

Mrs. Granger said to Nick after class, "This is getting out of hand. Can you tell your friends to stop ④say *frindle*?"

"I'm sorry, but I can't stop it. It started as my word, but now it's the students' word."

"Very well. Then I have no choice." Mrs. Granger took out an envelope and asked Nick to sign and date the back. She said, "I'll give this letter ⑤for you when all this is over."

실유형
04 윗글의 밑줄 친 ①~⑤를 바르게 고친 것 중 틀린 것은?

① During ② pleased ③ funny
④ to say ⑤ to

05 윗글의 빈칸 (A)에 들어갈 말로 알맞은 것은?

① old ② cool ③ exact
④ polite ⑤ terrible

고산도
06 다음 영어 뜻풀이에 해당하는 단어 중 윗글에 쓰이지 <u>않은</u> 것은?

① to dislike something very much
② more than is usual or necessary
③ a paper container for letters, cards, etc.
④ the right to choose or the possibility of choosing
⑤ to write the date on something

07 윗글을 읽고 알 수 없는 것은?

① Nick이 친구들에게 부탁한 일

② 단어 'frindle'에 대한 Granger 선생님의 반응

③ 단어 'frindle' 사용에 대한 친구들의 반응

④ Nick이 Granger 선생님의 부탁을 거절한 이유

⑤ Granger 선생님이 봉투에서 꺼낸 것

[08-09] 다음 글을 읽고, 물음에 답하시오.

Next week, Mrs. Granger began a war with *frindle*. She said that she would punish any student for using it. ⓐBut this only made things worse. The students wanted to use the word more and more. *Frindle* quickly spread to nearby middle and high schools. Shortly after, a local newspaper reporter wrote an article on the situation and everyone in town knew about it. A month later, a national television station covered the news and everyone found out about *frindle*. By the time Nick graduated from elementary school, most students in the country used the word.

Time flew by and Nick turned 21. One day, he received a package. Inside it, he found a pen, an envelope and a dictionary. The envelope had his signature from fifth grade. The dictionary had a yellow note. It said, "Check page 541."

08 윗글의 밑줄 친 ⓐ와 문장의 형식이 다른 하나는?

① James found the quiz very easy.

② I have something to tell you.

③ The building will keep people safe.

④ What made the boy so surprised?

⑤ My sister left the door open.

09 윗글을 읽고 답할 수 없는 질문을 모두 고르면?

① How did Mrs. Granger punish Nick?

② What were the other words students wanted to use?

③ What did the local newspaper reporter write about?

④ What did Nick find in the package?

⑤ What did the yellow note say?

[10-12] 다음 글을 읽고, 물음에 답하시오.

Next week, Mrs. Granger began a war with *frindle*. She said that she would punish any student for using it. But this only made things worse. The students wanted to use the word more and more. *Frindle* quickly spread to nearby middle and high schools. Shortly after, a local newspaper reporter wrote an article on the situation and everyone in town knew about it. A month later, a national television station covered the news and everyone found out about *frindle*. Nick이 초등학교를 졸업할 때쯤에는, most students in the country used the word.

10 다음 영어 뜻풀이에 해당하는 단어를 윗글에서 찾아 쓰시오.

> to affect a large area or more people

→ _____

11 윗글의 밑줄 친 우리말을 [조건]에 맞게 영어로 옮겨 쓰시오.

> [조건] 1. 괄호 안의 말을 이용할 것
>
> 2. 총 8단어로 쓸 것

→ _____

(by the time, graduate)

12 윗글의 내용과 일치하도록 빈칸에 알맞은 말을 쓰시오.

> Mrs. Granger tried to stop the students using the word, *frindle*. But this made them use the word _____.
> The word _____ quickly, and later most students _____ used it.

대표 기출로 내신 적중 모의고사

01 다음 영어 뜻풀이에 해당하는 단어로 알맞은 것은? [6점]

> belonging to a particular area

① extra   ② local   ③ entire

④ pleased   ⑤ satisfied

02 다음 중 밑줄 친 단어의 쓰임이 어색한 것은? [6점]

① The steaks were perfectly cooked.

② The dog suddenly started barking at us.

③ I asked for two extra weeks to finish the work.

④ It was the worst day in my entirely life.

⑤ You must put a stamp on the envelope before you post it.

03 다음 중 밑줄 친 부분의 우리말 뜻이 알맞지 <u>않은</u> 것은? [5점]

① Luckily an ambulance arrived shortly after. (곧)

② The noise makes me more and more stressed. (점점 더)

③ Can you look up the definition of this word for me? (~을 찾아보다)

④ We must deal with the situation before it gets out of hand. (손을 쓸 수 없는)

⑤ We have to stay here. We have no choice in the matter. (선택을 하지 못하다)

[04-07] 다음 글을 읽고, 물음에 답하시오.

> Nick Allen was excited about (A) start / starting fifth grade, but he was worried about one thing — Mrs. Granger's English class. Mrs. Granger was famous for her difficult ___ⓐ___ lessons.
>
> In the first class, Mrs. Granger said, "Everyone should have a good dictionary. You can look up the meanings of new words in it."
>
> "Mrs. Granger? Who (B) decides / decide the meanings of words? I mean, who decided that 'dog' means an animal (C) that / whom barks?" Nick asked.
>
> "You did, Nick. You, me, and the entire town and country. We all agreed. That gives the word its meaning."
>
> Nick wasn't satisfied. ⓑ "When did I agree?" he said to him.
>
> On the way home, he decided to test Mrs. Granger's idea. He took out a pen and said, "From today, this is a *frindle*."

04 윗글의 (A)~(C)에 알맞은 말이 바르게 짝 지어진 것은? [6점]

	(A)	(B)	(C)
①	start	– decide	– whom
②	start	– decides	– that
③	starting	– decides	– that
④	starting	– decides	– whom
⑤	starting	– decide	– that

05 윗글의 빈칸 ⓐ에 들어갈 단어가 사용된 문장은? [6점]

① They heard a dog barking outside.

② I sent the books in one big package.

③ Reading will increase your vocabulary.

④ I'll just look up the train times.

⑤ If you're not satisfied, you can get your money back.

모의고사

서술형 1

06 윗글의 밑줄 친 문장 ⓑ를 어법상 바르게 고쳐 쓰시오.
[6점]

_____

_____

07 윗글의 Mrs. Granger에 관한 설명으로 알맞지 <u>않은</u> 것은?
[6점]

① 영어 과목을 가르쳤다.

② 학생들이 좋은 사전을 가지고 있길 바랐다.

③ 학생들이 사전을 이용해 새 단어의 뜻을 찾길 바랐다.

④ Nick에게 누가 단어의 뜻을 정하는지 설명해 주었다.

⑤ Nick이 새 단어를 만드는 것을 응원해 주었다.

[08-09] 다음 글을 읽고, 물음에 답하시오.

The next day, he asked five friends to use the word _frindle_. ①During class, Nick said, "Mrs. Granger, I forgot my _frindle_ today." His friend, John, held up a pen and said, "②I have an extra _frindle_. ③Do you want to borrow my _frindle_?" ④He wrote under the pen name of John. ⑤Mrs. Granger was not pleased. She said, "Your new word is cute, but it already has a perfectly good name — a pen."

Nick's classmates found this funny and began to use the word _____. In just three days, it became the cool word at school.

---

08 윗글의 밑줄 친 ①~⑤ 중 흐름상 관계없는 것은? [6점]

①   ②   ③   ④   ⑤

09 윗글의 빈칸에 들어갈 말로 알맞은 것은? [6점]

① less often   ② very quietly

③ sometimes   ④ less and less

⑤ more and more

[10-12] 다음 글을 읽고, 물음에 답하시오.

Mrs. Granger said to Nick after class, "점점 손을 쓸 수 없게 되어 가는구나. Can you tell your friends to stop saying _frindle_?"

"I'm sorry, but I can't stop it. It started as my word, but now it's the students' word."

"Very well. Then I have no choice." Mrs. Granger took out an envelope and asked Nick to sign and ⓐdate the back. She said, "I'll give this letter to you when all this is over."

Nick thought, "She really hates me."

서술형 2

10 윗글의 밑줄 친 우리말과 같도록 괄호 안의 단어들을 바르게 배열하여 문장을 쓰시오. [7점]

→ _____

(out, is, hand, this, getting, of)

서술형 3

11 According to the above text, answer the following question. [8점]

Q: According to Nick, why can't he stop his friends saying *frindle*?

A: _____

_____

12 윗글의 밑줄 친 ⓐ와 같은 의미로 쓰인 것은? [7점]

① What's today's date?

② The letter was dated 23 February.

③ Please write your name, address and date of birth.

④ They dated for five years before they got married.

⑤ We need to change the dates of our trip.

[13-14] 다음 글을 읽고, 물음에 답하시오.

Next week, ⓐ Mrs. Granger began a war with *frindle*. She said that she would punish any student for using it. But this only made things worse. The students wanted to use the word more and more. *Frindle* quickly spread to nearby middle and high schools. Shortly after, a local newspaper reporter wrote an article on the situation and everyone in town knew about it. A month later, a national television station covered the news and everyone found out about *frindle*. By the time Nick graduated from elementary school, most students in the country used the word.

Time flew by and Nick turned 21. One day, he received a package. Inside it, he found a pen, an envelope and a dictionary. The envelope had his signature from fifth grade. The dictionary had a yellow note. It said, "Check page 541."

13 윗글의 밑줄 친 ⓐ의 결과로 알맞은 것은? [6점]

① Nick이 벌을 받았다.

② 'frindle'과 같은 신조어가 많이 만들어졌다.

③ 학생들이 'frindle'이라는 단어를 더욱 사용하고 싶어 했다.

④ Granger 선생님과 학생들 사이의 갈등이 해결되었다.

⑤ Nick과 학생들이 'frindle'이라는 단어를 더 이상 사용하지 않게 되었다.

서술형 4

14 윗글의 내용과 일치하도록 주어진 질문에 완전한 영어 문장으로 답하시오. [각 5점]

(1) Who would Mrs. Granger punish?

→ _____

(2) How old was Nick when he received a package?

→ _____

서술형 5

15 다음 우리말과 같도록 [조건]에 맞게 문장을 완성하시오. [각 3점]

[조건] 1. 각 문장에 알맞은 재귀대명사를 사용할 것

2. 괄호 안의 표현을 이용할 것

3. 주어와 동사를 포함한 완전한 문장으로 쓸 것

(1) Emily는 거울 속의 자신을 바라보았다.

(look at, in the mirror)

→ _____

(2) Dan은 직접 그 음식을 요리했다. (cook, food)

→ _____

(3) 우리는 우리 자신의 그림을 그리고 싶었다.

(want, a picture of)

→ _____

01 다음 빈칸에 들어갈 말로 알맞은 것은? [5점]

> The package is _____ November 24.

① dated   ② forgot   ③ realized
④ punished   ⑤ named

02 다음 빈칸에 알맞은 말이 순서대로 짝 지어진 것은? [5점]

> • When the fight got _____ of hand, I called the police.
> • Look _____ any words you don't know in a dictionary.

① up – up   ② out – up   ③ down – for
④ up – for   ⑤ out – after

03 다음 영어 뜻풀이에 모두 해당하는 단어는? [6점]

> • to report the news about a particular event
> • to put one thing over another, in order to protect or hide it

① hate   ② cover   ③ spread
④ receive   ⑤ graduate

[04-07] 다음 글을 읽고, 물음에 답하시오.

> Nick Allen was excited about starting fifth grade, but he was worried about one thing — Mrs. Granger's English class. Mrs. Granger was famous for her difficult vocabulary lessons.
>
> In the first class, Mrs. Granger said, "Everyone should have a good dictionary. You can look up the meanings of new words in it."
>
> "Mrs. Granger? Who decides the meanings of words? I mean, who decided that 'dog' means an animal that barks?" Nick asked.
>
> "You did, Nick. You, me, and the entire town and country. We all agreed. That gives the word its meaning."
>
> Nick wasn't satisfied. "When did I agree?" he said to ⓐhimself.
>
> On the way home, he decided to test Mrs. Granger's idea. He took out a pen and said, "From today, this is a *frindle*."

04 윗글의 밑줄 친 ⓐ와 쓰임이 같은 것은? [7점]

① I fixed the computer myself.
② They hurt themselves during soccer practice.
③ Jin made this sandwich himself.
④ You can do it yourself.
⑤ We can finish the project soon ourselves.

05 윗글 다음에 이어질 내용으로 가장 알맞은 것은? [6점]

① 단어 'frindle'의 어원
② 사전에 들어갈 단어와 그 뜻을 정하는 과정
③ Granger 선생님의 어려운 수업 내용
④ Nick이 펜을 선택하게 된 이유
⑤ Nick이 'frindle'이라는 단어를 사용하면서 벌어지는 일들

06 Mrs. Granger에 따르면 단어의 뜻을 정하는 주체가 <u>아닌</u> 것은? [7점]

① Nick
② Mrs. Granger herself
③ people in the town
④ people in foreign countries
⑤ people in the country

07 윗글을 읽고 답할 수 <u>없는</u> 질문은? [7점]

① Who are the main characters of the story?
② What subject did Mrs. Granger teach?
③ What was Nick worried about?
④ How long had Mrs. Granger worked in Nick's school?
⑤ What did Mrs. Granger want each of her students to have?

서술형 **1**

08 다음 글의 밑줄 친 우리말 (A)와 (B)를 괄호 안의 단어를 이용하여 5형식 문장으로 쓰시오. (시제에 유의할 것) [각 4점]

> The next day, (A) 그는 다섯 명의 친구들에게 단어 'frindle'을 사용해 달라고 부탁했다. During class, Nick said, "Mrs. Granger, I forgot my *frindle* today." His friend, John, held up a pen and said, "I have an extra *frindle*. Do you want to borrow my *frindle*?" Mrs. Granger was not pleased. She said, "Your new word is cute, but it already has a perfectly good name — a pen."
> (B) Nick의 학급 친구들은 이것을 재미있어 했다 and began to use the word more and more. In just three days, it became the cool word at school.

(A) _____
　　　　　　　(ask, use)

(B) _____
　　　　　　　(find, funny)

[09-10] 다음 글을 읽고, 물음에 답하시오.

> ①Mrs. Granger said Nick after class, "②This is get out of hand. ③Can you tell your friends stop saying *frindle*?"
> "I'm sorry, but I can't stop (A)it. It started as my word, but now it's the students' word."
> "Very well. Then I have no choice." ④Mrs. Granger take out an envelope and asked Nick to sign and date the back. She said, "I'll give this letter to you when all this is over."
> Nick thought, "⑤She really hate me."

09 윗글의 밑줄 친 ①~⑤를 어법상 바르게 고친 것으로 알맞지 <u>않은</u> 것은? [5점]

① Mrs. Granger said to Nick
② This is getting out of hand
③ Can you tell your friends to stop
④ Mrs. Granger takes out an envelope
⑤ She really hates me

서술형 **2**

10 윗글의 밑줄 친 (A)가 가리키는 것을 우리말로 쓰시오. [7점]

→ _____

[11-14] 다음 글을 읽고, 물음에 답하시오.

Next week, Mrs. Granger began a war with *frindle*. (①) She said that she would punish any student for using it. (②) The students wanted to use the word more and more. (③) *Frindle* quickly spread to nearby middle and high schools. (④) Shortly after, a local newspaper reporter wrote an article on the (A) solution / situation and everyone in town knew about it. (⑤) A month later, a national television station covered the news and everyone found out about *frindle*. By the time Nick graduated from elementary school, (B) few / most students in the country used the word.

Time flew by and Nick turned 21. One day, he received a package. Inside it, he found a pen, an envelope and a dictionary. The envelope had his signature from fifth grade. The dictionary had a yellow note. It (C) said / spoke , "Check page 541."

11 윗글의 (A)~(C)에 알맞은 말이 바르게 짝 지어진 것은? [7점]

	(A)	(B)	(C)
①	solution	– few	– spoke
②	solution	– most	– said
③	situation	– few	– spoke
④	situation	– most	– said
⑤	situation	– most	– spoke

12 윗글의 ①~⑤ 중 주어진 문장이 들어갈 알맞은 곳은? [5점]

But this only made things worse.

①   ②   ③   ④   ⑤

서술형 **3**

13 윗글의 내용을 정리한 다음 표를 완성하시오. [7점]

〈How the Word *Frindle* Spread〉

Nick called a pen *frindle*. The students of Nick's school started using the word. Then it spread to (1) _____ _____ _____ _____ near Nick's school.

↓

A(n) (2) _____ newspaper reporter wrote an article about the word *frindle*.

↓

A(n) (3) _____ television station covered the news. Then, most students in the country used the word *frindle*.

서술형 **4**

14 According to the above text, answer the following questions. [각 5점]

(1) What did Nick find inside the package?

→ _____

(2) Guess and answer. What word would Nick find in the page 541 of the dictionary?

→ _____

서술형 **5**

15 다음 중 어법상 틀린 문장을 두 개 골라 기호를 쓰고, 문장을 바르게 고쳐 쓰시오. [각 4점]

ⓐ I made dinner myself.
ⓑ Amy herself introduced to the class.
ⓒ Michael always keeps his room to clean.
ⓓ We found the game exciting.

(   ) → _____
(   ) → _____

동아출판 영어 교재 가이드

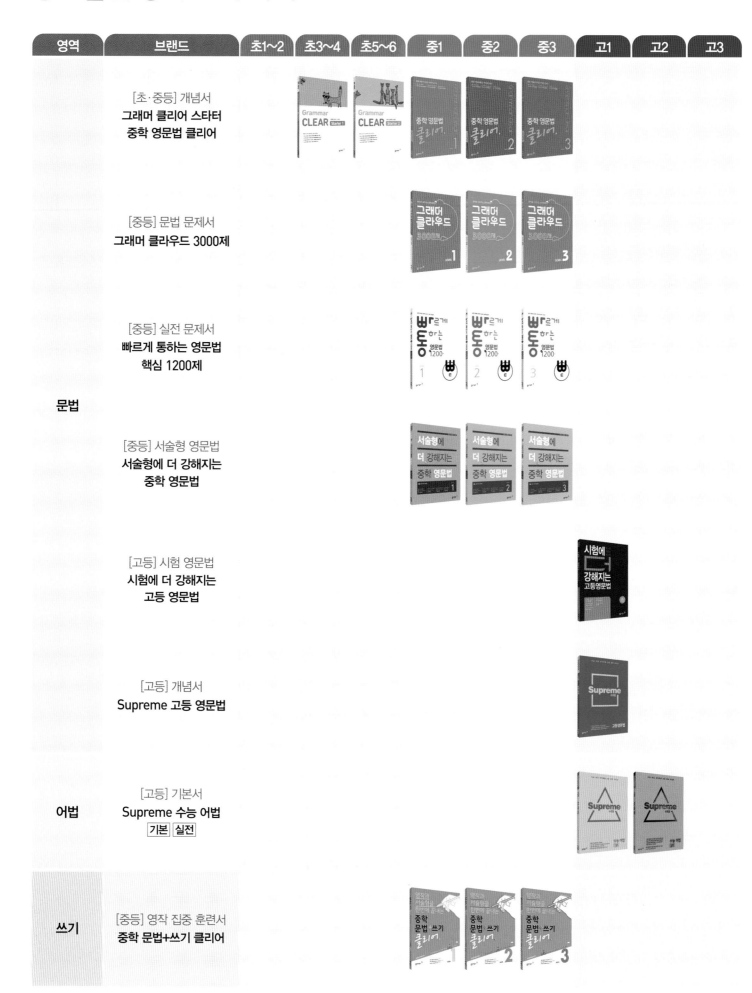

영역	브랜드	초1~2	초3~4	초5~6	중1	중2	중3	고1	고2	고3
문법	[초·중등] 개념서 그래머 클리어 스타터 중학 영문법 클리어		Grammar CLEAR Starter 1	Grammar CLEAR Starter 2	중학 영문법 클리어 1	중학 영문법 클리어 2	중학 영문법 클리어 3			
	[중등] 문법 문제서 그래머 클라우드 3000제				그래머 클라우드 3000제 1	그래머 클라우드 3000제 2	그래머 클라우드 3000제 3			
	[중등] 실전 문제서 빠르게 통하는 영문법 핵심 1200제				빠르게 통하는 영문법 1200 1	빠르게 통하는 영문법 1200 2	빠르게 통하는 영문법 1200 3			
	[중등] 서술형 영문법 서술형에 더 강해지는 중학 영문법				서술형에 더 강해지는 중학 영문법 1	서술형에 더 강해지는 중학 영문법 2	서술형에 더 강해지는 중학 영문법 3			
	[고등] 시험 영문법 시험에 더 강해지는 고등 영문법							시험에 더 강해지는 고등영문법		
	[고등] 개념서 Supreme 고등 영문법							Supreme 고등영문법		
어법	[고등] 기본서 Supreme 수능 어법 기본 실전							Supreme 수능 어법	Supreme 수능 어법	
쓰기	[중등] 영작 집중 훈련서 중학 문법+쓰기 클리어				중학 문법·쓰기 클리어 1	중학 문법·쓰기 클리어 2	중학 문법·쓰기 클리어 3			

특급기출

기말고사

중학 영어 **2-2**

이병민

정답 및 해설

동아출판

Lesson 7
Can I Trust It?

STEP A

W Words 연습 문제　　　　　　　　　p. 9

A 01 증명하다
02 ~와 달리
03 모험
04 (문제 등을) 풀다, 해결하다
05 나타내다, 표현하다
06 사실
07 식사
08 논평, 비평
09 전체의, 전부의
10 감동적인
11 옆(면), 측면
12 거짓말하다
13 상
14 아직
15 또(그 밖의) 다른
16 들어 올리다
17 환상적인, 굉장한
18 광고
19 놓치다, 그리워하다
20 이해하다

B 21 choice
22 popular
23 traditional
24 difference
25 including
26 main character
27 worth
28 favorite
29 mix
30 opinion
31 explain
32 number one
33 trust
34 pocket
35 connection
36 recommend
37 simple
38 rest
39 especially
40 win

C 01 선택하다
02 기다리다
03 ~을 확인하다
04 예를 들어
05 ~을 바탕으로
06 지금부터
07 지금, 지금 당장
08 A와 B를 섞다

W Words Plus 연습 문제　　　　　　p. 11

A 1 truth, 진실, 사실　2 express, 나타내다, 표현하다
3 opinion, 의견　4 meal, 식사　5 lift, 들어 올리다
6 lie, 거짓말하다　7 prove, 증명하다　8 award, 상
B 1 difference　2 advertise　3 touching　4 choice

C 1 recommend　2 adventure　3 solve　4 connection
5 rest
D 1 Hold on　2 based on　3 make, choices
4 Mix, with　5 From now on

W Words 실전 TEST　　　　　　　　　p. 12

01 ③　02 ①　03 ②　04 ④　05 ①　06 ③　07 make a choice

01 simple(단순한)과 complex(복잡한)는 반의어 관계이고, 나머지는 모두 유의어 관계이다.
02 '어떤 것에 관한 생각이나 느낌'을 뜻하는 단어는 opinion(의견)이다.
03 문맥상 '눈을 똑바로 쳐다보지 않는 사람을 절대 믿지 마라.'라는 의미가 되는 것이 자연스러우므로, '믿다, 신뢰하다'를 뜻하는 trust가 들어가는 것이 알맞다.
04 주어진 문장과 ④의 rest는 '나머지'라는 뜻의 명사로 쓰였다.
　①, ②, ③의 rest는 '휴식'이라는 뜻의 명사로, ⑤의 rest는 '쉬다'라는 뜻의 동사로 쓰였다.
　|해석| 나는 별로 배고프지 않아. 나머지를 원하니?
　① 나는 네가 좋은 휴식이 필요하다고 확신해.
　② 그는 일을 멈추고 휴식을 취했다.
　③ 너는 가서 휴식을 좀 취해야 해.
　④ 하루의 나머지를 어떻게 보내고 싶니?
　⑤ 의사는 그가 며칠 동안 쉬어야 한다고 그에게 말했다.
05 ① hold on은 '기다리다'라는 뜻이다.
　|해석| ① 잠깐만 기다려 주시겠습니까?
　② 파랑과 노랑을 섞으면, 초록이 됩니다.
　③ 지금부터 더 조심하도록 노력해 주세요.
　④ 아침에 보통 몇 시에 잠에서 깨나요?
　⑤ 그 소설은 전쟁에서의 그의 경험을 바탕으로 한다.
06 빈칸에는 ⓐ difference(차이점), ⓑ touching(감동적인), ⓒ simple(간단한), ⓓ prove(증명하다)가 들어가야 한다. ③ award는 '상'이라는 뜻이다.
　|해석| ⓐ 유인원과 원숭이 사이의 차이점은 무엇인가?
　ⓑ 동물에 관한 이야기들은 인간에 관한 어떤 이야기들보다 더 감동적이다.
　ⓒ 그 요리법은 매우 간단하다.
　ⓓ 당신이 틀렸고, 난 그것을 증명할 수 있다.
07 '선택하다'는 make a choice로 표현한다.

L·S Listen & Speak 만점 노트　　　　pp. 14~15

Q1 Star Wars
Q2 가방 가게
Q3 a navy backpack

Q4 춤이 환상적이어서
Q5 사진이 잘 나와서 카메라를 마음에 들어 한다.
Q6 첨성대, 불국사, 석굴암
Q7 ⓑ
Q8 너무 무거워서
Q9 She recommends the bulgogi pizza.
Q10 ⓐ

L&S Listen & Speak 빈칸 채우기 pp.16~17

1 Can you recommend, haven't seen it
2 I'm looking for, How about this red one, a different color, has side pockets, I'll take it
3 can you recommend a musical for me, The dancing is fantastic, I'm sure you'll like it
4 I'm really happy with, What do you like most, takes great pictures
5 How did you like your trip, Where did you visit, Where else, a wonderful place, Sounds like, it was worth it
6 How do you like your bicycle, What do you like about it, I'm not happy with it, too heavy
7 can you recommend, Why don't you try, my favorite, I recommend, the prices are good, How do you like the service, slow on the weekends, check it out, Enjoy your meal

L&S Listen & Speak 대화 순서 배열하기 pp.18~19

1 ⓓ – ⓐ – ⓒ – ⓑ
2 ⓐ – ⓑ – ⓔ – ⓕ – ⓓ – ⓒ
3 ⓑ – ⓒ – ⓐ – ⓓ
4 ⓒ – ⓐ – ⓑ – ⓓ
5 ⓐ – ⓓ – ⓕ – ⓑ – ⓖ – ⓘ – ⓔ – ⓒ – ⓗ
6 ⓓ – ⓑ – ⓐ – ⓒ
7 ⓐ – ⓒ – ⓑ – ⓓ
8 ⓐ – ⓖ – ⓓ – ⓑ – ⓔ – ⓘ – ⓙ – ⓒ – ⓕ – ⓗ

L&S Listen & Speak 실전 TEST pp.20~21

01 ② 02 ① 03 ③ 04 ② 05 ② 06 ② 07 ④ 08 ⑤
09 ①
[서술형]
10 (1) Can you recommend a good pizza restaurant?
(2) What do you like about it?

---

(3) How are the prices?
(4) How do you like the service?
11 Can you recommend a book for me?
12 Why did you like it? → How did you like it?

01 '정말 마음에 든다.'는 답이 이어지는 것으로 보아, 첫 번째 질문은 재킷이 마음에 드는지 묻는 말(How do you like ~?)이 되는 것이 알맞다. '그것은 맵시가 있고 멋져.'라는 답이 이어지는 것으로 보아, 두 번째 질문은 재킷의 어떤 점이 마음에 드는지 묻는 말(What do you like about ~?)이 되는 것이 알맞다.

02 좋은 영화를 추천해 달라고 하였으므로 ① '"Star Wars"를 봐.'가 답으로 알맞다.

03 ③ 자전거가 마음에 드는지 묻는 말에 '그것은 너무 무거워.'라는 말이 이어지는 것으로 보아, 빈칸에는 불만족을 나타내는 말이 들어가는 것이 알맞다.

04 새 스마트폰이 생겼음을 알아차린(B) 상대방에게 그렇다며 자신이 스마트폰에 매우 만족하고 있음을 말하고(D), 어떤 점이 가장 마음에 드는지 묻는 말(C)에 카메라가 마음에 든다고 답하는 말(A)이 이어지는 것이 알맞다.

05 '하나 추천해 주시겠어요?'라는 뜻의 주어진 문장은 배낭을 찾고 있다는 민호의 말에 이어서 민호가 점원에게 할 말로 알맞다.

06 빨간색이 요즘 가장 인기 있는 색이라는 말이 이어지는 것으로 보아, 처음에는 빨간색 배낭(red one)을 추천하는 것이 알맞다. 민호가 옛 배낭이 빨간색이어서 다른 색을 원한다고 하였으므로, 그 다음으로는 빨간색이 아닌 다른 색 배낭을 추천하는 것이 알맞다.

07 민호가 사겠다고 한 배낭은 남색에 양옆에 주머니가 있는 것이다.

08 밑줄 친 말은 '나는 그것이 만족스럽지 않아.'라는 뜻으로 불만족을 나타내는 말이다.
|해석| ① 자기 소개하기
② 무언가에 관해 정보 제공하기
③ 무언가에 관해 관심 표현하기
④ 누군가에게 무언가를 추천하기
⑤ 무언가에 관해 불만족 표현하기

09 첨성대를 방문한 것도 좋았고, 불국사도 멋진 곳이었다고 답하는 것으로 보아, 경주 여행이 마음에 들었는지 묻는 말에 대한 답(ⓐ)으로 매우 만족스러웠다(I was very happy with it.)고 말하는 것이 알맞다.

10 (1) Antonio's라는 식당에 가 보라는 말이 이어지는 것으로 보아, 괜찮은 피자 식당을 추천해 달라고 부탁하는 말이 들어가는 것이 알맞다.
(2) 음식이 맛있다는 말이 이어지는 것으로 보아, 추천한 식당의 어떤 점이 좋은지 묻는 말이 들어가는 것이 알맞다.
(3) 가격이 괜찮다는 말이 이어지는 것으로 보아, 식당의 가격이 어떤지 묻는 말이 들어가는 것이 알맞다.
(4) 주말에 조금 느리다는 말이 이어지는 것으로 보아, 식당의 서비스가 마음에 드는지 묻는 말이 들어가는 것이 알맞다.

11 B가 책을 추천하는 것으로 보아, A는 자신에게 책을 추천해 달라고 요청하는 말을 하는 것이 알맞다. 추천을 요청할 때 Can you recommend ~?로 표현한다.

12 B가 콘서트가 정말 마음에 들었다고 답하는 것으로 보아, A는 콘서트가 마음에 들었는지 묻는 말을 해야 한다. 과거에 경험한 일에 대해 만족 여부를 물을 때 How did you like ~?로 표현한다.

 Grammar 핵심 노트 1   p. 22

QUICK CHECK
1 (1) so   (2) that   (3) can't
2 (1) so fast that I can't   (2) so cold that we canceled
    (3) too thin to stand

1 |해석| (1) 그 연설은 너무 길어서 모두가 지루해했다.
    (2) 날씨가 너무 더워서 나는 목이 말랐다.
    (3) 그녀는 너무 바빠서 그녀의 부모님께 방문할 수 없다.
2 |해석| (1) 그가 너무 빨리 말해서 나는 그의 말을 이해할 수 없다.
    (2) 날씨가 너무 추워서 우리는 여행을 취소했다.
    (3) 그 얼음은 너무 얇아서 위에 서 있을 수 없다.

Grammar 핵심 노트 2   p. 23

QUICK CHECK
1 (1) who, whom   (2) which   (3) that
2 (1) The food (which/that) David cooked was delicious.
    (2) The girl (who/whom/that) I met yesterday is on TV now.
    (3) I visited the town (which/that) you told me about. /
    I visited the town about which you told me.

1 |해석| (1) 내 삼촌이 사랑하는 그 여자는 멕시코 출신이다.
    (2) 그들은 내가 잃어버린 가방을 찾았다.
    (3) 이것은 내가 Simon 씨에게서 빌렸던 책이다.
2 |해석| (1) 그 음식은 맛있었다. David가 그것을 요리했다.
    → David가 요리한 음식은 맛있었다.
    (2) 그 소녀는 지금 TV에 나온다. 나는 어제 그녀를 만났다.
    → 내가 어제 만났던 소녀가 지금 TV에 나온다.
    (3) 나는 그 마을을 방문했다. 네가 그곳에 관해 내게 말해 줬다.
    → 나는 네가 내게 말해 줬던 마을을 방문했다.

Grammar 연습 문제 1   p. 24

A 1 so   2 that   3 too, to
B 1 He was so lazy that he did nothing all day long.
    2 The painting was so beautiful that Diana wanted to buy it.
    3 The book is so interesting that I can't put it down.

C 1 I'm too hungry to walk.
    2 He is so humorous that he can make anyone laugh.
    3 I was so excited that I couldn't sleep.
D 1 He is too young to drive a car.
    2 She got up so early that she could catch the first train.
    3 You are too small to take this ride.

A |해석| 1 그는 너무 약해서 거의 서 있을 수가 없었다.
    2 모든 일이 너무 빨리 일어나서 나는 생각할 시간이 없었다.
    3 그녀는 여전히 너무 화가 나서 그것에 관해 이야기할 수 없다.
B |해석| 1 그는 매우 게을렀다. 그는 하루 종일 아무것도 하지 않았다.
    → 그는 너무 게을러서 하루 종일 아무것도 하지 않았다.
    2 그 그림은 매우 아름다웠다. Diana는 그것을 사고 싶어 했다.
    → 그 그림이 너무 아름다워서 Diana는 그것을 사고 싶어 했다.
    3 그 책은 매우 재미있다. 나는 그것을 내려놓을 수 없다.
    → 그 책이 너무 재미있어서 나는 그것을 내려놓을 수 없다.
C |해석| 1 나는 너무 배고파서 걸을 수 없다.
    2 그는 매우 유머러스해서 누구든지 웃게 할 수 있다.
    3 나는 너무 흥분해서 잠잘 수 없었다.

Grammar 연습 문제 2   p. 25

A 1 which(that)   2 which(that)   3 who(whom/that)
    4 who(whom/that)
B 1 없음   2 that   3 who
C 1 which(that) he bought yesterday
    2 who(whom/that) I met last week
    3 which(that) I borrowed from the library
    4 who(whom/that) we saw at the park
D 1 They are the children who I am taking care of.
    2 The chair which I bought last year is broken.
    3 She lost the ring that he gave her.
    4 He has a daughter whom he is proud of. /
    He has a daughter of whom he is proud.

A |해석| 1 네가 나에게 만들어 준 탁자는 정말 좋았다.
    2 그 도서관은 내가 원하던 책을 가지고 있지 않았다.
    3 우리가 자주 보는 그 아이는 정원에서 놀고 있다.
    4 내 할머니가 좋아하셨던 그 의사는 뉴욕에 산다.
B |해석| 1 긴 머리를 가진 그 남자가 미소 지었다.
    2 내가 산 과일이 탁자 위에 있다.
    3 내가 가장 좋아하는 그 선생님은 Harrison 씨이다.

01 so 02 too 03 ⑤ 04 ③ 05 ①, ②, ③ 06 ⑤ 07
⑤ 08 ② 09 ① 10 ① 11 ② 12 ② 13 ① 14 ②,
⑤ 15 ③ 16 ④ 17 ③ 18 ① 19 ④ 20 ②

[서술형]

21 (1) His wife was so weak that she often got ill.
   (2) The fire spread so fast that we couldn't save anything.
   (3) The laptop was so expensive that Brian didn't buy it.
22 (1) Have you been to the restaurant which(that) has just opened in town?
   (2) The girl who(whom/that) I met in Canada was very kind.
   (3) I haven't read any of the books which(that) I bought last month.
23 (1) so beautiful that I took many pictures
   (2) too sick to play
24 (1) that I hid under my bed
   (2) which he wrote last year
   (3) with whom I talked / whom I talked with
25 that I couldn't keep my eyes open

01 문맥상 '너무 ~해서 …하다'는 뜻의 「so+형용사/부사+that+주어+동사 ….」의 구문이 되는 것이 알맞다.
  |해석| 날씨가 너무 좋아서 우리는 외출했다.

02 문맥상 '너무 ~해서 …할 수 없다'는 뜻의 「too+형용사/부사+to+동사원형 ….」의 구문이 되는 것이 알맞다.
  |해석| 나는 너무 피곤해서 생각조차도 할 수 없다.

03 첫 번째 빈칸에는 사물(the letter)을 선행사로 하는 목적격 관계대명사 which나 that이, 두 번째 빈칸에는 사람(the girl)을 선행사로 하는 목적격 관계대명사 who(m)나 that이 알맞다. 순서대로 바르게 짝지어진 것은 ⑤이다.
  |해석| • 이것은 내가 어제 받은 편지이다.
  • 나는 네가 버스 정류장에서 만난 그 소녀를 기억한다.

04 첫 번째 문장은 too ~ to 구문이, 두 번째 문장은 so ~ that 구문이 되는 것이 알맞다.
  |해석| • 그녀는 너무 화가 나서 진정할 수 없었다.
  • 그 수프는 너무 뜨거워서 나는 그것을 먹을 수 없다.

05 who, whom, that 모두 사람(my best friend)이 선행사로 올 수 있는 목적격 관계대명사이다.
  |해석| 이 사람이 내가 너에게 말했던 내 가장 친한 친구이다.

06 「so+형용사/부사+that+주어+동사 ….」의 구문이 되어야 하는데, 문맥상 동사 spoke 뒤에는 부사 quietly가 오는 것이 알맞다.
  |해석| Robin은 너무 조용히 말해서 나는 그가 말한 것을 들을 수 없었다.

07 the book을 선행사로 하는 목적격 관계대명사가 필요한데, 전치사 뒤에 관계대명사 that을 쓸 수 없으므로 빈칸에는 which가 알맞다.

|해석| 이것이 모두가 이야기하는 그 책이다.

08 so ~ that 구문은 '너무 ~해서 …하다'는 뜻으로, so 뒤의 형용사가 원인이 되어 that절의 결과로 나타날 때 쓴다. 상자가 너무 가벼워서 그 결과로 그녀가 쉽게 그것을 옮길 수 있다고 해야 자연스럽다.
  |해석| 그 상자는 너무 가벼워서 그녀는 그것을 쉽게 옮길 수 있다.
  ① 그는 그것을 쉽게 들어 올릴 수 없다
  ③ 너는 그것을 살 수 없다
  ④ 너는 그것을 쉽게 만들 수 있다
  ⑤ 너는 그 안에 많은 것들을 넣을 수 있다

09 ① 목적격 관계대명사는 생략할 수 있다.
  |해석| 내가 다니는 학교는 우리 집에서 너무 멀다.

10 She was so happy that she danced.의 문장이 되는 것이 알맞으므로, 쓰이지 않는 것은 too이다.

11 첫 번째 빈칸에는 사물(the house)을 선행사로 하는 목적격 관계대명사 which나 that이, 두 번째 빈칸에는 사람과 동물(the man and his dog)을 선행사로 하는 주격 관계대명사 that이 알맞다.
  |해석| • 이것은 그가 태어난 집이다.
  • 저기서 뛰고 있는 그 남자와 그의 개를 봐.

12 첫 번째 빈칸에는 '그래서'를 뜻하는 접속사 so가, 두 번째 빈칸에는 '너무 ~해서 …하다'를 뜻하는 so ~ that 구문의 so가 쓰이는 것이 알맞다.
  |해석| • 나는 매우 신이 나서 잠을 잘 수 없었다.
  • 시험이 너무 어려워서 나는 통과할 수 없었다.

13 「so+형용사/부사+that+주어+can't+동사원형 ….」 구문은 「too+형용사/부사+to+동사원형 ….」으로 바꿔 쓸 수 있다.
  |해석| 그녀는 너무 어려서 혼자 외국을 여행할 수 없다.
  ② 그녀는 너무 어리지만, 혼자 외국을 여행할 수 있다.
  ③ 그녀는 어리지 않고 혼자 외국을 여행할 수 있다.
  ④ 그녀는 매우 어리고 혼자 외국을 여행할 수 있다.
  ⑤ 그녀는 어림에도 불구하고 혼자 외국을 여행할 수 있다.

14 관계대명사가 전치사의 목적어로 쓰이는 경우, 전치사는 원래의 자리에 있거나 관계대명사 앞에 올 수도 있다.
  |해석| 체육은 내가 관심이 있는 과목이다.

15 ③ 주격 관계대명사는 생략할 수 없다. 따라서 who나 that을 lived 앞에 써야 한다.
  |해석| ① 이 케이크는 너무 달아서 먹을 수 없다.
  ② 나는 John이 내게 말한 그 비밀을 지킬 것이다.
  ③ 경찰은 옆집에 살던 한 남자를 체포했다.
  ④ 그 개는 너무 영리해서 시각 장애인을 안내할 수 있다.
  ⑤ 너무 어두워서 나는 내 손을 볼 수 없다.

16 ④의 who는 목적격 관계대명사이고, 나머지는 모두 의문사로 쓰였다.
  |해석| ① 저 사람들은 모두 누구니?
  ② 나는 누구에게 말해야 할지 모르겠다.
  ③ 내가 누구를 믿어야 할지 말해 주겠니?
  ④ 네가 대화한 그 소녀는 내 여동생이다.
  ⑤ 나는 그 남자에게 누가 공항에 나를 데리러 나오는지 물었다.

17 ③ 목적격 관계대명사는 생략할 수 있다.

①, ②, ④의 주격 관계대명사와 ⑤의 전치사 뒤에 쓰인 목적격 관계대명사는 생략할 수 없다.

|해석| ① 우리에게 음식을 내 준 그 종업원은 어디에 있나요?

② 그는 아시아 영화를 좋아한다.

③ 우리는 당신이 칠 수 있는 테니스공 몇 개를 가지고 있다.

④ 저 사람은 내게 길을 알려줬던 그 여자이다.

⑤ 나는 함께 여행을 갈 수 있는 누군가를 만나고 싶다.

18 '너무 ~해서 …할 수 없다'는 「so+형용사/부사+that+주어+can't +동사원형 ...」 또는 「too+형용사/부사+to+동사원형 ...」으로 표현할 수 있다.

19 ⓐ whose는 목적격 관계대명사 which 또는 that이 되어야 한다.

ⓑ whom은 주격 관계대명사 who 또는 that이 되어야 한다.

ⓓ 관계대명사 that 앞에는 전치사를 둘 수 없다. about which가 되거나 about을 문장 뒤에 두어야 한다.

|해석| ⓐ 나는 Ann이 입고 있는 드레스가 마음에 든다.

ⓑ 그들은 문을 닫은 그 남자를 봤다.

ⓒ 내가 너에게 보여 준 사진들을 기억하니?

ⓓ 이것은 모든 사람이 이야기하는 그 책이다.

20 ⓐ, ⓒ 「too+형용사/부사+to+동사원형 ...」과 「so+형용사/부사 +that+주어+can't+동사원형 ...」은 '너무 ~해서 …할 수 없다'는 뜻이다.

|해석| ⓐ 그는 너무 늦게 일어나서 첫 기차를 탈 수 없었다.

ⓑ 그는 일찍 일어났지만, 첫 기차를 탈 수 없었다.

ⓒ 그는 너무 늦게 일어나서 첫 기차를 탈 수 없었다.

ⓓ 그는 일찍 일어났지만, 첫 기차를 탈 수 없었다.

ⓔ 그는 매우 일찍 일어났기 때문에, 첫 기차를 탈 수 있었다.

21 '너무 ~해서 …하다'를 뜻하는 so ~ that 구문이 쓰인 문장을 완성한다.

|해석| 〈A〉 ·그의 아내는 약했다

·그 불은 빨리 퍼졌다

·그 노트북은 비쌌다

〈B〉 ·그녀는 종종 아팠다

·Brian은 그것을 사지 않았다

·우리는 아무것도 구할 수 없었다

22 (1) the restaurant를 선행사로 하는 주격 관계대명사 which 또는 that을 사용하여 한 문장으로 쓴다.

(2) The girl을 선행사로 하는 목적격 관계대명사 who, whom 또는 that을 사용하여 한 문장으로 쓴다.

(3) the books를 선행사로 하는 목적격 관계대명사 which 또는 that을 사용하여 한 문장으로 쓴다.

|해석| (1) 그 음식점에 가 봤니? 그것은 마을에 이제 막 개업했다.

→ 마을에 이제 막 개업한 그 음식점에 가 봤니?

(2) 그 소녀는 매우 친절했다. 나는 캐나다에서 그녀를 만났다.

→ 내가 캐나다에서 만난 그 소녀는 매우 친절했다.

(3) 나는 그 책들 중 어느 것도 읽지 않았다. 나는 그것들을 지난달에 샀다.

→ 나는 지난달에 산 그 책들 중 어느 것도 읽지 않았다.

23 '너무 ~해서 …하다'는 「so+형용사/부사+that+주어+동사 ...」로, '너무 ~해서 …할 수 없다'는 「too+형용사/부사+to+동사원형 ...」으로 표현할 수 있다.

24 각각 the money, the book, The woman을 선행사로 하는 목적격 관계대명사를 사용하여 관계절을 완성한다. 관계대명사가 전치사의 목적어로 쓰일 때 전치사를 관계대명사 앞에 쓸 수 있다.

|해석| (1) 나는 내가 침대 아래 숨겼던 돈을 찾을 수 없다.

(2) 나는 그가 작년에 쓴 그 책을 읽는 것을 아주 좋아한다.

(3) 내가 대화를 나눈 그 여자는 치과의사이다.

25 '너무 ~해서 …할 수 없다'는 뜻의 「too+형용사/부사+to+동사원형 ...」은 「so+형용사/부사+that+주어+can't+동사원형 ...」으로 바꿔 쓸 수 있다.

|해석| 나는 너무 졸려서 눈을 뜨고 있을 수 없었다.

Ⓡ Reading 빈칸 채우기   pp.33~34

01 are you doing 02 watching the movie 03 How 04 Don't 05 so boring that 06 to hear 07 mad 08 said 09 everything that you read 10 lied 11 ask for, back 12 Hold on 13 used opinions, not facts 14 following 15 express people's feelings 16 it's true or not 17 can be proven 18 For example 19 can check 20 the connection with 21 explain 22 favorite 23 It's 24 look for 25 What does it say 26 It says 27 unlike 28 see the difference 29 Not 30 ad says 31 both opinions 32 question 33 usually expressing opinions 34 the movie won 35 check, on the Internet 36 fact 37 From now on 38 simple 39 mix 40 make a smart choice 41 it 42 watch the rest 43 no thanks 44 Enjoy

---

Ⓡ Reading 바른 어휘·어법 고르기   pp.35~36

01 doing 02 watching 03 How 04 ask 05 so 06 to hear 07 so 08 advertisement 09 that 10 lied 11 back 12 Hold on 13 because 14 following 15 express 16 or 17 be proven 18 fact 19 check 20 what's 21 Let 22 favorite 23 It's 24 look for 25 does 26 including 27 unlike 28 difference 29 exactly 30 says 31 both 32 question 33 opinions 34 which 35 on 36 fact 37 From now on 38 that 39 with 40 based on 41 Got 42 watch 43 no 44 rest

01 ×, Who → What   02 ○   03 ×, it is → is it   04 ○
05 ×, to → that   06 ×, hear → to hear   07 ○   08 ○
09 ×, everyone → everything   10 ×, lay → lied   11 ○
12 ○   13 ×, facts, not opinions → opinions, not facts
14 ×, following → not following   15 ○
16 ×, can → can't   17 ×, prove → proven   18 ○   19 ○
20 ×, connect → connection   21 ○
22 ×, Who's → What's   23 ○
24 ×, adventure → advertisement   25 ×, they → it
26 ○   27 ×, opinions → facts
28 ×, different → difference   29 ×, Never → Not
30 ○   31 ×, opinion → opinions   32 ○
33 ×, express → expressing   34 ×, who → which(that)
35 ○   36 ×, an opinion → a fact   37 ○
38 ×, simply → simple   39 ×, Most ad → Most ads
40 ×, make a smart choose → make a smart choice
41 ○   42 ×, does she → do you
43 ×, thanks → no thanks   44 ○

01 ④   02 ①   03 ③   04 ③   05 ④   06 advertisement
07 ⑤   08 ②   09 ⑤   10 ③   11 ③   12 ①   13 ①   14 ③
15 ⑤   16 ④   17 ⑤   18 ②   19 ⑤

[서술형]
20 (1) I'm sorry to hear that
    (2) I'm going to ask for my money back
    (3) Hold on
21 It's so boring that I want to cry.
22 (1) It's a fact. (2) It(The *Y-Men 7* ad) uses opinions.
23 But in the *Forrest Gump* ad, "Best Picture" is the award which(that) the movie won.
24 you have to make a smart choice based on both of them

01 무엇을 하고 있는지 묻는 말(E)에 영화를 보고 있다고 답(C)하고, 영화가 어떤지 묻는 말(A)에 너무 지루하다는 답(B)이 이어진 뒤, 그 상황에 유감을 나타내는 말(D)이 이어지는 흐름이 되는 것이 자연스럽다.
02 ① so ~ that은 '너무 ~해서 …하다'는 뜻으로 so 뒤의 형용사나 부사가 원인이 되어 that절의 결과로 나타날 때 쓰므로, 결과를 나타내는 접속사 so를 사용하여 바꿔 쓸 수 있다.
03 ⓑ와 ③은 감정의 원인을 나타내는 부사적 용법으로 쓰인 to부정사이다. ①, ②, ④는 형용사적 용법의 to부정사이고, ⑤는 진주어로 쓰인 명사적 용법의 to부정사이다.

|해석| ① 이것이 그 문제를 푸는 유일한 방법이다.
② 그 개는 먹을 뭔가를 찾고 있다.
③ 그들은 그 소식을 듣고 실망했다.
④ 네 여동생은 내일까지 끝내야 할 숙제가 있니?
⑤ 아침에 일찍 일어나는 것은 매우 어렵다.

04 everything을 선행사로 하는 목적격 관계대명사 that이 알맞다.
05 (A) 문맥상 '거짓말을 했다'는 뜻이 되는 것이 자연스러우므로 '거짓말을 하다'를 뜻하는 lie의 과거형 lied가 알맞다.
   (B) Kyle은 광고가 거짓이라며 화가 난 상황이므로, 돈을 돌려달라고 요구한다(ask for)고 하는 것이 알맞다.
   (C) 화가 난 Kyle에게 자신의 말을 들어 보라며 '기다려(hold on)'라고 말하는 것이 알맞다.
06 '무언가에 대해 사람들에게 알려 주는 공고, 사진 또는 짧은 영화'를 뜻하는 단어는 advertisement(광고)이다.
07 ⓑ와 ⑤는 '나는 네 말을 이해하지 못하겠어.'를 뜻한다.
   |해석| ① 네 말에 동의해.
   ② 먼저 가세요.
   ③ 제가 따라 갈게요.
   ④ 나는 너를 쫓아가는 데 지쳤어.
08 사실과 의견이 어떻게 다른지 예를 들어 설명한 글이다.
09 주어진 문장은 '당신은 그것을 지도에서 확인할 수 있다.'라는 뜻으로, ⑤에 들어가서 사실의 예시 문장에 대한 근거가 되는 것이 자연스럽다.
10 ⓐ와 ③의 like는 '~처럼, ~같이'를 뜻하는 전치사로 쓰였다. ①, ⑤는 would like로 '원하다'는 뜻의 동사로, ②, ④의 like는 '좋아하다'는 뜻의 동사로 쓰였다.
   |해석| ① 나는 이탈리아 음식을 먹겠다.
   ② 너는 어느 이야기를 가장 좋아하니?
   ③ 그 정원은 정글처럼 보였다.
   ④ 너는 그 영화의 무엇이 마음에 들었니?
   ⑤ 저는 오늘 밤 오신 모든 분들에게 감사하고 싶어요.
11 주어가 동작의 대상인 facts이므로 수동태 문장이 되어야 한다. 조동사를 포함한 수동태는 「조동사+be+과거분사」로 쓰므로, 과거분사형 proven이 되어야 한다.
12 ⓐ는 Kyle이 가장 좋아하는 영화를 가리키고, 나머지는 모두 그 영화의 광고를 가리킨다.
13 Not exactly.는 '정확히는 아니다.'라는 뜻으로, 여기에서는 두 광고의 차이점을 알겠는지 묻는 말에 대한 답으로 '잘 모르겠다.'는 의미를 나타낸다.
14 Emma가 영화 "Forrest Gump"에 대해 어떻게 생각하는지(ⓑ)와 영화 "Y-Men 7"의 광고 문구가 무엇인지(ⓒ)는 알 수 없다.
   |해석| ⓐ Kyle이 가장 좋아하는 영화는 무엇인가?
   ⓑ Emma는 영화 "Forrest Gump"에 관해 어떻게 생각하는가?
   ⓒ "Y-Men 7" 광고에는 뭐라고 쓰여 있는가?
   ⓓ 최우수 작품상을 포함해 여섯 개의 아카데미 상의 수상작은 어느 영화인가?
15 ⑤ based on은 '~을 바탕으로'라는 뜻으로 옳게 쓰였다.
   ① be동사가 쓰인 부정 의문문이 되어야 한다. (→ Aren't)

② 현재진행형 문장으로 「be동사+동사원형-ing」 형태가 되어야 한다. (→ are usually expressing)

③ the award를 선행사로 하는 목적격 관계대명사 which나 that이 되어야 한다.

④ 'A와 B를 섞다'는 의미가 되도록 mix *A* with *B*가 되어야 한다.

16 가까운 미래의 일을 나타내는 「be동사+going to+동사원형」이 쓰인 것으로 보아, '지금부터'를 뜻하는 From now on이 들어가는 것이 알맞다.

17 주어진 대화와 ⑤의 rest는 '나머지'를 뜻하는 명사로 쓰였다.

①, ④는 '쉬다'라는 뜻의 동사로, ②, ③은 '휴식'을 뜻하는 명사로 쓰였다.

|해석| ① 의사는 내게 쉬라고 말했다.

② 휴식을 취하는 게 어떠니?

③ 가능할 때 좀 휴식을 취해.

④ 너무 더워. 넌 잠시 쉬는 게 좋겠다.

⑤ 케이크를 좀 먹고 나머지를 냉장고에 넣어 둬라.

18 ②는 의견으로만 이루어진 광고이고, 나머지는 확인이 가능한 사실로 이루어진 광고이다.

|해석| ① 치킨 샌드위치. 10명 중 8명의 고객은 다시 방문해요.

② 세상에서 가장 좋은 신발, 공중을 걷는 것 같아요!

③ 하나를 사면 하나가 무료

④ 피자를 먹으면 음료가 무료, 온라인으로 피자를 주문하면 2달러 할인

⑤ 일주일만 40% 할인!

19 ⑤ you have to make a smart choice based on both of them 이라고 했으므로, 바르게 이해한 사람은 혜진이다.

① 대부분의 광고가 사실과 의견으로 이루어져 있다고 하였으므로, 광고에 감상과 같은 의견이 들어갈 수 있음을 알 수 있다.

②, ③ 대부분의 광고가 사실과 의견으로 이루어져 있다고 했다.

④ 수상 경력과 훌륭한 영화임을 판단할 수 있는 기준에 관해서는 언급된 바가 없다.

20 (1) 영화가 너무 지루하다는 상대방에게 유감을 나타내는 말을 하는 것이 알맞다.

(2) 영화가 광고 내용과 달라 광고 문구가 거짓이라고 말한 뒤에 환불을 요청할 것이라는 말이 이어지는 것이 알맞다.

(3) 영화가 광고와 달라 화가 난 상대방에게 '기다려 봐'라고 말한 뒤 자신의 의견을 말하는 것이 자연스럽다.

21 '너무 ~해서 …하다'를 뜻하는 「so+형용사/부사+that+주어+동사 …」 구문이 쓰인 문장을 완성한다.

22 (1) 증명될 수 있는 것은 fact이다.

(2) "Y-Men 7" 광고와는 달리 "Forrest Gump" 광고는 사실(facts)을 사용하고 있다고 했으므로, "Y-Men 7" 광고는 의견(opinions)을 사용함을 알 수 있다.

|해석| (1) 증명될 수 있는 것은 무엇인가?

(2) "Y-Men 7" 광고는 무엇을 사용하는가?

23 the award를 선행사로 하는 목적격 관계대명사는 which나 that이 되어야 한다.

24 대부분의 광고에는 사실과 의견이 섞여 있다고 했으므로, '그 둘을 바탕으로 현명한 선택을 해야 한다'고 하는 것이 문맥상 자연스럽다.

 기타 지문 실전 TEST p. 47

01 ④ **02** ③ **03** ③ **04** The book was so interesting that I couldn't put it down. **05** ⑤ **06** (1) ⓑ, ⓒ (2) ⓐ, ⓓ **07** (1) Korean traditional houses (2) nongak

01 ⓐ와 ④의 lie는 '거짓말'을 뜻하는 명사로 쓰였다.

①은 '거짓말하다'는 뜻의 동사로, ②, ⑤는 '눕다'는 뜻의 동사로, ③은 '놓여 있다'는 뜻의 동사로 쓰였다.

|해석| ① 너는 내게 거짓말을 하고 있니?

② 나는 풀밭에 누워 잠들었다.

③ 옷이 바닥 여기저기 놓여 있었다.

④ 내가 그녀의 머리 모양이 마음에 든다고 말했을 때 나는 거짓말을 했다.

⑤ 나는 불 앞에서 누워서 책을 읽는 것을 아주 좋아한다.

02 ⓑ와 ③은 주격 관계대명사이고, 나머지는 모두 목적격 관계대명사이다.

|해석| ① 내가 본 그 가방은 빨간색이었다.

② 네가 사용하지 않는 물건들을 기부해라.

③ 이것이 서울로 가는 기차인가요?

④ 이것은 내가 본 최악의 영화이다.

⑤ 그 회사가 내린 그 결정은 많은 문제를 일으킬 것이다.

03 ③ 소설 "Harry Potter"를 읽고 쓴 서평이다.

|해석| ① 여행기

② 주문서

③ 서평

④ 초대장

⑤ 추천장

04 '책이 너무 재미있어서 그것을 내려놓을 수 없었다'는 의미가 되는 것이 자연스러우므로, could를 couldn't로 고쳐야 한다.

05 소설 "Harry Potter"가 출판된 연도에 관해서는 언급되지 않았다.

06 사실(facts)에 해당하는 문장과 의견(opinions)에 해당하는 문장을 골라 쓴다.

07 한국 민속촌에서는 한국 전통 가옥들을 볼 수 있고, 농악과 줄타기 공연을 즐길 수 있다.

W Words 고득점 맞기
pp. 48~49

01 connection 02 ② 03 ③ 04 ④ 05 ② 06 ④ 07 ② 08 ① 09 ① 10 explain 11 ①, ④ 12 ① 13 ④, ⑤ 14 ⑤

01 advertise(광고하다)와 advertisement(광고)는 「동사 – 명사」의 관계이므로, 동사 connect(관련시키다)의 명사형 connection(관련성)이 빈칸에 알맞다.

02 prove는 '증명하다'를 뜻하는 동사이고, 나머지는 모두 명사이다.

03 '생각하거나 느끼는 것을 보여 주다'를 뜻하는 것은 express(나타내다, 표현하다)이다.
|해석| ① 그 호텔은 강력히 추천된다.
② 그 수업은 이해하기 아주 쉽다.
③ 말로는 내가 얼마나 행복한지 표현할 수 없다.
④ 그것은 더 이상 이야기할 가치가 없다고 생각해.
⑤ 그 책은 월드컵에 관한 사실로 가득하다.

04 mix A with B: A와 B를 섞다 / check out: ~을 확인하다
|해석| ・ 버터와 설탕을 섞고 난 다음 계란을 첨가해라.
・ 나는 그의 주소를 확인하기 위해서 전화를 했다.

05 더 높은 곳으로 옮긴다는 뜻으로 쓰이는 말은 lift(들어 올리다)이다.
|해석| 네가 무언가를 들어 올린다면, 너는 그것을 더 높은 곳으로 옮기는 것이다.

06 ④ 문맥상 '예를 들어'를 뜻하는 for example이 알맞다.
|해석| ① 잠시 기다려 주면 하나 가져다 줄게.
② 우리는 바로 지금 매우 바쁘다.
③ 그는 중요한 선택을 해야 한다.
④ 너는 바탕으로(→ 예를 들면) 재활용 종이를 사용함으로써 환경친화적이 될 수 있다.
⑤ 나는 등을 대고 잠을 자지만 항상 다른 자세로 잠에서 깬다.

07 ②는 trust(신뢰하다)의 뜻풀이다. lie(거짓말하다)의 영어 뜻풀이는 to say or write something that is not true이다.
|해석| ① 진실: 무언가에 관한 진짜 사실
② 거짓말하다: 무언가가 진실이라고 믿다
③ 현명하게: 훌륭한 판단을 하는 방식으로
④ 식사: 한 번에 먹거나 준비되는 음식
⑤ 주머니: 무언가에 부착되어 있는 작은 가방

08 첫 번째 빈칸에는 '휴식'을 뜻하는 rest가, 두 번째 빈칸에는 '나머지'를 뜻하는 rest가 알맞다.
|해석| ・ 우리 잠시 멈춰도 될까? 나는 휴식이 필요해.
・ 그는 삶의 남은 시간[나머지] 동안 그의 가족들과 함께 여기에서 살았다.

09 ① 첫 번째 lie는 '눕다', 두 번째 lie는 '거짓말하다'라는 뜻으로 쓰였다.
|해석| ① 양지에 너무 오랫동안 누워 있지 마라.

영화 배우들은 종종 그들의 나이에 대해 거짓말을 한다.
② 커피는 아마도 세상에서 가장 인기 있는 음료일 것이다.
그 가수는 연세가 있는 분들 사이에서 더 인기가 있다.
③ 너는 서두르지 않으면 네 비행기를 놓칠 것이다.
나는 그 쇼의 시작 부분을 놓쳤다.
④ 그 영화는 십대들에게 추천된다.
내 차에 어떤 종류의 기름을 추천하시나요?
⑤ 그 연설은 매우 감동적이었다.
그는 나에게 감동적인 감사 편지를 썼다.

10 '이해하기 쉬운 방식으로 무언가에 관해 누군가에게 말하다'를 뜻하는 explain(설명하다)을 써넣어 문장을 완성한다.
|해석| 기다려! 내가 그 기계가 어떻게 작동하는지 설명해 줄게.

11 ⓐ '스트레스와 질병 사이의 연관성'이라고 해야 자연스러우므로 connection(연관성)이 알맞다.
ⓑ '5만 달러의 가치가 있다'고 해야 자연스러우므로 worth(~의 가치가 있는)가 알맞다.
ⓒ 5분 이내에 만들 수 있는 요리이므로 요리법이 간단하다(simple)고 해야 자연스럽다.
|해석| ⓐ 스트레스와 질병 사이의 연관성은 잘 알려져 있다.
ⓑ 그 그림 중 하나는 5만 달러의 가치가 있다.
ⓒ 그 요리법은 아주 간단하다. 너는 5분 이내에 그 요리를 만들 수 있다.

12 '누군가가 한 일에 대한 돈 등과 같은 포상'을 뜻하는 것은 award(상)이다.

13 ④ rest는 '나머지'라는 의미로 쓰였다.
⑤ difference는 '차이(점)'를 뜻한다.
|해석| ① 당신이 틀리고, 나는 그것을 증명할 수 있다.
② 나는 그녀의 새 소설에 관해 그들의 의견을 요청했다.
③ 그의 단어 선택이 Rodney를 화나게 했다.
④ 그는 삶의 남은 시간[나머지] 동안 휠체어를 타게 될 것이다.
⑤ 나는 이 두 색 사이의 차이를 정말 구별할 수 없다.

14 ⑤ '당신이 의미하는 종류의 대상의 예를 들어 보일 때 쓰는' 것은 for example(예를 들어)이다. check out은 '~을 확인하다'라는 뜻으로 쓰였다.
|해석| ① 나는 바로 지금 별로 기분이 좋지 않다.
(현재 시간에)
② 나는 더 이상 기다릴 수 없을 것 같다.
(잠시 동안 기다리다)
③ 지금부터 나는 더 조심할 것이다.
(이 순간부터, 그리고 앞으로 항상)
④ 그녀는 그 알람 시계 소리에 깨지 않았다.
(자는 것을 멈추거나 누군가 자는 것을 멈추게 하다)
⑤ 오늘 밤에 하는 새 코미디 쇼를 확인해 봐.
(당신이 의미하는 종류의 대상의 예를 들어 보일 때 사용되는)

01 ④ 02 ④ 03 ③ 04 ⑤ 05 ②, ⑤ 06 ②

[서술형]

07 a red backpack, red is the most popular color these days

08 (1) The backpack is navy.

(2) The backpack has side pockets.

09 How did you like your trip to Gyeongju?

10 walking up to Seokguram

11 What do you like most about it?

12 (1) He's really happy with it.

(2) (It's) Because the camera takes great pictures.

---

01 B가 "The Lion King"이라는 뮤지컬을 추천하는 것으로 보아, 빈칸에는 뮤지컬을 추천해 달라는 말이 들어가는 것이 알맞다. 추천을 요청할 때는 Can you recommend ~?로 표현한다.

|해석| ① 내가 좋은 뮤지컬을 추천할게.

② 너는 뮤지컬 "The Lion King"을 본 적이 있니?

③ 나는 가끔 뮤지컬을 보러 가. 너는 어때?

④ 나에게 뮤지컬을 추천해 줄래?

⑤ 너는 지금 1위인 뮤지컬이 무엇인지 아니?

02 만족 여부를 묻는 표현을 이용하여 How do you like your new sneakers?로 말할 수 있으므로, 쓰이지 않는 단어는 about이다.

03 '(추천하는 음식점의) 음식이 맛있다.'라는 주어진 문장은 미나가 Antonio's라는 피자 식당의 불고기 피자를 추천한다는 말 앞인 ③에 들어가는 것이 알맞다.

04 ⑤ 두 사람이 함께 Antonio's라는 피자 식당에 갈 것이라는 언급은 없었다.

|해석| ① 어느 피자 음식점이 미나가 가장 좋아하는 곳인가?

② 미나는 Antonio's의 무엇이 마음에 드는가?

③ 미나는 Antonio's의 가격에 대해 어떻게 생각하는가?

④ Brian은 무엇을 확인해 볼 것인가?

⑤ 그들은 언제 Antonio's에 함께 갈 것인가?

05 미나의 말을 통해 Antonio's의 음식 맛과 가격, 서비스에 대해 알 수 있다.

06 How about ~?은 상대방에게 무언가를 추천하는 말로, ② I recommend ~.와 바꿔 쓸 수 있다.

|해석| ① 나는 네가 "Frindle"을 좋아할 것 같지 않아.

② 나는 "Frindle"을 읽기를 추천해.

③ 너는 "Frindle"이 무엇인지 아니?

④ "Frindle"은 마음에 드니?

⑤ "Frindle"에 대한 정보를 좀 찾아보는 게 어떠니?

07 점원은 처음에 빨간색 배낭을 Dave에게 추천해 주었는데, 그 이유는 빨간색이 요즘 가장 인기 있는 색이기 때문이다.

|해석| 처음에 그 점원은 빨간색이 요즘 가장 인기 있는 색이라서 빨간색 배낭을 추천했다.

08 Dave가 사기로 한 배낭은 남색이고, 옆 주머니가 있다고 했다.

---

09 과거에 경험한 일의 만족 여부를 물을 때 How did you like ~?로 표현한다. 또한 '경주로의 너의 여행'은 your trip to Gyeongju로 표현할 수 있으므로, 전치사 about을 쓰지 않는다.

10 it은 수지가 석굴암까지 걸어 올라간 것을 말한다.

11 카메라가 정말 마음에 든다는 말이 이어지는 것으로 보아, 빈칸에는 스마트폰에서 가장 마음에 드는 점이 무엇인지 묻는 말이 들어가는 것이 알맞다.

12 (1) Tom은 자신의 새 스마트폰을 무척 마음에 들어 한다.

(2) Tom은 스마트폰의 카메라가 멋진 사진을 찍기 때문에 카메라를 가장 마음에 들어 한다.

|해석| (1) Tom은 그의 새 스마트폰이 마음에 드는가?

(2) Tom은 왜 그 스마트폰에 있는 카메라를 정말 좋아하는가?

---

01 ③ 02 ① 03 ② 04 ① 05 which 06 ② 07 ③

08 ①, ③ 09 ③ 10 ④ 11 ④ 12 ④

[서술형]

13 (1) He is my favorite star who(whom/that) I want to meet.

(2) I miss the old sweater which(that) my mom made for me.

(3) She couldn't find the school to which Tom goes. /
She couldn't find the school which(that) Tom goes to.

14 (1) too sick to go

(2) so sick that, couldn't

15 (1) which(that) you use to keep the air in a building cool

(2) in which I look up the meaning of a word

(3) which(that) Korean people eat on New Year's Day

16 (1) [모범답] He ran so fast that he won the race.

(2) [모범답] This problem is so difficult that we can't answer it right now.

(3) [모범답] The toy was so expensive that I couldn't buy it.

17 ⓑ → We arrived too late to have dinner.

18 (1) [모범답] we failed to enter the contest

(2) [모범답] sing well on the stage

(3) [모범답] we stopped watching it

---

01 ③ though는 '(비록) ~이지만'이라는 뜻으로, '그녀는 집에 늦게 갔지만, 옷을 바꿔 입을 수 있었다.'라는 의미이다. 나머지는 모두 그녀가 집에 늦게 가서 옷을 바꿔 입을 수 없었다는 내용이다.

02 관계대명사가 전치사의 목적어일 때 전치사를 관계대명사 앞으로 가져와서 「전치사+목적격 관계대명사」의 형태로 쓸 수 있는데, 이때는 관계대명사를 생략할 수 없다.

03 첫 번째 빈칸에는 사람(someone)을 선행사로 하는 주격 관계대명사로 who나 that을 쓸 수 있다. 두 번째 빈칸에는 사람(The people)을

선행사로 하는 목적격 관계대명사로 who나 whom, that을 쓸 수 있다. 따라서 보기 중에서는 공통으로 who가 올 수 있다.

|해석| • 나는 나를 웃게 만드는 사람을 좋아한다.

• 파리에서 내가 만난 사람들은 매우 친절했다.

04 우리말을 영어로 옮기면 He is so clever that he can solve a very difficult problem.이 된다. 이 문장에서 세 번째로 오는 단어는 so이다.

05 the tree와 The picture를 각각 선행사로 할 수 있는 목적격 관계대명사로 which나 that을 쓸 수 있는데, 전치사 뒤에 관계대명사 that은 쓸 수 없으므로, which가 알맞다.

|해석| • 이것은 내 아버지가 작년에 심은 나무이다.

• 네가 찾고 있는 그 그림은 서랍 안에 있다.

06 자연스러운 문장은 ⓒ와 ⓔ이다.

ⓐ '너무 커서 한 손으로 잡을 수 없다'는 의미가 되는 것이 알맞으므로, small을 big으로 고쳐야 한다.

ⓑ '그를 쉽게 이길 수 없다'고 해야 알맞으므로, can을 can't로 고쳐야 한다.

ⓓ '선반 맨 윗 칸에 닿을 수 없다'는 의미가 되는 것이 알맞으므로, can을 can't로 고쳐야 한다.

|해석| ⓐ 이 스마트폰은 너무 작아서(→ 커서) 한 손으로 잡을 수 없다.

ⓑ 그는 아주 힘이 세서 너는 그를 쉽게 이길 수 있다(→ 없다).

ⓒ 그 물은 너무 짜서 나는 그것을 마실 수 없다.

ⓓ 그녀는 너무 키가 작아서 그 선반 맨 윗 칸에 닿을 수 있다(→ 없다).

ⓔ 그 농부들은 너무 바빠서 쉴 수 없었다.

07 ③의 who는 목적격 관계대명사이고, 나머지는 모두 주격 관계대명사이다.

|해석| ① 나에게 자리를 양보한 그 남자는 키가 컸다.

② 너는 한 남자를 뒤쫓고 있는 그 경찰관을 봤니?

③ 이 사람이 김 씨가 추천한 요리사이다.

④ 그녀는 베트남에 사는 그녀의 친구에게 선물을 보냈다.

⑤ 이 노래를 쓴 음악가는 캐나다인이다.

08 「too+형용사/부사+to+동사원형 ...」 구문은 「so+형용사/부사+that+주어+can't+동사원형 ...」으로 바꿔 쓸 수 있다. 이는 또한 의미상 '결과'를 나타내는 접속사 so를 사용하여 바꿔 쓸 수 있다.

|해석| 그는 너무 거만해서 그 자신의 실수를 볼 수 없다.

09 ③ someone을 선행사로 하는 목적격 관계대명사 who나 whom, that으로 고쳐야 한다.

|해석| ① 나는 너무 배가 불러서 후식을 먹을 수 없었다.

② 나는 내가 어제 잃어버린 지갑을 찾았다.

③ 나는 의지할 수 있는 누군가가 필요하다.

④ 그 얼음이 너무 두꺼워서 우리는 그 위를 걸을 수 있었다.

⑤ 그 돌은 너무 무거워서 나는 그것을 들어 올릴 수 없었다.

10 관계대명사가 전치사의 목적어일 때 전치사를 관계대명사 앞에 둘 수 있는데, 이때 관계대명사 that과 who는 쓰일 수 없다. 따라서 the woman을 선행사로 하는 목적격 관계대명사 whom이 알맞다.

|해석| 내가 이야기 나누고 싶은 그 여자는 매우 유머러스하다.

11 ⓐ~ⓓ의 빈칸에는 that이 들어갈 수 있고, ⓔ의 빈칸에는 which만

들어갈 수 있다. ⓔ 전치사가 관계대명사 앞에 올 때, 관계대명사 that은 쓰일 수 없다.

|해석| ⓐ 그녀는 내가 돌보는 내 딸이다.

ⓑ 네가 내게 준 열쇠가 여기 있다.

ⓒ 하늘에서 빛나는 별들을 봐라.

ⓓ 우리는 유명한 영화에 나온 그 배우를 좋아한다.

ⓔ 내가 기다리던 버스는 제시간에 도착하지 않았다.

12 ⓐ 문맥상 '너무 약해서(아파서) 학교에 갈 수 없었다'는 의미가 되도록 healthy는 weak(ill/sick)가 되어야 한다.

ⓒ 원인과 결과를 나타내는 so ~ that이 되도록 too는 so가 되어야 한다.

|해석| ⓐ 그는 너무 건강해서(→ 약해서/아파서) 학교에 갈 수 없었다.

ⓑ 이것은 그가 그 편지를 썼던 펜이다.

ⓒ 너무 늦어서 너는 택시를 타야 한다.

ⓓ 내가 초대한 그 사람은 아직 도착하지 않았다.

ⓔ 이 문제는 너무 어려워서 우리는 지금 당장 그것에 답할 수 없다.

13 각각 my favorite star, the old sweater, the school을 선행사로 하는 목적격 관계대명사를 사용하여 문장을 완성한다. 관계대명사가 전치사의 목적어인 경우 전치사를 관계대명사 앞에 쓸 수 있지만, 관계대명사 that은 전치사 뒤에 쓸 수 없음에 유의한다.

14 '너무 ~해서 …할 수 없다'는 「too+형용사/부사+to+동사원형 ...」 또는 「so+형용사/부사+that+주어+can't+동사원형 ...」으로 표현할 수 있다.

15 각각 a machine, a book, a food를 선행사로 하는 목적격 관계대명사를 사용하여 문장을 완성한다.

|해석| (1) 당신은 건물 안의 공기를 시원하게 유지하기 위해 에어컨을 사용한다.

→ 에어컨은 당신이 건물 안의 공기를 시원하게 유지하기 위해 사용하는 기계이다.

(2) 나는 사전에서 단어의 의미를 찾아본다.

→ 사전은 내가 단어의 의미를 찾아보는 책이다.

(3) 한국 사람들은 설날에 떡국을 먹는다.

→ 떡국은 한국 사람들이 설날에 먹는 음식이다.

16 「so+형용사/부사+that+주어+동사 ...」의 문장을 완성한다.

17 ⓑ '너무 ~해서 …할 수 없다'는 「too+형용사/부사+to+동사원형 ...」으로 표현한다.

|해석| ⓐ 나는 믿을 수 있는 누군가가 필요하다.

ⓑ 우리는 너무 늦게 도착해서 저녁 식사를 할 수 없었다.

ⓒ 나는 엄마가 좋아하실 선물을 사고 싶다.

ⓓ 그 시험은 아주 쉬웠다. 그래서 모든 사람이 통과했다.

ⓔ 그 음식이 너무 매워서 나는 그것을 먹을 수 없었다.

18 (1), (3) '너무 ~해서 …하다'는 뜻의 「so+형용사/부사+that+주어+동사 ...」 구문이 쓰인 문장을 완성한다.

(2) '너무 ~해서 …할 수 없다'는 뜻의 「too+형용사/부사+to+동사원형 ...」 구문이 쓰인 문장을 완성한다.

|해석| (1) 우리는 너무 늦게 일어나서 그 대회에 입장하지 못했다.

(2) 그는 너무 긴장해서 무대 위에서 노래를 잘할 수 없었다.

(3) 그 영화는 너무 지루해서 우리는 그것을 보는 것을 그만두었다.

01 ③   02 ⑤   03 ①   04 opinion   05 ③   06 ⑤   07 ①

08 ②   09 ④   10 ③   11 ④

[서술형]

12 *Y-Men 7*, advertisement, boring, opinions, facts

13 ⓐ The desert is beautiful

    ⓑ The Atacama Desert is in Chile

    ⓒ Winner of 6 Academy Awards including Best Picture

14 difference, facts

15 It is the award which the movie won.

01 ⓐ는 앞서 언급한 영화가 어떤지 묻는 말이므로, 영화가 만족스러운지 묻는 말인 ③과 바꿔 쓸 수 있다.

┃해석┃ ① 그것은 어떻게 작동하니?

② 날씨가 어떠니?

④ 너는 지금 기분이 어떠니?

⑤ 잘 지내니?

02 「so+형용사+that+주어+동사 ....」의 구문에서 so 뒤의 형용사가 원인을, that 이하가 결과를 나타낸다. '나는 그 영화를 내 친구들 모두에게 추천하고 싶다'를 뜻하는 ⑤는 '영화가 너무 지루하다'는 원인에 알맞은 결과로 볼 수 없다.

┃해석┃ ① 나는 울고 싶다

② 나는 그것을 보는 것을 그만두고 싶다

③ 나는 컴퓨터를 끄고 싶다

④ 나는 더 이상 그것을 보고 싶지 않다

⑤ 나는 그것을 내 친구들 모두에게 추천하고 싶다

03 Kyle은 영화 광고와 달리 영화가 지루해서 환불해 달라고 할 만큼 화가 난 상태이다. 빈칸에는 '화가 난'을 뜻하는 mad가 들어가는 것이 알맞다.

04 Emma의 말에 따르면, 영화 "Y-Men 7"의 광고 문구인 "The Most Exciting Movie of the Year(올해의 가장 흥미진진한 영화)"는 의견(opinion) 진술에 해당한다.

05 ③ '4월은 30일까지 있는 달이다.'라는 의미의 문장에는 감정이 표현되지 않았으므로, 의견(opinions)에 해당하지 않는다.

┃해석┃ ① 개는 가장 훌륭한 애완동물이다.

② 딸기는 블루베리보다 더 맛있다.

③ 4월은 30일까지 있는 달이다.

④ 프라이드치킨은 가장 맛있는 음식 중 하나이다.

⑤ 컴퓨터 게임을 하는 것은 매우 재미있다.

06 ⓔ 앞에서 영화 "Y-Men 7"의 광고와 달리 영화 "Forrest Gump"의 광고는 사실을 사용한다고 하였으므로, 빈칸에는 '차이점'을 뜻하는 difference가 들어가는 것이 알맞다.

07 '그것이 사실인지 아닌지 말할 수는 없어.'라는 의미의 주어진 문장은 의견에 대한 설명과 예시가 제시된 문장 다음에 오는 것이 알맞다.

08 주어진 문장과 ⓑ의 that은 목적격 관계대명사이다. ⓐ, ⓒ, ⓓ의 that은 대명사이고, ⓔ의 that은 '그렇게'라는 뜻의 부사이다.

09 ①은 express(표현하다), ②는 trust(신뢰하다), ③은 opinion(의견), ④는 connection(관련성), ⑤는 award(상)의 영어 뜻풀이다. connection은 대화에 쓰이지 않았다.

┃해석┃ ① 당신이 생각하거나 느끼는 것을 보여 주다

② 무언가가 진실이라고 믿다

③ 어떤 것에 관한 생각이나 느낌

④ 두 대상이 서로 관련된 방식

⑤ 누군가가 한 일에 대한 돈 등과 같은 포상

10 ③ Emma가 대부분의 광고에는 사실과 의견이 섞여 있다고 했다.

┃해석┃ ① 'best'나 'most' 같은 단어들은 사실과 함께만 사용된다.

② "Y-Men 7"은 "Best Picture" 상을 수상했다.

③ 대부분의 광고는 사실과 의견 둘 다를 사용한다.

④ Kyle은 Emma가 의미하는 것을 결국 이해할 수 없었다.

⑤ Emma와 Kyle은 영화 "Y-Men 7"을 함께 볼 것이다.

11 ④ Emma는 광고에 사실과 의견이 섞여 있어 그 둘을 바탕으로 현명한 선택을 해야 한다고 했다.

┃해석┃ ① 광고는 항상 진실을 말해야 한다.

② 우리는 사실을 담은 광고만을 신뢰해야 한다.

③ 광고는 항상 그들의 제품에 관해 거짓말을 한다.

④ 우리는 광고에서 사실과 의견 둘 모두를 확인하고 현명하게 선택해야 한다.

⑤ 우리는 지루한 광고에 주의를 기울일 필요가 없다.

12 Kyle과 Emma는 Kyle이 보고 있던 영화 "Y-Men 7"과 그 광고에 대해 이야기를 나누고 있다. Kyle은 영화가 지루해서 광고에서 거짓말을 했다고 생각하지만, Emma는 광고가 사실이 아닌 의견을 사용한 것이라 말한다.

┃해석┃ Kyle과 Emma는 영화 "Y-Men 7"과 그 광고에 관해 대화하고 있다. Kyle은 영화가 흥미진진하기는 커녕 지루하기 때문에 그 광고가 진실을 말하지 않았다고 생각한다. 그러나 Emma는 광고가 사실이 아니라 의견을 사용했다고 말한다.

13 ⓐ 의견에 해당하는 예문으로 사람의 감정을 표현한 것은 The desert is beautiful(사막은 아름답다)이다.

ⓑ 사실인지 거짓인지 구분할 수 있고 지도에서 확인할 수 있는 것은 The Atacama Desert is in Chile(아타카마 사막은 칠레에 있다)이다.

ⓒ 영화 "Forrest Gump"의 광고 문구이면서 사실인 것은 보기의 첫 번째 문장이다.

14 Emma는 사실과 의견에 대해 설명하고 있는데, 각각의 예시를 들어 둘의 차이점을 설명하고 있다.

┃해석┃ Emma는 사실과 의견 사이의 차이를 설명하고 있다.

15 "Best Picture"는 영화 "Forrest Gump"가 받은 상이라고 했다.

┃해석┃ "Best Picture"는 "Forrest Gump" 광고에서 무엇을 의미하는가? 영어로 답하시오.

01 advertisement

02 (모범답) We ate the rest of the cake.

03 (1) (모범답) Can you recommend a novel for me

    (2) don't you read

    (3) It has lots of exciting adventures.

04 (모범답) How about *Hello*? / Try *Hello*. /

    Why don't you listen to *Hello*?

05 (1) (모범답) Why don't you try Antonio's?

    (2) (모범답) The food is delicious.

    (3) (모범답) I think the prices are good, too.

    (4) (모범답) It's a little slow on the weekends.

06 (1) (모범답) I'm not happy with it.

    (2) (모범답) It's too small for me.

07 (1) *Shrek*

    (2) All the characters are funny.

08 (1) He recommends a blue jacket.

    (2) She will buy a red jacket.

09 (1) It was so cloudy that we couldn't go sailing.

    (2) The dress was so beautiful that I couldn't take my

    eyes off it.

    (3) The news is too good to be true.

10 (1) which(that) Sam is playing

    (2) who(whom/that) most students like

    (3) which(that) I bought yesterday

11 (1) so, watched it twice

    (2) too, board a plane

12 (1) (모범답) so windy that she can't open the umbrella

    (2) (모범답) too tired to walk anymore

    (3) (모범답) too late to catch the train

13 (1) There's the man who(whom/that) I saw yesterday.

    (2) She loved the cake which(that) I made for her.

    (3) The people with whom I'd like to make friends are

    really nice and kind. / The people who(whom/that)

    I'd like to make friends with are really nice and

    kind.

14 (1) which Karen has read

    (2) which Karen is writing

    (3) to whom Karen read her novel / whom Karen read

    her novel to

15 Y-Men 7, boring, lied

16 (1) He is watching the movie(, *Y-Men 7*) on his computer.

    (2) It said the movie was "The Most Exciting Movie of

    the Year."

17 (1) (모범답) 의견은 사람들의 감정을 표현한 것으로, 그것이 진실

    인지 아닌지 구별할 수 없지만, 사실은 증명할 수 있다.

    (2) ⓐ, ⓓ, ⓔ

    (3) ⓑ, ⓒ

18 (모범답) Kiruna is a city in Sweden

19 ⓐ → It uses facts unlike the *Y-Men 7* advertisement.

    ⓓ → When people use words like "best" or "most,"

    they are usually expressing opinions.

20 (1) advertisements(ads)

    (2) facts, opinions

    (3) make a smart choice

---

01 빈칸에는 '광고'라는 뜻으로 쓰이는 advertisement가 알맞다.

  |해석| 그들은 신문에 새 자동차 광고를 실었다.

  [조건] 1. 단어는 a로 시작한다.

  2. 단어는 열 세 글자이다.

  3. 단어는 '무언가에 대해 사람들에게 알려 주는 공고, 사진 또는 짧은

  영화'를 의미한다.

02 '나머지'의 의미로 쓰인 명사 rest를 사용하여 문장을 완성한다.

  |해석| 당신은 그 남은 시간 동안 무엇을 할 것인가?

03 (1) 상대방에게 무언가를 추천해 달라고 할 때 Can you recommend

  ~? 등으로 말할 수 있다.

  (2) 추천하는 말은 Why don't you ~?로 할 수 있다.

  (3) 그 소설의 어떤 점이 좋은지 묻는 말에 Amy는 '신나는 모험이 많

  이 있다'고 말하는 것이 알맞다.

  |해석| Tony는 Amy에게 그를 위해 소설을 추천해 달라고 부탁한다.

  그녀는 '톰 소여의 모험'을 추천한다. 그것은 그녀가 가장 좋아하는 소

  설이다. 그녀는 그 소설이 많은 흥미진진한 모험들을 담고 있다고 생각

  한다.

04 밑줄 친 말은 상대방에게 "Hello"라는 노래를 추천하는 말이다. 상대

  방에게 무언가를 추천할 때 I recommend ~.나 How about ~?,

  Why don't you ~? 또는 Try ~. 등으로 말할 수 있다.

05 (1) Antonio's 식당을 추천하는 말이 알맞다. 후기의 내용을 참고해

  (2) 음식이 맛있다, (3) 음식 가격이 괜찮다, (4) 서비스가 주말에는 조

  금 느리다는 내용으로 대화를 완성한다.

06 (1) 티셔츠가 마음에 들지 않는다고 답하는 말이 알맞다.

  (2) 티셔츠가 너무 작다고 답하는 것이 알맞다.

  |해석| A: Nick, 네 티셔츠는 마음에 드니?

  B: 나는 만족스럽지 않아.

  A: 왜 만족스럽지 않은데?

  B: 그것은 내게 너무 작아.

07 (1) 영화 추천을 요청하는 말에 후기를 참고해 별이 네 개 받은 "Shrek"

  을 추천하는 것이 알맞다.

  (2) 영화 "Shrek"에 대해 어떤 점이 마음에 드는지 묻는 말에 '모든 등

  장인물이 재미있다.'는 구체적인 평으로 답하는 것이 알맞다.

08 (1) 점원인 남자는 처음에 파란색 재킷을 추천한다.

  (2) Ella는 빨간색 재킷을 살 것이다.

  |해석| 남자: 도와드릴까요?

  Ella: 네. 재킷을 찾고 있어요. 하나 추천해 주시겠어요?

남자: 이 파란색 재킷은 어떤가요? 파란색은 요즘 가장 인기 있는 색이에요.

Ella: 저는 파란색을 좋아하지 않아서, 다른 색을 원해요.

남자: 이 빨간색 재킷은 어떤가요? 10달러 밖에 안해요.

Ella: 오, 좋아 보여요. 그걸로 살게요.

(1) Q: 남자는 처음에 무엇을 추천하는가?

(2) Q: Ella는 무엇을 살 것인가?

09 (1), (2) '너무 ~해서 …할 수 없다'는 뜻의 「so+형용사/부사+that+주어+can't+동사원형 ….」의 문장을 완성한다.

(3) '너무 ~해서 …할 수 없다'는 뜻의 「too+형용사/부사+to+동사원형 ….」의 문장을 완성한다.

|해석| (1) 원인: 날씨가 너무 흐렸다.

결과: 우리는 항해를 갈 수 없었다.

(2) 원인: 드레스가 매우 아름다웠다.

결과: 나는 드레스에서 내 눈을 뗄 수 없었다.

(3) 원인: 그 소식은 매우 좋다.

결과: 사실일 리 없다.

10 (1), (3) 각각 사물 The piano, the sofa를 선행사로 하는 목적격 관계대명사 which 또는 that을 사용하여 문장을 완성한다.

(2) 사람 the teacher를 선행사로 하는 목적격 관계대명사 who나 whom, that을 사용하여 문장을 완성한다.

11 (1) '너무 ~해서 …하다'는 뜻의 「so+형용사/부사+that+주어+동사 ….」의 문장을 완성한다.

(2) '너무 ~해서 …할 수 없다'는 뜻의 「too+형용사/부사+to+동사원형 ….」의 문장을 완성한다.

|해석| (1) 그 영화는 너무 흥미진진해서 그녀는 그것을 두 번 보았다.

(2) 그는 너무 어려서 혼자서 비행기를 탈 수 없다.

12 '너무 ~해서 …할 수 없다'는 뜻의 「so+형용사/부사+that+주어+can't+동사원형 ….」 또는 「too+형용사/부사+to+동사원형 ….」의 문장을 완성한다.

13 (1), (3) 각각 the man과 The people을 선행사로 하는 목적격 관계대명사 who나 whom, that을 사용하여 문장을 연결한다. 관계대명사가 전치사의 목적어로 쓰인 경우 전치사가 관계대명사 앞에 올 수 있으나, 관계대명사 who나 that은 전치사 뒤에 쓰일 수 없다.

(2) the cake를 선행사로 하는 목적격 관계대명사 which나 that을 사용하여 문장을 연결한다.

|해석| 〈A〉 (1) 그 남자가 있다.

(2) 그녀는 케이크를 아주 좋아했다.

(3) 그 사람들은 정말 착하고 친절하다.

〈B〉 • 나는 그녀에게 그것을 만들어 주었다.

• 나는 그를 어제 봤다.

• 나는 그들과 친구가 되고 싶다.

14 (1), (2) 각각 the book과 The novel을 선행사로 하는 목적격 관계대명사 which를 사용하여 문장을 완성한다.

(3) James를 선행사로 하는 목적격 관계대명사 whom을 사용하여 문장을 완성한다.

|해석| Karen은 판타지 소설 읽는 것을 좋아한다. 그녀가 가장 좋아하는 것은 "The Golden Compass"이다. 그녀는 이 소설을 여러 번 읽었다. 요즘 그녀는 소설을 한 편 쓰고 있다. 그 소설은 움직이는 집에 관한 것이다. 어제 그녀는 그녀의 소설을 가장 친한 친구 James에게 읽어 주었다. 그는 그것을 아주 좋아했다. Karen은 위대한 작가가 되고 싶다. James는 그녀의 첫 번째 팬이 될 것이다.

(1) "The Golden Compass"는 Karen이 여러 번 읽은 책이다.

(2) Karen이 쓰고 있는 소설은 움직이는 집에 관한 것이다.

(3) Karen이 그녀의 소설을 읽어 준 James는 그녀의 첫 번째 팬이 될 것이다.

15 Kyle이 본 영화 제목은 "Y-Men 7"이다. Kyle은 영화가 지루하다고 했으며, 영화 광고에 거짓말을 했다고 생각한다.

16 (1) Kyle은 컴퓨터로 영화 "Y-Men 7"을 보고 있다.

(2) "Y-Men 7" 광고에서는 그 영화가 "올해의 가장 흥미진진한 영화"라고 했다.

|해석| (1) Q: Kyle은 무엇을 하고 있는가?

(2) Q: 그 광고는 "Y-Men 7" 영화에 대해 뭐라고 했는가?

17 (1) 의견은 사람들의 감정을 표현한 것이라고 했고, 사실은 증명할 수 있는 것이라고 했다.

(2), (3) ⓑ와 ⓒ의 fun과 exciting은 감정을 표현한 것이므로 '의견' 문장이고, 나머지는 증명할 수 있는 '사실' 문장이다.

|해석| ⓐ 한 해에는 열 두 달이 있다.

ⓑ 거리 행진 참가는 아주 재미있다.

ⓒ 사막에 도시를 세우는 것은 흥미진진한 일이다.

ⓓ 화성은 지구에서 두 번째로 가까운 행성이다.

ⓔ 한국 민속촌은 용인에 위치해 있다.

18 fact(사실)인 문장이고, 지도에서 확인할 수 있는 내용의 문장을 써야 한다.

19 ⓐ "Y-Men 7" 광고와 "Forrest Gump" 광고의 차이점을 설명하고 있으므로, like는 unlike로 고쳐야 한다.

ⓓ "best"나 "most" 같은 단어는 보통은 의견을 표현하는 말이므로, facts는 opinions로 고쳐야 한다.

20 (1) 두 사람은 광고에서 다루는 사실이나 의견에 대해 이야기를 나누고 있으므로, 광고(advertisements)를 읽을 때에 대해 이야기하고 있음을 알 수 있다.

(2) 대부분의 광고에는 사실(facts)과 의견(opinions)이 섞여 있다고 하였다.

(3) Emma는 사실과 의견을 바탕으로 현명한 선택을 할 수 있다고 하였다.

|해석| Emma 덕분에 나는 우리가 광고를 읽을 때 더 주의해야 한다는 것을 배웠다. 대부분의 광고는 사실과 의견 둘 모두를 포함한다. 그래서 우리는 사실이나 의견을 알아차리기 위해 주의를 기울여야 한다. 이렇게 함으로써, 우리는 현명한 선택을 할 수 있다.

01 ②   02 ③   03 ①   04 ⑤   05 ②   06 ⑤   07 Can you recommend one?   08 ④   09 How do you like the service?   10 (1) recommend a good pizza restaurant (2) Antonio's (3) the prices are good(, too) (4) the service is a little slow on the weekends   11 ①, ⑤   12 ④   13 (1) This is the house which(that) she lives in. (2) They are the police officers who(whom/that) I can trust. (3) The cookies which(that) my mother made for me were very delicious.   14 (1) I'm too tired to climb the mountain. (2) The car was so old that it couldn't move.   15 ③   16 ①   17 ④   18 ⑤   19 I'm not following you.   20 ④   21 ⓐ The desert is beautiful. ⓑ The Atacama Desert is in Chile.   22 ②   23 모범답 The bus which you're waiting for will arrive soon.   24 ③   25 ⑤

01 touching은 '감동적인'이라는 뜻으로 쓰였으며, moving으로 바꿔 쓸 수 있다.
|해석| 그것은 감동적이고 마음이 따뜻해지는 경험이었다.

02 '이해하기 쉬운 방식으로 무언가에 관해 누군가에게 말하다'를 뜻하는 단어는 explain(설명하다)이다.

03 based on: ~을 바탕으로 / for example: 예를 들어
|해석| • 그 영화는 유명한 책을 바탕으로 했다.
• 많은 나라들은, 예를 들어 멕시코와 일본은 지진을 많이 겪는다.

04 ⑤ '지구가 둥글다'는 것은 의견(opinion)이 아니라 사실(fact)이다.
|해석| ① 그 구성은 이해하기 약간 어렵다.
② 이 밴드는 십대들에게 매우 인기가 있다.
③ 너는 식사 전에 항상 손을 씻어야 한다.
④ 그는 그 문제에 대한 그의 생각을 표현했다.
⑤ 지구가 둥글다는 것은 의견이다.

05 ② 자전거가 마음에 드는지 묻는 말에 만족스럽다고 답하였으므로, 어떤 점이 좋은지 묻는 말에 '가볍고 빠르다.'고 장점을 말하는 것이 알맞다.
|해석| ① 그것은 너무 무거워.
② 그것은 가볍고 빨라.
③ 나는 다른 모델이 좋아.
④ 그것은 내게 너무 작아.
⑤ 나는 디자인이 마음에 들지 않아.

06 영화를 추천해 달라고 부탁하는 말(D)에 "Star Wars"를 추천하고(C), 아직 그 영화를 보지 못했다는 말(A)에, 지금 인기 순위 1위인 영화라고 추가 정보를 알려 주는 말(B)을 하는 것이 알맞다.

07 상대방에게 무언가를 추천해 달라고 요청할 때 Can you recommend

~?로 표현할 수 있다. 앞에 나온 대상(backpack)을 가리키며 불특정한 하나를 지칭할 때 one을 쓴다.

08 ④ 점원이 민호에게 요즘 가장 인기 있는 색이라며 빨간색 배낭을 추천해 주었지만, 민호는 남색 배낭을 사기로 했다.

09 마음에 드는지 물을 때 How do you like ~?로 표현한다.

10 괜찮은 피자 식당을 추천해 달라는 Brian의 말에 미나는 Antonio's를 추천해 주었고, 그 식당의 음식이 맛있고, 가격도 괜찮지만, 주말에는 서비스가 조금 느리다고 알려 주었다.
|해석| 10월 20일
오늘, 나는 미나에게 좋은 피자 식당을 추천해 달라고 부탁했다. 그녀는 Antonio's를 추천했다. 그 식당은 그녀가 가장 좋아하는 식당이다. 그녀는 음식이 맛있고 가격도 좋지만, 주말에는 서비스가 조금 느리다고 말했다. 나는 나중에 그 식당을 확인해 볼 것이다.

11 사람(athlete)을 선행사로 하는 목적격 관계대명사 who나 whom이 알맞다.
|해석| 그녀는 대부분의 사람들이 알고 사랑하는 운동 선수이다.

12 '너무 ~해서 …할 수 없다'는 뜻의 「too+형용사/부사+to+동사원형 …」 구문은 「so+형용사/부사+that+주어+can't+동사원형 …」으로 바꿔 쓸 수 있다.
|해석| 그녀는 너무 부끄러워해서 무대 위에서 공연할 수 없다.

13 (1), (3) 각각 the house와 The cookies를 선행사로 하는 목적격 관계대명사 which 또는 that을 선행사 뒤에 써넣는다.
(2) the police officers를 선행사로 하는 목적격 관계대명사 who나 whom, that을 선행사 뒤에 써넣는다.
|해석| (1) 이것은 그녀가 사는 집이다.
(2) 그들은 내가 믿을 수 있는 경찰관이다.
(3) 우리 어머니가 나에게 만들어 주신 그 쿠키는 아주 맛있었다.

14 '너무 ~해서 …할 수 없다'는 뜻은 「so+형용사/부사+that+주어+can't+동사원형 …」 또는 「too+형용사/부사+to+동사원형 …」 구문으로 표현할 수 있다.
|해석| (1) 나는 너무 피곤해서 산을 오를 수 없다.
(2) 그 자동차는 너무 오래돼서 움직일 수 없었다.

15 첫 번째 빈칸에는 원인과 결과를 나타내는 so ~ that 구문이 들어가고, 두 번째 빈칸에는 everything을 선행사로 하는 목적격 관계대명사 that이 들어가는 것이 알맞다.

16 hold on은 '기다리다'라는 뜻으로, wait와 바꿔 쓸 수 있다.

17 ⓑ lie는 '거짓말하다'라는 뜻으로 쓰였으므로, ④ '사실이 아닌 무언가를 말하거나 쓰다'가 영어 뜻풀이로 알맞다.
|해석| ① 당신이 생각하거나 느끼는 것을 보여 주다
② 다른 무언가에 무언가를 더하다
③ 무언가를 더 높은 위치로 움직이다
④ 사실이 아닌 무언가를 말하거나 쓰다
⑤ 무언가가 진실임을 보여 주기 위해 사실, 증거 등을 사용하다

18 ⑤ Emma의 마지막 말에서 영화 광고 문구에 사실이 아닌 의견을 사용했음을 알 수 있다.

19 '이해하다'를 뜻하는 follow를 사용하여 I'm not following you.라고 표현한다.

20 (A) 사람의 감정을 표현하는 것이므로, Opinions(의견)가 알맞다.

(B) 증명될 수 있는 것은 facts(사실)라고 하는 것이 알맞다.

21 ⓐ it과 ⓑ that은 각각 앞에 나온 예시 문장을 가리킨다.

22 주어진 문장은 상대방이 가장 좋아하는 영화가 무엇인지 묻는 질문이므로, It's *Forrest Gump*.라고 답하는 말 앞에 들어가는 것이 알맞다.

23 which는 the award를 선행사로 하는 목적격 관계대명사이다. 목적격 관계대명사 which의 선행사가 될 수 있는 것은 사물이나 동물인 the bus와 the dog이므로, 둘 중 하나를 선행사로 선택하여 문장을 자유롭게 쓴다.

24 대부분의 광고에는 사실과 의견이 섞여 있다는 말이 이어지는 것으로 보아, 사실로 이루어진 광고만 믿겠다는 말에 그것이 그렇게 간단하(simple)지 않다고 말하는 것이 알맞다.

25 영화 "Y-Men 7"의 나머지를 함께 보자는 Kyle의 제안을 Emma가 거절하는 것으로 대화가 끝이 났으므로, 대화 후 두 사람이 함께 무엇을 할지는 알 수 없다.

제 2 회 대표 기출로 내신 **적중** 모의고사   pp.70~73

01 ①   **02** ③   **03** ①   **04** ⑤   **05** ③   **06** ①, ③   **07** (1)
[모범답] Can you recommend a book (2) *The Little Prince*
(3) the main character (4) very special   **08** ③   **09** How
do you like the service?   **10** ③   **11** (1) The food is so
salty that babies can't eat it. (2) I was too tired to drive.
(3) She is too busy to have breakfast.   **12** ②, ③   **13** (1)
Can I borrow your umbrella which(that) you never use? (2) Do you remember Lisa who(whom/that) you played baseball with yesterday? / Do you remember Lisa with whom you played baseball yesterday?   **14** It's so boring that I want to cry.   **15** ④   **16** ②   **17** [모범답] The driverless car is dangerous.   **18** ③   **19** ⑤   **20** opinions, facts   **21** ③
22 ③   **23** ⑤   **24** ①, ③   **25** (It's) Because most ads mix facts with opinions.

01 빈칸에는 '~의 가치가 있는'을 뜻하는 worth가 들어가는 것이 알맞다.

|해석| 그 그림은 지금 많은 돈의 가치가 있음에 틀림없다.

02 ① right now: 지금, 지금 당장 ② hold on: 기다리다
④ mix *A* with *B*: A와 B를 섞다 ⑤ for example: 예를 들어

|해석| ① 그는 지금 집에 없다.

② 기다려! 이곳은 맞는 길이 아니야.

③ 그 이야기는 역사적인 사실을 바탕으로 한다.

④ 그는 초록색 페인트를 만들기 위해 파란색 페인트를 노란색 페인트와 섞었다.

⑤ 많은 언어가, 예를 들어 프랑스어와 이탈리아어는 비슷한 단어를 가지고 있다.

03 각각 '거짓말하다'와 '눕다'를 뜻하는 lie의 영어 뜻풀이다.

|해석| • 사실이 아닌 무언가를 말하거나 쓰다

• 서 있거나 앉아 있지 않기 위해 평평한 자세로 있다

04 I'm happy with ~.는 만족을 표현하는 말이다.

|해석| A: 네 새 신발은 마음에 드니?

B: 나는 정말 만족스러워. 매우 편해.

05 ③ 스마트폰의 어떤 점이 마음에 드는지 묻는 말에 '이 파란색을 써 보지 그래?'라고 제안하는 말로 답하는 것은 어색하다.

06 ①, ③ 좋은 영화를 추천해 달라고 했으므로, 빈칸에는 추천하는 말이 와야 한다. 무언가를 추천할 때는 Try ~.나 I think ~.로 말할 수 있다.

|해석| ① "Star Wars"를 봐.

② 나는 보통 영화를 봐.

③ "Star Wars"가 좋을 것 같아.

④ "Star Wars"는 재미있기 때문이야.

⑤ 너는 "Star Wars"가 무엇인지 아니?

07 (1) 추천을 요청할 때 Can you recommend ~?로 말한다. (2) 유진이는 "The Little Prince"를 추천하고, (3), (4) 그녀는 그 책의 주인공이 매우 특별해서 그 책을 좋아한다.

|해석| Sam은 유진이에게 그를 위해 책을 추천해 달라고 부탁한다. 유진이는 '어린 왕자'를 추천한다. 그녀는 특히 주인공을 좋아한다. 그녀는 그가 매우 특별하다고 생각한다. 그 책은 좋을 것 같아서 Sam은 그것을 읽고 싶어 한다.

08 괜찮은 피자 음식점을 추천해 달라는 Brian에게 Antonio's 식당을 추천해 주고(B), 그 식당의 어떤 점이 마음에 드는지 묻는 말(A)에 음식이 맛있다고 답(D)한 뒤, 음식 가격이 어떤지 묻고(C) 답하는 말이 이어지는 것이 자연스럽다.

09 마음에 드는지 물을 때 How do you like ~?로 표현할 수 있다.

10 문맥상 '너무 나이가 들어서 도움 없이는 걸을 수 없다'는 뜻이 되도록 ③이 알맞다.

|해석| 그는 너무 나이 들어서 도움 없이 걸을 수 없다.

11 '너무 ~해서 …할 수 없다'는 「so+형용사/부사+that+주어+can't+동사원형 ....」 또는 「too+형용사/부사+to+동사원형 ....」으로 쓸 수 있다.

|해석| (1) 아기들은 그 음식이 매우 짜기 때문에 그 음식을 먹을 수 없다.

(2) 나는 너무 피곤해서 운전할 수 없었다.

(3) 그녀는 매우 바빠서 아침을 먹을 수 없다.

12 ② 주격 관계대명사는 생략할 수 없다.

③ 전치사 뒤에 쓰인 목적격 관계대명사는 생략할 수 없다.

|해석| ① 나는 네가 버스에서 이야기 나눈 그 소년을 안다.

② 어제 내 어머니에게 전화한 그 사람은 내 선생님이다.

③ 네가 기다리고 있던 방문객들이 도착했다.

④ Lucy가 추천한 그 TV 프로그램은 매우 재미있었다.

⑤ 나는 신문에서 읽은 그 음식점에 갔다.

13 (1) your umbrella를 선행사로 하는 관계대명사 which나 that을 사용하여 문장을 완성한다.

(2) Lisa를 선행사로 하는 관계대명사 who나 whom, that을 사용하여 문장을 완성한다. 관계대명사가 전치사의 목적어일 때, 전치사를 관계대명사 앞에 쓸 수 있는데, 관계대명사 who와 that은 전치사 뒤에

쓸 수 없다.

|해석| (1) 내가 네 우산을 빌릴 수 있을까? 너는 그것을 사용하지 않는다.

(2) 너는 Lisa를 기억하니? 너는 어제 그녀와 함께 야구를 했다.

14 결과를 나타내는 접속사 so가 쓰인 문장은 원인과 결과를 나타내는 so ~ that 구문이 쓰인 문장으로 바꿔 쓸 수 있다.

15 '네가 읽는 모든 것을 믿을 수는 없어.'를 뜻하는 문장 ⓑ는 광고에서 읽는 모든 것을 무조건 믿어서는 안 된다는 뜻을 나타낸다.

16 문맥상 '그들은 광고에 거짓말을 했다'고 말하는 것이 알맞다. '거짓말하다'를 뜻하는 lie의 과거형은 lied이다.

17 Opinion(의견)인 문장을 써야 한다.

18 ⓔ와 ③의 that은 목적어 역할을 하는 명사절을 이끄는 접속사이다.
① The office를 선행사로 하는 목적격 관계대명사, ② the dog를 선행사로 하는 주격 관계대명사, ④ 지시대명사, ⑤ 진주어 역할을 하는 명사절을 이끄는 접속사로 쓰였다.

|해석| ① 내가 방문한 그 사무실은 닫혀 있었다.

② 이것은 자동차에 치였던 그 개다.

③ 그녀는 나에게 화나지 않았다고 내게 말했다.

④ 이것은 내 수건이고 저것이 네 것이다.

⑤ AI 로봇이 유용하다는 것은 확실하다.

19 사실은 증명될 수 있다고 말한 뒤 아타카마 사막은 칠레에 있다는 예를 들고 있으므로, 빈칸에는 '예를 들어'를 뜻하는 For example이 알맞다.

20 앞에서 "Y-Men 7" 광고와 달리 "Forrest Gump" 광고는 사실을 사용한다고 하였으므로, "Y-Men 7" 광고는 의견을 사용하고 "Forrest Gump" 광고는 사실을 사용한다는 차이점을 말하고 있음을 알 수 있다.

21 ③ 두 영화 광고의 차이점과 Fact(사실)와 Opinion(의견)의 차이를 설명하는 대화로써, 두 영화의 관련성에 대해서는 언급한 바가 없다.

|해석| ① 의견은 무엇인가?

② 무엇이 증명될 수 있는가?

③ 두 영화 "Y-Men 7"과 "Forrest Gump" 사이에 어떤 관련성이 있는가?

④ Kyle이 가장 좋아하는 영화는 무엇인가?

⑤ "Forrest Gump" 광고는 뭐라고 쓰여 있는가?

22 ③ Emma의 설명에서 Opinion(의견)은 사람들의 감정을 표현하고, Fact(사실)는 증명할 수 있다고 했다.

|해석| ① Mark: Kyle은 "Y-Men 7"을 보는 것을 즐겼다.

② Ann: "Y-Men 7"은 광고에 사실을 사용했다.

③ Tina: 의견은 사람들의 감정을 표현한다.

④ Ben: 광고는 항상 제품에 관해 거짓말을 한다.

⑤ Rachel: "Forrest Gump"는 광고에 의견을 사용했다.

23 ⓔ 광고에 사실과 의견이 섞여 있으므로 현명한 선택을 해야 한다는 흐름이 되는 것이 자연스러우므로, Lastly(마지막으로)가 아닌 So(따라서)가 들어가는 것이 알맞다.

24 the award를 선행사로 하는 목적격 관계대명사 which나 that이 들어가는 것이 알맞다.

25 Emma가 사실로만 이루어진 광고를 믿는 것이 간단하지 않다고 말한

이유는 대부분의 광고에 사실과 의견이 섞여 있기 때문이다.

|해석| Emma는 왜 사실로만 이루어진 광고를 믿는 것이 간단하지 않다고 말했는가? 영어로 답하시오.

제3회 대표 기출로 내신 **적중** 모의고사 pp.74~77

01 ④ 02 ⑤ 03 ③ 04 ⑤ 05 Why don't you try
06 (C)-(D)-(B)-(A)-(E) 07 ③ 08 (1) How do you like
(2) Why not 09 ④ 10 (1) He is looking for a backpack.
(2) The clerk recommends backpacks (to him). 11 ⑤
12 ② 13 Andy was too young to watch the movie.
14 Jessie is wearing the shoes that I wanted to buy. 15 ③
16 boring 17 ③ 18 ③ 19 ④ 20 see the difference,
advertisements 21 ④ 22 ③ 23 the award (which
(that) the movie won 24 The book was so interesting
that I couldn't put it down. 25 ④

01 ④의 simple(간단한)과 simply(간단히)는 「형용사-부사」의 관계이고, 나머지는 모두 「동사-명사」의 관계이다.

02 ⑤의 rest는 '나머지'를, 나머지는 모두 '휴식'을 뜻하는 명사로 쓰였다.

|해석| ① 나는 휴식을 취하러 위층에 가고 있다.

② 그들은 짧은 휴식을 취하기로 했다.

③ 우리는 호수 주변에서 휴식을 위해 운전을 멈췄다.

④ 휴식을 좀 취하려고 노력해라. 너는 내일 바쁜 하루를 보낼 것이다.

⑤ 그들은 그날의 나머지를 TV를 보면서 보냈다.

03 hold on: 기다리다 / from now on: 지금부터

|해석| • 기다려 주겠니? 나는 그가 여기에 있는지를 확인할게.

• 지금부터 나는 내 방을 청소할 것이다.

04 ⑤ 문맥상 award(상) 대신 fact(사실)가 들어가는 것이 알맞다.

|해석| ① 나는 그것이 아주 간단하기 때문에 이 요리법을 좋아한다.

② 나는 내 모든 친구들에게 이 노래를 추천한다.

③ 그 두 사건 사이에는 연관성이 없다.

④ 그는 남극에서의 그의 모험에 관해 책을 썼다.

⑤ 상(→사실)과 소문 사이의 차이점을 구별하는 것은 어렵다.

05 상대방에게 무언가를 추천할 때 Why don't you ~?로 표현할 수 있다.

06 뮤지컬을 추천해 달라는 말(C)에 뮤지컬 "The Lion King"을 추천하고(D), 뮤지컬의 어떤 점이 마음에 드는지 묻는 말(B)에 춤이 환상적이라고 답하는 말(A)이 온 후 그것을 보겠다는 말(E)이 오는 것이 자연스럽다.

07 빈칸에는 앞에 나온 대상의 어떤 점이 좋은지 묻는 말이 들어가는 것이 알맞다. 주어진 단어들을 배열하면 What do you like most about it?의 문장이 된다.

08 (1) 만족스럽지 못하다는 답이 이어지는 것으로 보아, 마음에 드는지 묻는 표현인 How do you like ~?가 되는 것이 알맞다.

(2) 너무 짧고 색이 어둡다는 답이 이어지는 것으로 보아, 왜 마음에 들지 않는지 묻는 말인 Why not?이 되는 것이 알맞다.

|해석| A: 네 새로운 머리 스타일은 마음에 드니?

B: 나는 만족스럽지 않아.

A: 왜 만족스럽지 않은데?

B: 너무 짧고 색이 어두워.

09 빨간색 배낭을 추천하는 말을 듣고 옛 가방이 빨간색이라 다른 색을 원한다고 하였으므로, 그 뒤에 '그렇다면 저 빨간색 가방을 추천해요.'라는 뜻의 ④ 문장이 흐름에 맞지 않다.

10 (1) 민호는 가방을 찾고 있다고 했다.

(2) 점원은 민호에게 배낭을 추천한다.

|해석| (1) 민호는 무엇을 찾고 있는가?

(2) 그 점원은 민호를 위해 무엇을 하는가?

11 주어진 문장과 ⑤의 that은 목적격 관계대명사로 쓰였다.
① '너무 ~해서 …하다'를 뜻하는 so ~ that, ② 지시대명사, ③ 명사절을 이끄는 접속사, ④ 주격 관계대명사로 쓰였다.

|해석| 이것은 Jack이 지은 집이다.

① 나는 너무 피곤해서 잠이 들었다.

② 저 사람은 그녀의 사촌이었니 아니면 친구였니?

③ 너는 그들이 Park Lane에 산다고 확신하니?

④ 우리는 우리에게 완벽할 집을 발견했다.

⑤ 여행 전에 사야 할 것들이 많다.

12 ② 「so+형용사/부사+that+주어+can+동사원형 ….」은 '너무 ~해서 …할 수 있다'를 뜻하고, 「too+형용사/부사+to+동사원형 ….」은 '너무 ~해서 …할 수 없다'를 뜻하므로 바꿔 쓸 수 없다.

|해석| ① 그녀는 내가 같이 일했던 여자이다.

② 그는 너무 똑똑해서 이 문제를 풀 수 있다.

③ John은 내가 찍은 사진을 복사했다.

④ 나는 그녀가 그 책을 준 사람을 모른다.

⑤ 우리는 많은 담요를 가져서 몸을 따뜻하게 할 수 있었다.

13 '너무 ~해서 …할 수 없다'를 뜻하는 「too+형용사/부사+to+동사원형 ….」 구문이 쓰인 문장을 완성한다.

14 the shoes를 선행사로 하는 목적격 관계대명사 that을 사용한 관계절이 있는 문장을 완성한다.

15 ⓒ 영화가 너무 지루해서 울고 싶다는 상대방에게 '잘됐구나!'라고 말하는 것은 어색하다.

16 '올해 가장 흥미진진한 영화'라고 쓰여 있는 영화 광고가 거짓이라고 말한 것으로 보아, Kyle은 영화가 매우 지루하다고 생각하고 있음을 알 수 있다.

17 ③ 기분이 좋지 않은 사람은 Kyle이며, Emma의 기분에 대해서는 알 수 없다.

18 '사실은 증명될 수 있다.'라는 뜻의 문장이 역접의 접속사 But으로 연결된 것으로 보아, '사실'과 반대되는 '의견'에 대한 설명 뒤인 ③에 주어진 문장이 들어가는 것이 알맞다.

19 문맥상 '무엇'을 뜻하는 의문사 what(What)이 들어가는 것이 알맞다.

20 Not exactly.는 Emma의 말에 대해 '잘 모르겠다.'고 답하는 말이다. Emma는 두 광고의 차이점을 알겠냐고 물었다.

|해석| 나는 두 광고 사이의 차이점을 잘 알지 못한다.

21 '"Y-Men 7"의 남은 부분을 나와 함께 볼래?'라는 Kyle의 마지막 말에

서 Kyle이 보고 있던 영화의 제목을 알 수 있다.

22 (A) 'best'와 'most'가 주로 의견을 표현하는 데 쓰이지만, "Forrest Gump" 광고 속 'best'는 'Best Picture'라는 상 이름에 쓰였고 이는 사실이라는 내용이 되는 것이 자연스러우므로, 역접의 접속사 But이 알맞다.

(B) 광고에 사실과 의견이 섞여 있으므로 그 둘을 바탕으로 현명한 선택을 해야 한다는 말이 되는 것이 자연스러우므로, 결과를 나타내는 접속사 So가 알맞다.

23 목적격 관계대명사 which나 that이 이끄는 관계절이 선행사 the award를 뒤에서 수식하는 어구를 완성한다. 이때 목적격 관계대명사는 생략할 수 있다.

24 이유를 나타내는 접속사 Because가 쓰인 문장을 원인과 결과를 나타내는 so ~ that 구문으로 바꿔 쓸 수 있다.

25 ④ 누가 수진이에게 "Harry Potter" 책을 추천했는지는 언급되지 않았다.

|해석| ① "Harry Potter" 소설의 장르는 무엇인가?

② "Harry Potter"의 작가는 누구인가?

③ 그 책의 주인공은 누구인가?

④ 누가 수진이에게 "Harry Potter"를 추천했는가?

⑤ 수진이가 그 책의 무엇을 가장 좋아하는가?

제 4 회 고난도로 내신 **적중** 모의고사   pp. 78~81

01 ③   **02** ④   **03** ④   **04** ④   **05** ②   **06** He thinks walking up to Seokguram was worth it.   **07** (1) 모범답 How about / Why don't you try   (2) What   (3) 모범답 I recommend / Try   **08** a little slowly   **09** (1) 모범답 Can you recommend a movie for me?   (2) 모범답 What do you like about it?   **10** ④   **11** ⑤   **12** ③   **13** (1) I can borrow (2) with whom I talked / (who/whom/that) I talked with   **14** (1) He was so angry that he couldn't calm down. (2) The water in the lake is so clear that you can see the bottom. (3) The thief ran so fast that the police officers could not catch him.   **15** ③   **16** ③   **17** the movie, *Y-Men 7*, boring, advertisement   **18** ② → proven ③ → explain   **19** ⓐ 모범답 The number seven is luckier than three. ⓑ 모범답 February is the shortest month of the year.   **20** ③   **21** ①   **22** ②   **23** ④   **24** ⓑ → It means the award which the movie, *Forrest Gump* won. ⓒ → They are usually used to express opinions.   **25** make a smart choice, facts and opinions

---

01 ③ 두 문장에서 lie는 '거짓말하다'라는 뜻으로 쓰였다.

① 그리워하다 / 놓치다   ② 휴식 / 나머지   ④ 이해하다 / 따라가다

⑤ 대중적인 / 인기 있는

|해석| ① 너는 네 가족이 그립니?

너는 그 영화의 첫 부분을 완전히 놓쳤다.

② 등산객들은 휴식을 위해 멈췄다.

시작은 지루했지만, 나머지는 재미있었다.

③ 지금부터 네 부모님에게 거짓말하지 마라.

피노키오가 거짓말을 할 때, 그의 코는 자란다.

④ 그 설명은 이해하기 아주 쉽다.

박물관을 지나갈 때 안내자를 따라가세요.

⑤ 대중적인 믿음은 비행기 여행이 자동차 여행보다 더 위험하다는 것이다.

그 노래는 1980년대에 젊은이들에게 인기가 있었다.

02 ④ '두 대상이 서로 관련된 방식'은 connection(연관성, 관련성)의 뜻풀이다.

①은 especially(특히), ②는 wisely(현명하게), ③은 lift(들어 올리다), ⑤는 prove(증명하다)의 영어 뜻풀이다.

|해석| ① 매우 많이, 평상시보다 더 많게

② 훌륭한 판단을 하는 방식으로

③ 무언가를 더 높은 위치로 움직이다

④ 두 대상이 서로 관련된 방식

⑤ 무언가가 진실임을 보여 주기 위해 사실, 증거 등을 사용하다

03 ⓓ에는 '감동적인'을 뜻하는 형용사 touching이, ⓔ에는 '접촉하다'를 뜻하는 동사 touch의 동명사형 touching이 알맞다. ⓐ는 choice(선택), ⓑ는 recommend(추천하다), ⓒ는 unlike(~와 달리)가 빈칸에 알맞다.

|해석| ⓐ 그것은 결정하기 어려운 선택이다.

ⓑ 이 근처에서 괜찮은 음식점을 추천해 주시겠습니까?

ⓒ 그녀의 가장 최근 소설은 그녀의 이전 작품과 달리 아주 인기가 있다.

ⓓ 그 영화의 마지막 장면은 아주 감동적이다.

ⓔ 그 바이러스는 접촉하는 것이나 악수를 통해 전해지지 않는다.

04 ④ 문맥상 옛 가방이 빨간색이어서 다른(different) 색 가방을 원한다고 하는 것이 자연스럽다.

05 ② 수지는 경주 여행이 만족스러웠다고 했다.

|해석| 수지에 관해 사실이 아닌 것은?

① 그녀는 경주로 여행을 갔다.

② 그녀는 여행에 만족하지 않았다.

③ 그녀는 첨성대가 좋다고 생각한다.

④ 그녀는 불국사를 방문했다.

⑤ 그녀가 석굴암까지 걸어 올라가는 것은 어려웠다.

06 Mike는 수지가 석굴암까지 걸어 올라간 것이 그만한 가치가 있었을 거라고 생각한다.

|해석| Mike는 무엇이 그만한 가치가 있었다고 생각하는가? 영어로 답하시오.

07 (1) 괜찮은 피자 식당을 추천해 달라는 말에 Antonio's 식당을 추천해 주는 말을 하는 것이 알맞다.

(2) 음식이 맛있다는 답으로 보아, 그 식당의 어떤 점이 마음에 드는지 묻는 말을 하는 것이 알맞다.

(3) 미나는 음식이 맛있다고 한 뒤 불고기 피자를 추천하는 말을 하는 것이 알맞다.

08 주말에는 Antonio's 식당의 서비스가 조금 느리다고 하였으므로, 이를 음식이 '조금 느리게' 제공될 수 있다고 말할 수 있다.

09 (1) 영화 "Frozen"을 추천하는 말이 이어지는 것으로 보아, 영화를 추천해 달라고 요청하는 말을 하는 것이 알맞다.

(2) 영화의 음악이 매우 아름답다는 말이 이어지는 것으로 보아, 추천한 영화의 어떤 점이 마음에 드는지 묻는 말이 되는 것이 알맞다.

10 ④ ⓑ 관계대명사가 전치사의 목적어로 쓰일 때 전치사를 관계대명사 앞에 놓을 수 있다. 이때 관계대명사 that은 전치사 뒤에 쓰일 수 없으므로 that을 which로 고쳐 쓴 것은 알맞다.

ⓐ 목적격 관계대명사는 생략할 수 있으므로 옳은 문장이다.

ⓒ so ~ that 구문이 쓰인 옳은 문장이다.

|해석| ⓐ 저것은 그녀가 파티에서 입었던 드레스이다.

ⓑ 이것은 내가 8년 동안 살아온 집이다.

ⓒ 빛이 너무 밝아서 나는 내 눈을 가려야 했다.

11 첫 번째 문장은 '너무 ~해서 …할 수 없다'를 뜻하는 「so+형용사/부사+that+주어+can't+동사원형 ....」 구문이 되는 것이 알맞다. 두 번째 문장의 빈칸에는 The music을 선행사로 하는 목적격 관계대명사 which나 that이 알맞다.

|해석| • 그 아이는 너무 키가 작아서 롤러코스터를 탈 수 없었다.

• Jane이 그날 밤 들었던 음악은 훌륭했다.

12 ③은 '매우 열심히 공부해서 좋은 성적을 얻을 수 있었다'는 뜻이고, 나머지는 모두 '좋은 성적을 얻기 위해서 열심히 공부했다'는 뜻이다.

② so as to+동사원형: ~하기 위해서(~하려고)

⑤ in order to ~: ~하기 위해서

13 (1) some money를 선행사로 하는 목적격 관계대명사가 생략된 문장이다. 관계대명사절의 목적어 it은 선행사 some money를 말하므로 삭제하는 것이 알맞다.

(2) 관계대명사 who는 전치사 뒤에 쓰일 수 없으므로, who를 whom으로 고쳐 쓰거나 전치사를 관계대명사절 끝에 쓴다.

|해석| (1) 내가 잠시 동안 빌릴 수 있는 돈이 좀 있니?

(2) 이 사람은 내가 파티에서 같이 이야기했던 사람이다.

14 (1) 「too+형용사/부사+to+동사원형 ....」 구문은 「so+형용사/부사+that+주어+can't+동사원형 ....」 구문으로 바꿔 쓸 수 있다.

(2) '그래서'라는 의미의 so로 연결되어 있으므로 원인과 결과를 나타내는 so ~ that 구문이 쓰인 문장으로 바꿔 쓸 수 있다.

(3) 이유를 나타내는 because가 쓰인 문장을 원인과 결과를 나타내는 so ~ that 구문이 쓰인 문장으로 바꿔 쓸 수 있다.

|해석| (1) 그는 너무 화가 나서 진정할 수 없었다.

(2) 그 호수의 물은 매우 깨끗해서 너는 그 바닥을 볼 수 있다.

(3) 그 도둑은 너무 빨리 달렸기 때문에, 그 경찰관들은 그를 잡을 수 없었다.

15 대화 속 that과 ③의 that은 각각 everything과 the homework를 선행사로 하는 목적격 관계대명사이다.

① 명사절을 이끄는 접속사, ② a company를 선행사로 하는 주격 관계대명사, ④ 원인과 결과를 나타내는 so ~ that 구문, ⑤ the cat을 선행사로 하는 주격 관계대명사로 쓰였다.

|해석| ① 그가 여기 올 것임은 확실하다.

② 이 회사는 신뢰할 수 있는 회사이다.

③ 나는 어제 한 숙제를 가져오는 것을 잊었다.

④ 그 마을이 너무 작아서 지도에 나타나지 않는다.

⑤ 지붕 위에 있는 그 고양이가 보이니?

16 ③ Kyle은 영화 광고 속 문구와 실제 영화 내용이 달라 광고가 거짓이라고 말할 정도이므로, 영화에 실망했다고 할 수 있다.

|해석| ① Emma는 Kyle과 함께 그 영화를 보고 있었다.

② Kyle은 전에 그 영화를 본 적이 있다.

③ Kyle은 그 영화에 매우 실망했다.

④ Kyle은 그 영화가 감동적이기 때문에 울고 싶어 한다.

⑤ Emma는 그 광고에 관해서 Kyle에게 동의한다.

17 Kyle은 영화 "Y-Men 7"을 보던 중이었는데, 광고의 주장과 달리 영화가 매우 지루함을 알게 되었다.

|해석| Kyle은 영화 광고를 믿고 영화 "Y-Men 7"을 보기 시작했다. 그러나 그는 광고의 주장과는 달리 그것이 매우 지루하다는 것을 알게 되었다.

18 ② 의미상 facts가 증명되는 것으로 수동태 문장이 되어야 하므로, proving을 과거분사 proven으로 고쳐야 한다.

③ 사역동사 let의 목적격 보어로 동사원형(explain)이 와야 한다.

19 ⓐ 사람의 감정을 표현하는 의견을 나타내는 문장을 쓴다.

ⓑ 증명될 수 있는 사실을 나타내는 문장을 쓴다.

20 (A) 의견의 예시에 해당하는 문장이 이어지고 있으므로 '~처럼'을 뜻하는 전치사 like가 들어가는 것이 알맞다.

(B) 차이점을 알겠는지 묻는 말이 이어지는 것으로 보아, "Y-Men 7" 광고와 달리(unlike) "Forrest Gump" 광고는 사실을 사용한다는 말이 되는 것이 알맞다.

21 ①은 boring(지루한)의 영어 뜻풀이인데, boring은 위 대화에 쓰이지 않았다. ②는 express(표현하다), ③은 difference(차이점), ④는 explain(설명하다), ⑤는 desert(사막)의 영어 뜻풀이다.

|해석| ① 흥미롭거나 흥미진진하지 않은

② 당신이 생각하거나 느끼는 것을 보여 주다

③ 두 사람이나 물건이 서로 비슷하지 않은 방식

④ 이해하기 쉬운 방식으로 무언가에 관해 누군가에게 말하다

⑤ 거의 비가 오지 않고 식물이 거의 없는 넓고 건조한 지역

22 빈칸에는 the award를 선행사로 하는 목적격 관계대명사 which나 that이 들어가는 것이 알맞다. 목적격 관계대명사로 쓰인 which는 ②의 which이다.

① which는 간접의문문의 의문사로 쓰였다.

③, ⑤ whom은 목적격 관계대명사이다.

④ which는 주격 관계대명사이다.

|해석| ① 나는 어느 것이 나에게 더 좋은지 모른다.

② 내가 말할 수 없는 것들이 있다.

③ 나는 이야기를 나눌 누군가를 만나고 싶다.

④ 나는 슬픈 결말을 가진 영화를 좋아하지 않는다.

⑤ Tylor 씨는 내가 존경하는 선생님이다.

23 사실로 이루어진 광고만 믿겠다는 Kyle의 말에 대부분의 광고에 사실과 의견이 섞여 있다는 Emma의 말이 이어지는 것으로 보아, '그게 그렇게 간단하지 않아.'라는 주어진 문장은 ④에 들어가는 것이 알맞다.

24 ⓑ "Best Picture"는 영화 "Forrest Gump"가 수상한 상을 의미한다.

ⓒ 'best' 또는 'most'는 주로 의견을 표현할 때 쓰인다.

|해석| ⓐ Emma가 가장 좋아하는 영화는 어느 것인가?

ⓑ "Forrest Gump" 광고에서 "Best Picture"는 무엇을 의미하는가?

ⓒ 'best'나 'most' 같은 단어들은 보통 무엇을 표현하기 위해 사용되는가?

ⓓ 영화 "Y-Men 7"은 무슨 상을 받았는가?

ⓔ 그들은 대화 후에 함께 무엇을 할 것인가?

25 대화 속 Emma는 광고에 쓰이는 사실과 의견을 바탕으로 현명한 선택을 해야 한다고 하였다.

|해석| 네가 광고를 읽을 때, 너는 광고에 사용된 <u>사실과 의견</u>을 바탕으로 <u>현명한 선택</u>을 해야 한다.

STEP A

W Words 연습 문제   p.85

A 01 번개
02 깃털
03 낯선 사람, 모르는 사람
04 어차피, 어쨌든
05 일어나다, 발생하다
06 곧장, 곧바로
07 또 다른, 그 밖의
08 전체의
09 섬광, 번쩍임
10 범죄
11 잘못된
12 시
13 호의, 친절, 부탁
14 비명, 비명을 지르다
15 (자물쇠가 달린) 사물함
16 청동
17 (발걸음을 떼어) 움직이다
18 마녀
19 없어진, 실종된
20 대걸레로 닦다

B 21 post
22 silver
23 aloud
24 detective
25 treasure
26 completely
27 handprint
28 thunder
29 horror
30 broken
31 suddenly
32 clue
33 thief
34 principal
35 case
36 strange
37 guess
38 wonder
39 steal
40 hide

C 01 달려가다
02 모든 곳에, 사방으로
03 일등을 하다, 우승하다
04 곤경에 빠지다
05 ~의 말(끝)에
06 ~을 가로질러(건너서) 뛰어가다
07 순찰을 돌다
08 도망치다

W Words Plus 연습 문제   p.87

A 1 talent, 재능 2 principal, 교장 3 clue, 단서, 실마리
4 detective, 탐정 5 steal, 훔치다 6 lightning, 번개
7 horror, 공포 8 crime, 범죄

B 1 wrong 2 scream 3 suddenly 4 completely

C 1 thunder 2 strange 3 bronze 4 poem 5 wonder

D 1 ran away 2 ran across 3 rushed over
4 talent show 5 won first place

W Words 실전 TEST   p.88

01 ④ 02 ② 03 ① 04 ③ 05 ② 06 ④
07 get into trouble

01 ④는 유의어 관계이고, 나머지는 모두 반의어 관계이다.
　|해석| ① 밝은 – 어두운 ② 옳은 – 잘못된 ③ 안쪽 – 바깥쪽
　④ 완전히 ⑤ 펴다 – 접다

02 '강한 충격과 공포감'은 horror(공포)의 영어 뜻풀이다.

03 '경찰은 단서를 찾기 위해 아직 그 집을 수색 중이다.'가 자연스러우므로 '단서'라는 의미의 명사 clue의 복수형 clues가 알맞다.
　|해석| ② 호의 ③ 공포 ④ 재능 ⑤ 비명

04 첫 번째 빈칸에는 '(발걸음을 떼어) 움직이다'라는 의미의 동사 step이 알맞고, 두 번째 빈칸에는 '단계'라는 의미의 명사 step이 알맞다.
　|해석| • 그 아이들은 방 밖으로 한 걸음도 움직이지 않았다.
　• 나는 다음 단계를 논의하기 위해 그 프로젝트 관리자를 만났다.

05 ② run across는 '~을 가로질러(건너서) 뛰어가다'라는 의미이고, '도망가다'를 뜻하는 것은 run away이다.
　|해석| ① Emily는 열심히 연습해서 말하기 대회에서 일등을 했다.
　② 사슴이 재빨리 길을 건너 뛰어갔다.
　③ 경비원은 매 시간마다 순찰을 돈다.
　④ 그 편지는 지난주 끝 무렵에 마침내 도착했다.
　⑤ 나는 사방으로 내 우산을 찾았다.

06 주어진 문장과 ④의 flash는 '섬광, 번쩍임'이라는 의미로 쓰였다.
　|해석| 갑작스러운 밝은 빛의 번쩍임이 그녀의 주의를 끌었다.
　① 여기는 어두워서 나는 플래시를 사용해야 할 거야.
　② 밝은 빛이 나무 아래에서 비추기 시작했다.
　③ Fred는 플래시가 내장된 카메라가 있다.
　④ 번개의 번쩍임이 우리를 놀라게 했다.
　⑤ 왜 저 남자는 헤드라이트를 비추고 있니?

07 '곤경에 처하다'라는 의미의 표현은 get into trouble이다.

L·S Listen & Speak 만점 노트   pp.90~91

Q1 T
Q2 ⓑ
Q3 수민이에게 전화(해서 주말에 개를 돌봐 달라고 부탁)하기
Q4 바닥을 대걸레로 닦기
Q5 (the dog) Spot
Q6 ⓑ
Q7 ⓑ
Q8 (자신의) 스마트폰
Q9 refrigerator

1 ask you a favor, Can you help me
2 do me a favor, take care of my dog, I'm sorry but I can't, what should I do, call her
3 help me mop the floor, No problem, I'm afraid I can't
4 under the table, I guess, took
5 have passed, at the end of, I guess, be in the same class, when we see each other
6 Guess what, You're wrong, I guess you're working
7 Can you help me find, Are you sure, texted my friend, Where were you, making a sandwich, I guess you left it, check it again, Inside

 Listen & Speak 대화 순서 배열하기   pp. 94~95

1 ⓓ – ⓐ – ⓒ – ⓑ
2 ⓐ – ⓔ – ⓑ – ⓒ – ⓖ – ⓓ – ⓕ
3 ⓐ – ⓓ – ⓑ – ⓒ
4 ⓔ – ⓒ – ⓑ – ⓓ – ⓐ
5 ⓑ – ⓐ – ⓒ – ⓓ – ⓔ
6 ⓑ – ⓔ – ⓓ – ⓐ – ⓒ
7 ⓖ – ⓐ – ⓒ – ⓑ – ⓕ – ⓓ – ⓔ – ⓗ

 Listen & Speak 실전 TEST   pp. 96~97

01 ②   02 ②   03 ④   04 ③   05 ③   06 ①   07 ⑤   08 ②
09 ⓐ my baseball glove ⓑ Spot(dog)
[서술형]
10 (1) (모범답) Can you help me find my hat?
  (2) I guess a bird took it.
11 Can you take care of my dog this weekend?
12 ⓑ beginning → end

01 「Can you help me+동사원형 ~?」은 '~하는 것을 도와줄 수 있니?'라는 뜻으로 상대방에게 도움을 요청하는 표현이다.
02 무엇을 하고 있는지를 추측해 보라는 말과 자신이 추측한 바를 말하는 답이 되어야 하므로 빈칸에는 Guess(guess)가 들어가는 것이 알맞다.
03 도움을 요청하는 말(C)에 수락의 응답을 한 뒤 요청하는 것이 무엇인지 묻고(B), 설거지하는 것을 도와달라는 요청(A)에 이를 수락하는(D) 흐름이 되는 것이 자연스럽다.
04 I guess you are flying a kite.라는 문장이 되므로, 세 번째로 오는 단어는 you이다.
05 ③은 상대방에게 도움이 필요한지를 묻는 표현이고, 나머지는 도움을 요청하는 표현이다.

06 ① 스마트폰 찾는 것을 도와 달라는 Brian의 말에 엄마가 잃어버린 장소를 묻는 말이 이어지는 것이 자연스럽다.
07 ⑤ Brian의 스마트폰을 냉장고 안에서 찾은 사람은 Brian의 엄마이며, Brian은 스마트폰을 놓은 장소를 기억해 내지 못했다.
08 ② Ann의 아빠는 탁자 아래(under the table)에서 야구 글러브를 보았다고 했다.
09 ⓐ는 앞에 나온 my baseball glove를 가리키고, ⓑ는 개 Spot을 가리킨다.
10 B가 답하는 내용으로 보아 (1)에는 모자 찾는 것을 도와달라는 말로 「Can you help me+동사원형 ~?」이 오는 것이 알맞고, (2)에는 추측하는 표현인 「I guess+주어+동사 ~.」가 오는 것이 알맞다.
11 '~해 줄 수 있니?'라는 말은 「Can you+동사원형 ~?」으로 쓴다. '~을 돌보다'라는 의미의 take care of와 '이번 주말'이라는 의미의 this weekend를 사용하여 문장을 완성한다.
12 ⓑ 문맥상 학년말에 할 수 있는 말이므로 beginning이 아니라 end가 되어야 한다.

QUICK CHECK
1 (1) something sweet   (2) anything strange
  (3) someone new
2 (1) nothing special   (2) anything important   (3) 옳음

1 |해석| (1) 나는 달콤한 무언가를 먹고 싶다.
  (2) 교실에는 이상한 어떤 것도 없다.
  (3) 우리는 그 직업에 맞는 새로운 누군가를 찾고 있다.
2 |해석| (1) 그 가게에는 특별한 무언가가 없다.
  (2) 너는 내게 말할 중요한 무언가가 있니?
  (3) Henry는 우리에게 보여줄 재미있는 무언가가 있다.

QUICK CHECK
1 (1) who that man is   (2) what she likes
  (3) how he fixed the bike
2 (1) what it is   (2) what your future dream is
  (3) when your mother's birthday is

1 |해석| (1) 너는 저 남자가 누구인지 아니?
  (2) 나는 그녀가 무엇을 좋아하는지 모른다.
  (3) 너는 그가 그 자전거를 어떻게 수리했는지 내게 말해 줄 수 있니?
2 |해석| (1) 나는 그것이 무엇인지 알고 싶다.
  (2) 나는 네 장래 꿈이 무엇인지 궁금하다.
  (3) 너는 네 어머니의 생신이 언제인지 기억하니?

Grammar 연습 문제 1   p.100

A 1 something cold   2 anything cheap
3 nothing strange   4 something interesting
5 someone smart

B 1 nothing special   2 옳음   3 anything interesting
4 옳음   5 nothing wrong

C 1 Jim didn't buy anything expensive during the trip.
2 She wanted to do something different.
3 Your daughter will never do anything stupid again.

D 1 He heard something scary last night.
2 She wants to have something delicious.
3 The scientist invented something new.

A |해석| 1 그 아이들은 차가운 무언가를 원한다.
2 너는 저렴한 무언가를 가지고 있니?
3 그의 방 안에는 이상한 어떤 것도 없다.
4 우리는 흥미로운 무언가를 찾고 있다.
5 너는 영리한 누군가를 아니?

B |해석| 1 나는 지난 주말에 특별한 어떤 것도 하지 않았다.
2 우리의 계획에는 잘못된 무언가가 있다.
3 학교 축제에 흥미로운 무언가가 있니?
4 나는 네가 다른 누군가라고 생각했다.
5 그 의사는 내게 잘못된 어떤 것도 없다고 말했다.

C |해석| 1 Jim은 여행 중에 비싼 어떤 것도 사지 않았다.
2 그녀는 다른 무언가를 하기를 원했다.
3 당신의 딸은 결코 다시는 어리석은 어떤 것도 하지 않을 것이다.

Grammar 연습 문제 2   p.101

A 1 he is   2 my name is   3 how scary it was
4 who sent me   5 where she went

B 1 where put I → where I put
2 invented who → who invented
3 this word means what → what this word means
4 when happened the accident → when the accident happened
5 why did you → why you did

C 1 what his job was   2 how long he worked here
3 where she visited

D 1 I don't know when the movie starts.
2 I wonder why he is so upset.
3 Please tell me where I can meet Jason.
4 I don't remember if she has any brothers or sisters.

A |해석| 1 너는 그가 어디 출신인지 내게 말해 줄 수 있니?
2 너는 내 이름이 무엇인지 기억하니?

3 나는 그것이 얼마나 무서웠는지 설명할 수 없다!
4 나는 누가 내게 이 편지를 보냈는지 안다.
5 나는 그녀가 어디로 갔는지 알고 싶다.

B |해석| 1 나는 내가 그 열쇠를 어디에 두었는지 잘 모르겠다.
2 너는 누가 컴퓨터를 발명했는지 아니?
3 그는 이 단어가 무슨 의미인지 모른다.
4 아무도 그 사고가 언제 일어났는지 모른다.
5 나는 네가 왜 그렇게 했는지 이해하지 못한다.

D |해석| 1 나는 모른다.+그 영화는 언제 시작하니?
→ 나는 그 영화가 언제 시작하는지 모른다.
2 나는 궁금하다.+그는 왜 그렇게 화가 나 있니?
→ 나는 그가 왜 그렇게 화가 나 있는지 궁금하다.
3 내게 말해 줘.+내가 어디서 Jason을 만날 수 있니?
→ 내가 어디서 Jason을 만날 수 있는지 말해 줘.
4 나는 기억하지 못한다.+그녀는 형제자매가 있니?
→ 나는 그녀가 형제자매가 있는지 기억하지 못한다.

Grammar 실전 TEST   pp.102~105

01 ④　02 ⑤　03 ⑤　04 ③　05 ④　06 ③　07 ②　08 ③
09 ③　10 ④　11 ③　12 ④　13 were you → you were
14 sharp something → something sharp　15 ④　16 ②,
③　17 ②　18 ④　19 ④　20 ③　21 ③
[서술형]
22 to do something interesting
23 (1) Do you know what he did last weekend?
(2) I don't understand why she is crying.
24 (1) I wonder what your favorite subject is.
(2) I wonder who broke the window.
(3) I wonder if you went to the rock concert.
25 (1) She showed me something strange.
(2) I haven't met anyone famous.
26 (1) who he is (2) where he is from
27 (1) No, I don't like to watch anything scary.
(2) Can you tell me how I can get to the theater?

01 간접의문문은 「의문사+주어+동사」의 어순으로 쓴다.
|해석| 나는 여름 방학 동안 그가 무엇을 했는지 그에게 물었다.

02 형용사가 뒤에서 수식하고 있으므로 빈칸에는 부정대명사 something 이 알맞다.
|해석| 날씨가 정말 덥다. James는 차가운 것을 마시고 싶어 한다.

03 something은 형용사가 뒤에서 수식하는 부정대명사이다. 따라서 something 뒤에 또 다른 명사 importance(중요성)는 올 수 없다.
|해석| 그는 주말에 새로운/도전적인/재미있는/흥미진진한 무언가를 하는 것을 좋아한다.

04 ③ 간접의문문은 「의문사+주어+동사」의 어순으로 쓴다. (→ We didn't know what time it was.)

|해석| ① 누가 그 초콜릿 쿠키를 만들었는지 내게 말해 줘.

② 나는 그가 어제 집에 일찍 왔는지 궁금하다.

③ 우리는 몇 시였는지 몰랐다.

④ 그 서점이 어디에 있는지 내게 말해 줄 수 있니?

⑤ 너는 내가 어떤 사람인지 모른다.

05 something은 형용사가 뒤에서 수식하므로 ①, ②, ③, ⑤의 빈칸에 들어갈 수 있지만, ④의 mistake(실수, 잘못)는 명사이므로 빈칸에 들어갈 수 없다.

|해석| ① 나는 숲속에서 커다란 무언가를 봤다.

② 어젯밤에 이상한 일이 일어났다.

③ 매콤한 무언가를 드시겠습니까?

⑤ 내 스마트폰에 무언가 잘못된 것이 있다.

06 Can you tell me ~?의 직접목적어로 간접의문문(의문사+주어+동사)이 바르게 쓰인 것은 ③이다.

07 -thing으로 끝나는 부정대명사는 형용사가 뒤에서 수식한다.

08 I don't know why she came late.의 문장이 되므로 다섯 번째로 오는 단어는 she이다.

09 • 의문사가 없는 간접의문문은 접속사 if를 사용하므로 I wonder 뒤에 if가 들어가는 것이 알맞다.

• 문맥상 '어디에서 잃어버렸는지 모른다'는 말이 되는 것이 알맞으므로 의문사 where가 들어가는 것이 알맞다.

|해석| • 나는 네가 사람들과 이야기하는 데 능숙한지가 궁금하다.

• 나는 어디서 내 새 카메라를 잃어버렸는지 모른다.

10 I'll ask Lucy where she lives.의 문장이 되므로, 쓰이지 않는 것은 does이다.

11 I have something wrong with my left foot.의 문장이 되므로, 쓰이지 않는 것은 that이다.

12 -thing으로 끝나는 부정대명사는 형용사가 뒤에서 수식한다.

|해석| 그 학생들은 장기 자랑 대회에서 흥미로운 무언가를 하고 싶어 한다.

13 간접의문문은 「의문사+주어+동사」의 어순으로 쓴다.

|해석| 나는 네가 한 시간 전에 무엇을 하고 있었는지 궁금하다.

14 -thing으로 끝나는 부정대명사는 형용사가 뒤에서 수식한다.

|해석| 내 신발에 날카로운 무언가가 있다.

15 ⓑ 간접의문문은 「의문사+주어+동사」의 어순으로 쓴다. (→ I wonder where they first met.)

ⓓ 접속사 if는 의문사가 없는 간접의문문을 이끌므로 의문사 when이 쓰인 간접의문문에는 쓰이지 않는다. if와 when 중에서 하나만 사용해야 한다. (→ I'm not sure if/when I can finish it.)

|해석| ⓐ 너는 내가 너를 얼마나 사랑하는지 모른다.

ⓑ 나는 그들이 처음에 어디서 만났는지 궁금하다.

ⓒ 나는 그 건물을 누가 설계했는지 알고 싶다.

ⓓ 나는 그것을 끝마칠 수 있을지 모르겠다. / 나는 그것을 언제 끝마칠 수 있는지 모르겠다.

16 ④ what time은 이 문장의 맨 앞에 올 수 없다.

⑤ 간접의문문은 「의문사+주어+동사」의 어순으로 쓰므로 does는 필요하지 않다.

|해석| (A) 나는 새로운 무언가를 배우고 싶다.

(B) 너는 그 콘서트가 몇 시에 시작하는지 아니?

17 -thing, -one으로 끝나는 부정대명사는 형용사가 뒤에서 수식한다.

① → 고칠 필요 없음 ③ → something wrong

④ → something light ⑤ → 고칠 필요 없음

|해석| ① 그는 유용한 무언가를 전혀 하지 않는다.

② 나는 그곳에서 중요한 무언가를 발견할 수 없었다.

③ 이 컴퓨터에는 무언가 잘못된 것이 있다.

④ 나는 점심으로 간단한 것을 원한다.

⑤ 우리는 그 자리에 새로운 누군가를 선택할 것이다.

18 간접의문문은 「의문사+주어+동사」의 어순으로 쓴다.

ⓐ, ⓑ, ⓓ는 어법상 옳다.

ⓒ → I don't know why she went home early.

|해석| ⓐ 나는 네가 기타를 칠 수 있는지 궁금하다.

ⓑ 나는 그가 얼마나 키가 큰지 모른다.

ⓒ 나는 그녀가 왜 집에 일찍 갔는지 모른다.

ⓓ 그는 그들이 언제 부산으로 이사했는지 모른다.

19 ④ something은 형용사(wrong)가 뒤에서 수식한다.

|해석| 그 의사는 내게 잘못된 무언가가 있다고 말했다.

20 ⓐ something을 뒤에서 수식할 수 있는 것은 형용사(special)이다.

ⓑ 형용사 expensive의 수식을 받는 것은 anything이다.

ⓒ 문맥상 '그가 그 퍼즐을 어떻게(how) 풀었는지'가 되어야 자연스럽다.

|해석| • Megan이 너를 위해 특별한 무언가를 가져왔다.

• 그는 그 상점에서 비싼 어떤 것도 사지 않았다.

• 너는 그가 그 퍼즐을 어떻게 풀었는지 아니?

21 ③ 간접의문문은 「의문사+주어+동사」의 어순으로 쓴다. (→ when she will come)

|해석| 나는 _____ 모른다.

① 지금 몇 시인지

② 내가 무엇을 해야 하는지

③ 그녀가 언제 올 지

④ 그가 몇 살인지

⑤ 그녀가 지난 주말에 어디에 갔는지

22 그림의 소녀가 지루해하면서 재미있는 게임들을 떠올리고 있으므로, '흥미로운 무언가를 하고 싶어 한다'는 뜻이 되도록 문장을 완성한다.

|해석| Amy는 지루하다. 그녀는 흥미로운 무언가를 하고 싶다.

23 간접의문문(의문사+주어+동사)이 각 문장의 목적어가 되도록 문장을 완성한다.

24 (1) wonder의 목적어 자리에 「의문사+주어+동사」의 간접의문문을 써서 문장을 완성한다.

(2) 간접의문문에서 의문사가 주어인 경우 「의문사+동사」의 어순으로 쓴다.

(3) 의문사가 없는 간접의문문은 접속사 if를 사용해서 쓴다.

|해석| (1) 네가 가장 좋아하는 과목이 무엇이니?

(2) 누가 그 창문을 깨뜨렸니?

(3) 너는 록 콘서트를 보러 갔었니?

25 부정대명사 something과 anyone은 형용사가 뒤에서 수식한다.

26 이어지는 대답을 통해 빈칸에 누구인지와 어디 출신인지를 묻는 말이 와야 함을 알 수 있다. 따라서 동사의 목적어 역할을 하는 간접의문문을 「의문사+주어+동사」의 어순으로 쓴다.

|해석| A: 너는 <u>그가 누구인지</u> 아니?

B: 응. 그는 내 가장 친한 친구인 Nick이야.

A: 오, <u>그가 어디 출신인지</u> 내게 말해 줄 수 있니?

B: 응. 그는 호주 출신이야.

27 (1) -thing으로 끝나는 부정대명사는 형용사가 뒤에서 수식한다.

(2) 간접의문문은 「의문사+주어+동사」의 어순으로 쓴다.

|해석| (1) A: 너는 공포 영화를 좋아하니?

B: 아니, 나는 무서운 무언가를 보는 걸 좋아하지 않아.

(2) A: 극장에 어떻게 갈 수 있는지 내게 말해 줄 수 있니?

B: 두 블록을 곧장 가서 오른쪽으로 돌아. 너는 그곳을 틀림없이 찾을 수 있어.

R Reading 빈칸 채우기 pp. 109~111

01 ran across 02 need your help
03 an eighth grade student 04 the best detective
05 something wrong 06 has stolen 07 took, to
08 broken window 09 were still 10 was missing
11 a poem 12 talent show 13 Where did
14 high and low 15 too slow 16 when this happened
17 last night 18 making my rounds 19 rushed over
20 wonder who else 21 were also practicing 22 call
23 with short curly red hair 24 became thirsty
25 stepped outside 26 completely 27 sound of thunder
28 broke the window 29 Lightning followed
30 saw someone running 31 Did you see 32 only
33 had short hair 34 Next was 35 with long black hair
36 was reading 37 heard a scream 38 next to the case
39 like a horror movie 40 got scared
41 hear the window break 42 too loud 43 didn't
44 win first place 45 a seventh grader 46 wrong guy
47 was practicing 48 before nine
49 take one step outside 50 anything strange
51 was really loud 52 on the way home
53 someone singing really badly 54 hear anymore
55 turned to 56 get into, trouble

R Reading 바른 어휘 · 어법 고르기 pp. 112~113

01 across 02 your 03 eighth 04 was

---

05 something wrong 06 has stolen 07 to
08 There was 09 were 10 But 11 in its place 12 is
13 go 14 high 15 slow 16 when 17 A little
18 rounds 19 found 20 who 21 practicing 22 them
23 with 24 was practicing 25 to get 26 It
27 loud 28 broke 29 bright 30 running 31 see
32 back 33 hair 34 eighth 35 long black
36 was reading 37 went 38 a girl 39 lightning
40 scared 41 break 42 loud 43 didn't
44 win 45 had 46 wrong 47 was practicing
48 a little 49 outside 50 anything strange 51 loud
52 Did 53 singing 54 to hear 55 to 56 before

R Reading 틀린 문장 고치기 pp. 114~116

01 ○ 02 ×, helping → help
03 ×, an eight grade → an eighth grade
04 ×, the better → the best 05 ○
06 ○ 07 ×, the criminal → the crime
08 ×, a broke window → a broken window
09 ○ 10 ○ 11 ×, a poet → a poem
12 ○ 13 ×, When → Where
14 ○ 15 ×, fast → slow
16 ×, when happened this → when this happened 17 ○
18 ○ 19 ×, rush over → rushed over 20 ○
21 ×, We were → They were 22 ○ 23 ○
24 ×, became thirst → became thirsty
25 ×, inside → outside 26 ×, That → It
27 ×, sound of lightning → sound of thunder 28 ○
29 ○ 30 ×, running after → running away 31 ○
32 ×, see → saw 33 ○ 34 ○ 35 ×, taller → tall
36 ×, aloudly → aloud 37 ×, go → went 38 ○
39 ×, sound → flash 40 ×, because → so
41 ×, to break → break 42 ○ 43 ○
44 ×, to win second place → to win first place
45 ×, a seven grader → a seventh grader
46 ○ 47 ○ 48 ×, will go → went
49 ×, from then → until then
50 ×, strange anything → anything strange
51 ○ 52 ○ 53 ×, saw → didn't see
54 ×, asked → said 55 ○
56 ×, when → before

01 ① 02 Is there something wrong 03 ② 04 ④
05 ③ 06 ⑤ 07 ②, ③ 08 ⑤ 09 ② 10 ④ 11 ⑤
12 ④ 13 thunder 14 ⑤ 15 ③ 16 ⑤ 17 ④ 18 ①
19 ④ 20 ③

[서술형]

21 I wonder who else was here last night.

22 He was making his rounds.

23 (1) I stepped outside the classroom to get some water.

　　(2) Then I saw someone running(run) away from the case.

24 (1) reading her poem aloud (2) a scream

　　(3) got scared (4) hear the window break

25 (1) Did you hear anything strange?

　　(2) I didn't see anyone.

01 ① ran across는 '가로질러 뛰어갔다'라는 의미이다. '도망갔다'는 ran away로 쓴다.

02 의문문이므로 Is there ~로 문장을 시작한다. something은 형용사(wrong)가 뒤에서 수식한다.

03 ② Mr. Reese가 교장이라는 것만 언급되었고, 인상착의에 대해서는 언급되지 않았다.

04 (A)에는 창문이 '깨진' 것이므로 과거분사 broken이 알맞고, (B)에는 '사라진, 없어진'이라는 의미의 형용사 missing이 알맞다.

05 빈칸 ⓐ의 앞 문장은 은메달과 동메달은 여전히 있었다는 내용이고 뒤 문장은 금메달이 사라졌다는 내용이므로, 상반되는 내용을 연결하는 접속사 But이 알맞다.

06 '사방으로'를 뜻하는 것은 high and low이다.

07 ② 다른 진열장이 있었는지 여부와 ③ 은메달과 동메달이 도난당하지 않은 이유는 언급되지 않았다.

　|해석| ① Reese 교장은 Shirley를 어디로 데려갔는가?

　② 다른 진열장 안에는 무엇이 있었는가?

　③ 왜 다른 메달들은 도난당하지 않았는가?

　④ 그 시는 어디에서 발견되었는가?

　⑤ 장기 자랑 대회는 언제인가?

08 우리말을 영어로 옮기면 Could you tell me when this happened? 가 되므로, 사용하지 않는 단어는 did다.

09 ⓐ에는 '~할 때'라는 뜻의 시간을 나타내는 접속사 when이 알맞고, ⓑ에는 어젯밤 여기에 있었던 인물이 누구인지 묻는 의문사 who가 알맞다.

10 (A)와 ④의 like는 '~과 같은'이라는 의미의 전치사이다.

　①, ③, ⑤의 like는 '좋아하다'라는 의미의 동사이고, ②의 would like는 '~하고 싶다'라는 의미를 나타낸다.

　|해석| ① 우리는 아침에 공원에서 조깅하는 것을 좋아한다.

　② 나는 새로운 언어를 배우고 싶다.

　③ 그 아이들은 욕조 안에 비눗방울이 있는 것을 좋아한다.

　④ 나는 저것과 같은 재킷이 있다.

　⑤ 너는 어떤 종류의 음악을 좋아하니?

11 ⑤ 「see(지각동사)+목적어+현재분사/동사원형」 형태가 되어야 한다. (ran → running/run)

12 (A)와 ⓒ는 시간의 단위를 나타내는 '초'라는 의미이다.

　ⓐ 두 번째로 ⓑ 또 하나의 ⓓ 두 번째의

　|해석| ⓐ 그녀는 그 마라톤에서 두 번째로 들어왔다.

　ⓑ 그들은 제주도에 두 번째 집이 있다.

　ⓒ 그는 100미터를 13초 안에 달릴 수 있다.

　ⓓ 이것은 그 프로젝트의 두 번째 단계이다.

13 '폭풍우가 치는 동안 하늘에서 나는 매우 큰 소리'는 '천둥(thunder)'의 영어 뜻풀이다.

14 ⑤ Jocelyn은 도둑의 뒷모습만 보았다고 했다.

15 (A) 8학년은 서수 eighth로 표현한다.

　(B) '겁이 나다'는 get scared로 표현한다.

　(C) 보어 역할을 하는 형용사 loud가 알맞다.

16 주어진 문장의 it은 진열장 옆에 소녀가 번개의 번쩍임과 어우러져 있는 모습을 가리키고, 이 광경이 무서워서 집으로 바로 갔다는 흐름이 되는 것이 자연스럽다. 따라서 주어진 문장은 ⑤에 들어가는 것이 알맞다.

17 ④ Sylvia는 비명 소리를 듣고 밖으로 나갔다.

18 ① 사람을 잘못짚었다는 의미가 되어야 한다. (right → wrong)

19 How could I?는 '제가 어떻게 들었겠어요?'라는 뜻이므로 ④와 같은 의미이다.

20 hear+목적어+동사원형/현재분사: (목적어)가 ~하는 것을 듣다

21 I wonder 뒤에 목적어 역할을 하는 간접의문문을 쓴다. '또 다른, 그 밖의'를 뜻하는 형용사 else는 의문사(who) 뒤에 쓴다.

22 Reese 교장은 비명 소리를 들었을 때 순찰을 돌고 있었다.

　|해석| Q: Reese 교장은 비명 소리를 들었을 때 무엇을 하고 있었는가? A: 그는 순찰을 돌고 있었다.

23 (1) '물을 가지러 가기 위해서'라는 뜻을 나타내는 부사적 용법의 to부정사 to get이 되는 것이 알맞다.

　(2) 지각동사 see의 목적격보어로 현재분사(running)나 동사원형(run)을 쓴다.

24 |해석| Sylvia는 비명 소리를 들었을 때 교실에서 큰 소리로 그녀의 시를 낭송하고 있었다. 그녀는 밖으로 나갔고 진열장 옆에 있던 한 소녀를 봤다. 그녀는 겁이 나서 곧장 집으로 달려갔다. 천둥소리가 너무 커서, 그녀는 유리창이 깨지는 소리를 들을 수 없었다.

25 (1) anything은 형용사(strange)가 뒤에서 수식한다는 것에 주의한다.

　(2) anyone을 목적어로 하여 문장을 쓴다.

M▶ 기타 지문 실전 TEST   p. 125

01 ⑤　02 ②　03 ④　04 It is something delicious.
05 ④　06 ③

01 ⑤ 도둑이 누구인지에 대해서는 사건 일지에 언급되지 않았다.
02 ② 마녀가 탑을 올라가기 위해 그것(Rapunzel의 머리카락)을 사용했다는 내용이 이어지므로, Rapunzel의 머리카락이 길었다(long)고 하는 것이 자연스럽다.
03 '(목적어)가 ~하는 것을 듣다'라는 의미의 문장은 「지각동사(hear)+목적어+현재분사/동사원형」의 형태로 쓴다.
04 -thing으로 끝나는 부정대명사는 형용사가 뒤에서 수식한다.
05 '보물은 왼쪽에서 세 번째 사물함 안에 있어.'라는 의미의 주어진 문장은 '너는 사물함을 볼 거야.'라는 문장 뒤에, '그것은 잠겨 있으니 여는 데 열쇠를 사용해 봐.'라는 문장 앞에 오는 것이 자연스럽다.
06 ③ 열쇠는 식물 밑에 있다고 했다.

STEP B

W▶ Words 고득점 맞기   pp. 126~127

01 ②　02 unfold　03 ④　04 ②　05 won first place
06 run across　07 ①　08 ③　09 ②
10 (A) high and low　(B) get into trouble　(C) talent show
11 ①　12 ⑤　13 ③　14 ⑤

01 ②는 형용사이고, 나머지는 모두 부사이다.
　|해석| ① 곧장, 곧바로　② 이상한, 낯선　③ 어차피, 어쨌든　④ 갑자기　⑤ 완전히
02 right(옳은)와 wrong(잘못된)은 반의어 관계이므로 fold(접다)의 반의어인 unfold(펴다)를 쓴다.
03 at the end of: ~의 말(끝)에 / take care of: ~을 돌보다
　|해석| • 그 병원은 작년 말에 문을 닫았다.
　• 네가 없는 동안 누가 개를 돌보니?
04 thief(도둑)는 '물건을 훔치는(steal) 사람'을 의미한다.
05 win first place: 일등을 하다, 우승하다
06 run across: ~을 가로질러(건너서) 뛰어가다
07 ① post는 '게시하다, 공고하다'의 의미로 쓰였다.
　|해석| ① 그 편지의 복사본이 게시판에 게시되었다.
　② 나는 멀리서 번개가 번쩍이는 것을 봤다.
　③ 경찰이 그 범죄를 해결하는 데 10년이 걸렸다.
　④ 내 애완동물이 공원에서 없어졌다.
　⑤ 그 탐정은 단서를 찾고 있다.
08 run away: 도망치다 / rush over: 달려가다
　|해석| • 그 도둑은 겁을 먹고 도망쳤다.
　• Baker 여사가 비명을 지르자 몇몇 사람들이 그녀를 돕기 위해 달려갔다.
09 ② '폭풍우가 치는 동안 하늘에서 나는 매우 큰 소리'를 뜻하는 것은 thunder(천둥)이다. lightning(번개)의 영어 뜻풀이는 a powerful flash of light in the sky, usually followed by thunder이다.
　|해석| ① 단서: 누군가가 어떤 것을 찾는 데 도움을 주는 것
　② 번개(→ 천둥): 폭풍우가 치는 동안 하늘에서 나는 매우 큰 소리
　③ 재능: 무언가를 잘하는 타고난 특별한 능력
　④ 이상한: 보통이거나 정상적인 것과는 다른
　⑤ 교장: 학교를 책임지는 사람
10 (A) high and low: 사방으로　(B) get into trouble: 곤경에 빠지다
　(C) talent show: 장기 자랑 대회
　|해석| • 나는 내 지갑을 사방으로 찾았다.
　• 나는 곤경에 빠지고 싶지 않아서 아무 말도 하지 않았다.
　• 내가 장기 자랑 대회에서 무엇을 했는지 추측할 수 있니?
11 '짧은 시간 동안 빛나는 밝은 빛'은 flash(섬광, 번쩍임)의 영어 뜻풀이이므로 flash가 쓰인 문장 ①을 고른다.
　|해석| ① 번개의 번쩍임이 나를 놀라게 했다.
　② 우리는 공포 영화를 보는 것을 좋아하지 않는다.

③ 도둑이 내 새 자전거를 훔쳤다.

④ 그는 태권도에서 은메달을 땄다.

⑤ 그 왕자는 마녀에 의해 개구리로 변했다.

12 ⑤ 의미상 '시험 결과는 인터넷에 게시될(posted) 것이다'가 되는 것이 알맞다. guess는 '추측하다'라는 의미이다.

|해석| ① 그 밖의 누가 파티에 있었니?

② 그녀는 내게 부탁을 하러 전화했다.

③ 우리가 전에 만난 적이 없다는 것이 이상하다.

④ 우리는 눈에 있는 사슴 발자국을 따라갔다.

⑤ 시험 결과는 인터넷에 추측될(→게시될) 것이다.

13 순서대로 feather(깃털), scream(비명), straight(곧장, 곧바로), horror(공포)가 들어가야 한다.

|해석| • 너는 깃털 베개를 좋아하니?

• 나는 비명 소리를 들었다고 생각했어.

• 방과 후에 집에 곧장 와라.

• 폐가를 보자 그들의 얼굴이 공포로 가득 찼다.

14 ⑤ whole은 '전체의'라는 의미이다. ① 실종된 / 그리워하는

② 단계 / 걸음 ③ 궁금해하다 / 놀라움 ④ 안내문 / 알아차리다

|해석| ① 그들은 아직도 실종된 아들을 찾게 되기를 바랐다.

너는 누군가를 그리워한다는 심정을 이해하니?

② 나는 단계별로 너에게 그것을 설명할 것이다.

그는 몇 걸음을 뒤로 갔다.

③ 나는 그가 왜 그렇게 화가 났는지 궁금하다.

그녀가 피곤하다는 것은 놀랄 일이 아니다.

④ 학교 웹사이트에 안내문이 있었다.

너는 그의 행동에서 어떤 이상한 점을 알아차렸니?

⑤ 집 전체가 파란색으로 칠해져 있었다.

우리는 마을 전체를 걸어 다녔다.

L&S Listen & Speak 고득점 맞기 pp. 130~131

01 (B) – (A) – (D) – (C) **02** ③ **03** ③ **04** ③ **05** ③ **06** ④

[서술형]

07 (1) [모범답] can I ask you a favor?

(2) [모범답] Can you help me carry these boxes?

08 (1) Guess what I'm doing.

(2) You're wrong.

(3) That's right.

09 (1) help me

(2) (that) a bird took it(your hat)

(3) feathers on the bicycle

10 Are you sure you lost it inside the house?

11 (1) He can't find his smartphone. / He lost his smartphone.

(2) He was making a sandwich.

12 (1) in the kitchen

(2) inside the refrigerator

---

01 야구 글러브를 봤는지 묻는 말에 탁자 아래에서 봤다고 답하고(B), 더 이상 그곳에 없다고 하자(A) Spot이 가져간 것 같다고 추측하는 말(D)이 이어진 후, Spot이 가져간 걸 보고 말하는(C) 흐름이 자연스럽다.

02 ③ 창문 닦는 것을 도와줄 수 있는지 묻는 말에 긍정으로 답한 후 바쁘다는 부정의 이유를 덧붙이는 것은 어색하다.

|해석| ① A: 부탁 하나 해도 될까?

B: 물론이지. 뭔데?

② A: 설거지하는 것을 도와줄 수 있니?

B: 미안하지만, 못 해. 나는 약속이 있어.

③ A: 창문 닦는 것을 도와줄 수 있니?

B: 좋아. 나는 바빠.

④ A: 내가 무엇을 하고 있는지 맞혀 봐.

B: 너는 사다리를 올라가고 있는 것 같아.

⑤ A: 내 지갑을 찾을 수가 없어.

B: 그것은 서랍 안에 있는 것 같아.

03 빈칸에는 도움을 요청하는 말이 들어가는 것이 알맞다.

04 ③ 화자의 학년이 언제 끝나는지는 언급되지 않았다.

|해석| ① 화자는 누구에게 말하고 있는가?

② 연설은 언제 행해지고 있는가?

③ 학년은 언제 끝나는가?

④ 화자는 무엇을 추측하는가?

⑤ 화자는 학급 친구들에게 무엇을 하라고 요청하는가?

05 ③ 개를 돌봐 줄 수 있는지 묻는 말에 대한 대답 뒤에 부탁을 들어줄 수 없는 이유가 이어지는 것으로 보아, 거절의 응답이 되어야 한다. (→ Oh, I'm sorry but I can't.)

06 Tony의 엄마가 개를 좋아하지 않아서 나래의 개를 돌봐 줄 수 없는 상황이므로 ④는 대화의 내용과 일치하지 않는다.

|해석| ① 나래는 Tony가 이번 주말에 그녀의 개를 돌봐 줄 수 있는지 묻는다.

② 나래는 주말에 부산에 계신 그녀의 할머니를 방문할 것이다.

③ Tony의 엄마는 개를 좋아하지 않는다.

④ Tony는 나래의 개를 돌볼 것이다.

⑤ 나래는 수민이에게 자신의 개를 돌봐 달라고 부탁할 것이다.

07 (1)에는 도움을 요청하는 표현이 들어가는 것이 알맞고, (2)에는 도움을 요청하는 표현 「Can you help me+동사원형 ~?」을 이용하여 상자들을 옮기는 것을 도와달라는 말이 들어가는 것이 알맞다.

|해석| Amy는 몇 개의 상자를 옮겨야 하지만, 그녀 혼자서 무거운 상자들을 옮기는 것은 힘들다. 그래서 그녀는 수호에게 도움을 요청한다. 수호는 상자 옮기는 것을 도와줄 것이다.

08 (1) B가 자신이 추측하는 바를 말하고 있으므로 추측해 보라는 말이 알맞다.

(2) 빈칸 뒤에 다시 추측해 보라는 말이 이어지는 것으로 보아, 상대방의 대답이 틀렸다는 말이 들어가는 것이 알맞다.

(3) 다시 추측한 내용이 맞았다는 말이 알맞다.

09 (1) 도움을 요청하는 표현인 「Can you help me+동사원형 ~?」의 형태로 쓴다.

(2) 새가 모자를 가져간 것 같다고 추측하는 말이 되는 것이 알맞다. 추측하는 표현은 「I guess+주어+동사」이다.

(3) 자전거 위의 깃털이 단서라고 했다.

10 '~을 확신하니?'라는 의미의 문장은 「Are you sure (that)+주어+동사 ~?」로 표현한다.

11 (1) Brian은 스마트폰을 잃어버렸다고 했다.

(2) Brian은 부엌에서 샌드위치를 만들고 있었다고 했다.

|해석| (1) Brian의 문제는 무엇인가?

(2) Brian은 부엌에서 무엇을 하고 있었는가?

12 (1) Brian의 엄마는 Brian이 스마트폰을 부엌에서 잃어버린 것 같다고 추측했다.

(2) 스마트폰은 냉장고 안에 있었다.

|해석| Brian의 엄마는 Brian이 그의 스마트폰을 부엌에서 잃어버렸다고 추측했다. 하지만 Brian은 이미 부엌을 확인했다고 말했다. 그녀는 부엌을 다시 확인했고 냉장고 안에서 그것을 발견했다.

Ⓖ Grammar 고득점 맞기　　pp. 132~134

01 ④　**02** ②, ⑤　**03** ②　**04** ③　**05** anything　**06** ②
07 ②　**08** ②　**09** ③　**10** ⑤　**11** ②　**12** ③　**13** ③　**14** ②

[서술형]

15 (1) She wants to eat something sweet.

(2) He wants to drink something cold.

16 (1) when your concert is

(2) what your blood type is

(3) who your favorite singer is

17 (1) I don't know how you come to school.

(2) She wants to wear something colorful.

18 (1) -thing으로 끝나는 부정대명사는 형용사가 뒤에서 수식한다.

(2) Judy wants to ride something exciting.

19 (1) 간접의문문은 「의문사+주어+동사」의 어순으로 쓴다.

(2) Tell me when the movie starts.

20 (1) I want to eat(have) something delicious.

(2) Do you know where an Italian restaurant is near here?

---

01 -thing, -body, -one으로 끝나는 부정대명사는 형용사가 뒤에서 수식하므로, 부사 warmly는 알맞지 않다.

|해석| 나는 ＿＿＿ 어떤 것도 먹고 싶지 않다.

① 달콤한　② 차가운　③ 매운　④ 따뜻하게　⑤ 맛있는

02 「의문사+주어+동사」의 어순의 간접의문문 where his dog is가 빈칸에 들어가는 것이 알맞다. be동사 is가 있으므로 does는 쓰이지 않으며, 의문사가 있는 간접의문문이므로 접속사 if도 필요하지 않다.

03 간접의문문은 「의문사+주어+동사」의 어순으로 쓴다.

|해석| • 나는 모른다.

• 그는 그 문제를 어떻게 해결했는가?

04 anything처럼 -thing으로 끝나는 부정대명사는 형용사가 뒤에서 수식한다.

|해석| 너는 그에게 말할 필요가 있는 중요한 무언가가 있니?

05 nothing은 not anything의 의미이다.

|해석| 나는 특별히 할 말이 없다.

06 There is something wrong with the vending machine.이므로 네 번째로 오는 단어는 wrong이다.

07 '그가 언제 도착하는지'를 뜻하는 「의문사+주어+동사」의 형태의 간접의문문이 들어가는 것이 알맞다.

08 ②의 which는 관계대명사이고, 나머지는 모두 간접의문문에 쓰인 의문사이다.

|해석| ① 너는 그가 어제 무엇을 했는지 아니?

② 너는 잃어버린 그 개를 찾았니?

③ 나는 그녀가 그 드레스를 어디에서 샀는지 궁금하다.

④ 아무도 그가 누구인지 모른다.

⑤ 나는 그 소년이 장래에 무엇이 되고 싶은지 궁금하다.

09 ⓑ, ⓒ, ⓓ something은 형용사가 뒤에서 수식한다.

ⓐ, ⓔ something 뒤에는 명사(구)가 오지 않는다.

|해석| ⓐ 네가 흥미로워할 소식이 있다.

ⓑ 그녀는 다른 무언가를 하고 싶었다.

ⓒ 마실 차가운 무언가를 원하시나요?

ⓓ 그는 읽을 흥미로운 무언가를 사고 싶다.

ⓔ 나는 신선한 공기를 좀 마셔야 한다.

10 ⓐ와 ⓑ는 옳은 문장이다.

ⓒ 간접의문문은 「의문사+주어+동사」의 어순이 되어야 한다.

ⓓ 간접의문문에서 의문사가 주어인 경우 「의문사+동사」의 어순으로 써야 하며 시제에 유의해야 한다.

|해석| ⓐ 나는 누가 오늘 경기를 이길지 궁금하다.

ⓑ 나는 출입구에 있는 저 소녀가 누구인지 모른다.

ⓒ 우리 엄마는 그 소년이 얼마나 키가 큰지 물었다.

ⓓ 너는 누가 네 옆에 앉았는지 기억하니?

11 의문사가 없는 의문문을 간접의문문으로 쓸 경우에는 '~인지'라는 뜻의 접속사 if를 사용한다.

|해석| 여기 근처에 꽃 가게가 있는지 내게 말해 줄 수 있니?

12 ③ 간접의문문은 「의문사+주어+동사」의 어순으로 쓴다. (→ Do you know when he was born?)

|해석| 어법상 틀린 것은?

① 나는 그가 왜 나에게 화가 났는지 모른다.

② 나는 네가 그 답을 아는지 궁금하다.

③ 너는 그가 언제 태어났는지 아니?

④ 그녀는 자동차 열쇠가 어디에 있는지 몰랐다.

⑤ 세탁기가 어떻게 작동하는지 내게 말해 줄 수 있니?

13 두 번째와 세 번째 문장은 옳은 문장이다.

첫 번째 문장에서 anything은 -thing으로 끝나는 부정대명사로 형용사(stupid)가 뒤에서 수식한다. (→ I will never do anything stupid again.)

네 번째 문장에서 간접의문문은 「의문사+주어+동사」의 어순으로 쓴다. (→ I wonder why Amy doesn't write me a letter.)

|해석| • 나는 다시는 어리석은 어떤 것도 하지 않을 것이다.

• 너는 그들이 결혼했는지 아니?

- 나는 너를 위해서 가능한 모든 것을 해 줄 수 있다.
- 나는 Amy가 왜 내게 편지를 쓰지 않는지 궁금하다.

14 ⓐ -one, -thing으로 끝나는 부정대명사는 형용사가 뒤에서 수식한다.
(→ He wants to meet someone interesting.)
ⓓ 의문사가 없는 의문문을 간접의문문으로 쓸 경우에는 '~인지'라는 뜻의 접속사 if를 사용한다. (→ I wonder if you can help me now.)
|해석| ⓐ 그는 흥미로운 누군가를 만나고 싶어 한다.
ⓑ 너는 그 문제가 무엇인지 아니?
ⓒ 나는 지난 주말에 특별한 어떤 것도 하지 않았다.
ⓓ 나는 네가 지금 나를 도울 수 있는지 궁금하다.
ⓔ 너는 그 가게에서 무엇을 샀는지 내게 말해 줄 수 있니?

15 something은 형용사가 뒤에서 수식한다. 상황에 맞게 형용사를 써서 문장을 완성한다.
|해석| (1) Monica는 쿠키를 사는 중이다. 그녀는 달콤한 무언가를 먹고 싶어 한다.
(2) Steve는 매우 덥다. 그는 차가운 무언가를 마시고 싶어 한다.

16 (1) 콘서트가 언제인지 말하고 있으므로 콘서트가 언제인지 묻는 간접의문문이 알맞다.
(2) 혈액형이 무엇인지 말하고 있으므로 혈액형이 무엇인지 묻는 간접의문문이 알맞다.
(3) 좋아하는 가수를 말하고 있으므로 좋아하는 가수가 누구인지 묻는 간접의문문이 알맞다.
|해석| (1) A: 나는 네 콘서트가 언제인지 궁금해.
　　　B: 내 콘서트는 9월 28일이야.
(2) A: 나는 네 혈액형이 무엇인지 궁금해.
　　　B: 내 혈액형은 B형이야.
(3) A: 나는 네가 가장 좋아하는 가수가 누구인지 궁금해.
　　　B: 내가 가장 좋아하는 가수는 Jason Mraz야.

17 (1) 간접의문문은 「의문사＋주어＋동사」의 어순으로 쓴다.
(2) -thing으로 끝나는 부정대명사는 형용사가 뒤에서 수식한다.

18 -thing으로 끝나는 부정대명사는 형용사가 뒤에서 수식하므로 something exciting이 되어야 한다.
|해석| Judy는 신나는 무언가를 타고 싶어 한다.

19 간접의문문은 「의문사＋주어＋동사」의 어순이므로 when the movie starts가 되어야 한다.
|해석| 그 영화가 언제 시작하는지 내게 말해 줘.

20 (1) -thing으로 끝나는 부정대명사는 형용사가 뒤에서 수식한다.
(2) 간접의문문은 「의문사＋주어＋동사」의 어순으로 쓴다.
|해석| A: 나는 아주 배고파.
B: 나도. 나는 맛있는 것을 먹고 싶어.
A: 너는 이탈리아 음식을 좋아하니?
B: 물론이야. 너는 이 근처에 이탈리아 음식점이 어디에 있는지 아니?
A: 응, 모퉁이를 돌면 하나 있어.

Ⓡ Reading 고득점 맞기　pp. 139~141

01 ③　02 ⑤　03 ⑤　04 Jocelyn, Sylvia, (and) Harry
05 ③　06 ②　07 ⑤　08 ③　09 ⑤　10 ⑤
11 a seventh grader　12 ②
[서술형]
13 Is there something wrong?
14 Someone has stolen the gold medal for the talent show.
15 Could you tell me when this happened?
16 (1) a little after nine last night
　(2) making his rounds
　(3) practicing for the talent show
17 (1) Did you hear anything strange?
　(2) My music was really loud.
18 (1) He went home a little before nine.
　(2) He heard someone singing really badly.

01 (A) -thing으로 끝나는 부정대명사는 형용사가 뒤에서 수식한다.
(B) '깨진'이라는 의미이므로 broken이 알맞다.
(C) the gold medal's를 가리키므로 its가 알맞다.

02 ⓐ와 ⑤는 현재완료의 결과 용법이다. ①은 계속 용법, ②와 ④는 경험 용법, ③은 완료 용법이다.
|해석| ① 우리는 10년 동안 이 작은 마을에서 살아왔다.
② 나는 전에 로봇 박물관을 방문한 적이 없다.
③ 그는 이미 보고서 쓰는 것을 끝냈다.
④ 너는 스페인 음식을 먹어 본 적이 있니?
⑤ 그들은 고국으로 가 버렸다.

03 ⑤ 금메달은 도둑이 훔쳐서 사라지고 없었다.

04 them이 가리키는 것은 장기 자랑 대회 준비를 하고 있던 Jocelyn, Sylvia, 그리고 Harry이다.

05 글의 흐름상 커다란 천둥소리가 날 때 창문을 깼다고 생각한다고 하는 것이 자연스럽다. 주어진 문장의 at that moment는 '커다란 천둥소리가 들렸던 순간'을 가리킨다.

06 ②는 '짧은 시간 동안 빛나는 밝은 빛'이라는 뜻으로 flash(섬광, 번쩍임)의 영어 뜻풀이다. flash는 글에서 쓰이지 않았다.
①은 suddenly(갑자기), ③은 thunder(천둥), ④는 lightning(번개), ⑤는 thief(도둑)의 영어 뜻풀이다.
|해석| ① 빨리 그리고 갑작스러운 방식으로
② 짧은 시간 동안 빛나는 밝은 빛
③ 폭풍우가 치는 동안 하늘에서 나는 매우 큰 소리
④ 하늘에서 보통 천둥이 따라오는 빛의 강한 번쩍임
⑤ 물건을 훔치는 사람

07 ⑤ Jocelyn은 도둑의 얼굴을 보지 못했다고 했다.
|해석| ① Jocelyn은 어떻게 생겼는가?
② Jocelyn은 교실에서 무엇을 하고 있었는가?
③ Jocelyn은 왜 교실 밖으로 나갔는가?

④ Jocelyn은 번개가 쳤을 때 무엇을 보았는가?

⑤ 도둑의 얼굴은 어떻게 생겼는가?

08 ⓐ '~을 가진'과 ⓑ '~과 어우러져, ~과 함께'의 뜻으로 쓰이는 전치사 with가 알맞다.

09 ⑤ 「hear(지각동사)+목적어+목적격보어(동사원형)」의 형태가 되어야 한다. (→ break)

10 ⑤ Sylvia가 집에 간 시각은 언급되지 않았다.

11 '7학년 학생or생'이라는 의미의 a seventh grade student는 a seventh grader로도 쓸 수 있다.

|해석| 7학년생인 Harry는 짧은 금발을 가지고 있었다.

12 ② 음악 소리가 커서 이상한 소리를 들을 수가 없었다고 했다.

|해석| ① Harry는 춤 동작을 연습하고 있었다.

② Harry는 이상한 어떤 소리를 들었다.

③ Harry는 음악을 정말 크게 틀었다.

④ Harry는 누구도 보지 못했다.

⑤ Harry는 누군가가 노래를 끔찍하게 부르는 것을 들었다.

13 -thing으로 끝나는 부정대명사는 형용사가 뒤에서 수식한다.

14 Reese 교장이 누군가 장기 자랑 대회 금메달을 훔쳐갔다고 했다.

15 간접의문문은 「의문사+주어+동사」의 어순으로 쓴다.

16 Shirley가 물은 범죄는 9시가 조금 넘은 후에 일어났는데, 그때 학교에 있었던 사람은 순찰을 돌던 Reese 교장과 장기 자랑 대회를 준비 중이었던 Jocelyn, Sylivia 그리고 Harry였다.

|해석| Shirley가 물어본 그 범죄는 어젯밤 9시가 조금 넘은 후에 일어났다. 그 시간에 Reese 교장은 순찰을 돌고 있었다. Jocelyn, Sylvia와 Harry가 또한 학교에 있었다. 그들은 장기 자랑 대회 연습을 하고 있었다.

17 (1) 부정대명사 anything은 형용사(strange)가 뒤에서 수식한다.

(2) 주격보어로 부사 loudly가 아니라 형용사 loud를 써야 한다.

18 (1) Harry는 9시 조금 전에 집에 갔다고 했다.

(2) Harry는 집에 가는 도중에 누군가가 노래를 정말 끔찍하게 부르는 것을 들었다.

|해석| (1) Harry는 언제 집에 갔는가?

(2) Harry는 집에 가는 길에 무엇을 들었는가?

01 (1) detective (2) thief (3) principal

02 crime

03 (1) get into trouble (2) talent show (3) rushed over

04 (1) Can you do me a favor?

(2) Can you help me vacuum the floor?

05 (1) [모범답] Can you take care of my dog this weekend

(2) [모범답] I'm sorry but I can't

06 Can you help me set the table

07 [모범답] I guess (that) you're playing the piano.

08 ⓒ → I guess only a few of us will be in the same class next year.

09 The speaker asks them to say hello when they see each other.

10 ⓐ → I wonder why he called me.

ⓓ → There isn't anything interesting in the newspaper.

11 (1) I wonder where he visited yesterday.

(2) I don't know what happened to her.

(3) Can you tell me when you started playing the guitar?

12 (1) He eats something sweet when he is stressed.

(2) Nothing bad will happen to you.

(3) Did the thief take anything valuable?

13 (1) where he lives

(2) what his hobby is

(3) what his future dream is

14 (1) the principal

(2) an eighth grade student

(3) the best detective in the whole town

15 (1) I stepped outside the classroom to get some water.

(2) Then I saw someone running(run) away from the case.

16 (1) practicing her song

(2) a loud sound of thunder

(3) lightning followed right after

17 [모범답] 진열장 옆에 한 소녀가 번개의 번쩍임과 함께 어우러져 있었던 광경

18 I got scared so I ran straight home.

19 (1) He was practicing his dance moves.

(2) Because his music was really loud.

20 Why don't you bring the medal back before you get into some real trouble?

21 (1) [모범답] (It's) Because a witch put me here.

(2) She uses my long hair to climb up the tower.

01 (1) detective: 탐정

(2) thief: 도둑

(3) principal: 교장

|해석| (1) 탐정은 오래된 미스터리를 해결했다.

(2) 나는 경찰이 도둑을 쫓고 있는 것을 봤다.

(3) 그는 교사 셋과 교장이 있는 작은 학교에 다닌다.

02 '법을 위반하는 활동'이라는 뜻을 나타내는 명사 crime(범죄)이 알맞다.

|해석| 경찰은 그 범죄 현장으로 달려갔다.

[조건] 1. 단어는 'c'로 시작한다.

2. 단어는 다섯 글자이다.

3. 단어는 '법을 위반하는 활동'을 의미한다.

03 (1) get into trouble: 곤경에 처하다

(2) talent show: 장기 자랑 대회

(3) rush over: 달려가다

04 (1) '~의 부탁을 들어주다'를 뜻하는 do ~ a favor를 사용하는 문장을 완성한다.

(2) '~하는 것을 도와줄 수 있니?'라는 뜻의 도움을 요청하는 표현을 쓴다. 「Can you help me+동사원형 ~?」의 형태가 와야 한다.

|해석| A: 부탁 하나 해도 될까?

B: 물론. 뭔데?

A: 내가 진공청소기로 바닥을 청소하는 것을 도와줄 수 있니?

B: 좋아.

05 (1) 자신의 개를 돌봐 달라고 도움을 요청하는 말을 쓴다.

(2) 도와줄 수 없는 이유가 이어지는 것으로 보아 거절하는 표현을 쓰는 것이 알맞다.

|해석| 나래의 가족은 부산에 갈 예정이다. 그녀는 Tony에게 이번 주말에 그녀의 개를 돌봐 달라고 부탁한다. 그러나 Tony는 그의 어머니가 개를 좋아하지 않기 때문에 그녀를 도울 수 없다.

06 그림의 내용상 '내가 식탁을 차리는 것을 도와줄 수 있니?'라는 말이 되어야 하므로 「Can you help me+동사원형 ~?」의 표현을 쓴다.

07 사진의 내용상 '너는 피아노를 치고 있는 것 같아.'라는 말이 되도록 「I guess (that) 주어+동사 ~.」의 표현을 쓴다.

08 ⓒ 문장 끝에 미래를 나타내는 부사구 next year가 있으므로 현재시제 are가 아닌 미래시제 will be로 고쳐야 한다.

09 화자는 학급 친구들에게 서로 만나면 인사말을 건네자고 말하고 있다.

10 ⓐ 간접의문문은 「의문사+주어+동사」의 어순으로 써야 한다.

ⓓ -thing으로 끝나는 부정대명사(anything)는 형용사(interesting)가 뒤에서 수식한다.

|해석| ⓐ 나는 그가 나에게 왜 전화했는지 궁금하다.

ⓑ 너는 네 오빠가 어디에 있는지 아니?

ⓒ 나는 너에게 말해 줄 새로운 것이 없다.

ⓓ 신문에 흥미로운 것이 없다.

ⓔ 나는 내가 시험에 통과할 수 있을지 모르겠다.

11 간접의문문은 「의문사+주어+동사」의 어순으로 쓴다.

12 -thing, -one, -body로 끝나는 부정대명사는 형용사가 뒤에서 수식한다.

13 간접의문문은 「의문사+주어+동사」의 어순으로 쓴다.

|해석| 오늘, 나는 Tony를 인터뷰한다. 처음에 나는 그가 언제 태어났는지 물을 것이다. 다음으로 나는 그가 어디에 사는지 물을 것이다. 나는 또한 그의 취미가 무엇인지 물을 것이다. 마지막으로, 나는 그의 장래 희망이 무엇인지 물을 것이다.

14 (1) Mr. Reese는 Bakersville 중학교의 교장 선생님이었다.

(2), (3) Shirley는 Bakersville 중학교 8학년 학생이고 마을에서 최고의 탐정이었다.

|해석| Reese 교장: (1) Bakersville 중학교의 교장

Shirley: (2) Bakersville 중학교의 8학년생

(3) 마을 전체에서 최고의 탐정

15 (1) '물을 마시러'라는 뜻의 목적을 나타내는 부사적 용법의 to부정사를 써야 한다.

(2) 지각동사(see)의 목적격 보어로는 현재분사나 동사원형을 쓴다.

16 (1) Jocelyn은 노래를 연습하고 있었다.

(2) Jocelyn이 교실 밖으로 나갔을 때 커다란 천둥소리가 났다.

(3) 번개가 바로 뒤따랐고 잠시 동안 밝아졌다.

|해석| Jocelyn은 그녀의 노래를 연습하고 있었고 목이 말랐다. 그녀가 교실 밖으로 나갔을 때, 큰 천둥소리가 났다. 그런 다음 번개가 바로 뒤따랐고 잠시 동안 밝아졌다. 그래서 그녀는 그 순간에 누군가를 볼 수 있었다.

17 Sylvia가 비명 소리를 듣고 밖으로 나갔을 때 진열장 옆에 있던 한 소녀를 봤는데, 번개의 번쩍임과 어우러져 그 모습이 공포 영화 같았다고 했다.

18 접속사 so가 있으므로 앞에는 원인, 뒤에는 결과를 나타내는 말을 쓴다.

19 (1) Harry는 자신의 춤 동작을 연습하고 있었다.

(2) Harry는 자신의 음악 소리가 너무 커서 아무 소리도 듣지 못했다고 했다.

|해석| (1) Harry는 집에 가기 전에 무엇을 하고 있었는가?

(2) Harry는 왜 이상한 소리를 들을 수 없었는가?

20 Shirley가 범인에게 메달을 돌려줄 것을 권유하고 있으므로 '~하는 게 어때?'라는 뜻의 권유하는 표현 「Why don't you+동사원형 ~?」을 사용하여 문장을 완성한다.

21 (1) Rapunzel이 아기였을 때, 마녀가 그녀를 높은 탑에 가뒀다.

(2) 마녀는 탑을 올라가기 위해 Rapunzel의 긴 머리카락을 사용했다.

|해석| 왕자: 당신은 왜 그 높은 탑에 있나요?

Rapunzel: 마녀가 저를 여기에 가뒀기 때문이에요.

왕자: 마녀는 어떻게 탑을 올라가나요?

Rapunzel: 그녀는 제 긴 머리카락을 이용해 탑을 올라와요.

왕자: 내려와요. 바깥세상은 멋지요.

제 **1** 회 대표 기출로 내신 **적중** 모의고사   pp. 146~149

---

01 ④   02 ②   03 ⑤   04 ②   05 Guess what I'm doing.
06 ①, ③   07 ②   08 ①   09 ⑤   10 (1) He lost his
smartphone. (2) It was inside the refrigerator.   11 ③
12 I couldn't find anything interesting on the Internet.
13 ①   14 (1) where I bought the coat (2) how much the
sweater is (3) when the museum opens   15 ④   16 ⑤
17 ⑤   18 if Jocelyn saw the thief's face   19 (1) the thief
broke the window (2) a loud sound of thunder
(3) lightning (4) back   20 ③   21 Did you hear the
window break?   22 ③   23 ②   24 hear anything
strange   25 ④

---

01 ④는 반의어 관계이고, [보기]와 나머지는 모두 유의어 관계이다.
|해석| ① 완전히 ② 전체의 ③ 비명을 지르다
④ 보통의 – 이상한 ⑤ 어려운, 힘든

02 '직업이 어떤 것 또는 누군가에 대한 정보를 찾는 것인 사람'을 뜻하는
것은 detective(탐정)이다.
|해석| ① 선생님 ③ 도둑 ④ 교장 ⑤ 점원

03 ⑤ make one's rounds: 순찰을 돌다
|해석| ① 그 도둑은 군중으로부터 도망갔다.
② 우리는 네가 곤경에 빠지는 것을 원하지 않는다.
③ 나는 그 공을 잡기 위해 운동장을 가로질러 뛰어갔다.
④ 그녀는 장기 자랑 대회에서 노래하고 춤을 출 것이다.
⑤ 경비원들이 박물관에서 순찰을 돌 때 나를 발견했다.

04 각각 도움을 요청하는 표현 Can you do me a favor?와 「Can you
help me+동사원형 ~?」이 되어야 한다.

05 간접의문문의 어순(의문사+주어+동사)에 유의한다.

06 Of course.는 도움 요청을 승낙할 때의 응답으로 Sure.나 No
problem.으로 바꿔 쓸 수 있다. 나머지는 도움 요청에 대한 거절의
응답이다.
|해석| ① 물론이야.
② 미안하지만 못 해.
③ 좋아.
④ 유감이지만 못 해.
⑤ 그리고 싶지만 못 해.

07 야구 글러브를 찾는 것을 도와달라는 말(B)에 마지막으로 어디서 봤는
지 묻고(C) 답한 후(A) 추측하는 말(D)이 이어지는 것이 자연스럽다.

08 대화의 흐름상 ①에는 도움 요청에 거절하는 응답인 I'm sorry but I
can't. 등이 와야 한다. Sure.는 도움 요청에 승낙하는 응답이다.

09 다시 한 번 확인해 보자는 말과 냉장고 안에 있다는 말 사이인 ⑤에 오
는 것이 자연스럽다.

10 (1) Brian은 집 안에서 그의 스마트폰을 잃어버렸다.
(2) 잃어버린 스마트폰은 냉장고 안에 있었다.
|해석| (1) Brian은 무엇을 잃어버렸는가?
(2) 그 잃어버린 물건은 어디에 있었는가?

11 wonder의 목적어 역할을 하는 간접의문문은 「의문사+주어+동사」의
어순으로 쓴다.
|해석| 나는 궁금하다. 너는 무슨 운동을 가장 좋아하니?
→ 나는 네가 무슨 운동을 가장 좋아하는지 궁금하다.

12 -thing, -body, -one으로 끝나는 부정대명사는 형용사가 뒤에서 수
식한다.

13 ⓐ, ⓑ, ⓒ는 옳은 문장이다.
ⓓ anything은 형용사가 뒤에서 수식해야 한다.
(dangerous anything → anything dangerous)
ⓔ 간접의문문은 「의문사+주어+동사」의 어순으로 써야 한다.
(was he → he was)
|해석| ⓐ 그녀의 전화번호가 무엇인지 내게 말해 줄 수 있니?
ⓑ 그는 나에게 누가 그 쿠키를 만들었는지 물었다.
ⓒ 걱정할 만한 심각한 것이 아무것도 없다.
ⓓ 아무도 여기에 위험한 어떤 것을 가져오는 것이 허락되지 않는다.
ⓔ 그가 왜 화가 났는지 내게 말해 줘.

14 간접의문문은 「의문사+주어+동사」의 어순으로 쓴다.
|해석| [보기] A: 너는 키가 얼마니?
B: 나는 내 키가 얼마인지 정확히 몰라.
(1) A: 너는 그 코트를 어디에서 샀니?
B: 나는 내가 그 코트를 어디에서 샀는지 기억하지 못해.
(2) A: 그 스웨터는 얼마니?
B: 나는 그 스웨터가 얼마인지 몰라.
(3) A: 그 박물관은 언제 여니?
B: 내가 그 박물관이 언제 여는지 찾아볼게.

15 ⓐ take A to B: A를 B로 데리고 가다
ⓑ with: ~을 가진
ⓒ in one's place: ~의 자리에

16 ⑤ 금메달이 있던 자리에 시가 있었다고 했다.
|해석| ① 누가 금메달을 가져갔는가?
② 장기 자랑 대회는 며칠인가?
③ 누가 장기 자랑 대회에서 이겼는가?
④ 누가 도둑을 잡을 수 있는가?
⑤ 시는 어디에 있었는가?

17 ⑤ 지각동사의 목적격보어로는 현재분사나 동사원형이 와야 한다.
(→ running(run))

18 의문사가 없는 간접의문문은 '~인지'라는 뜻의 접속사 if를 사용하여
쓴다.

19 |해석| Jocelyn은 큰 천둥소리가 났을 때 도둑이 유리창을 깼다고 추
측했다. 번개가 쳐서 밝아졌다. 그래서 그녀는 진열장 근처에서 누군가
를 볼 수 있었지만, 그 사람의 뒷모습만 볼 수 있었다.

20 ③ 앞 문장에서 공포 영화 같았다고 말하고 있으므로 기뻤다고 하는 것
은 어색하다. (→ scared)

21 「지각동사(hear)+목적어+동사원형」의 형태가 되어야 한다.
(to break → break)

22 ③ Sylvia는 비명 소리를 듣고 밖으로 나갔을 때 진열장 옆에 한 소녀가 있었다고 했다.

|해석| ① Sylvia는 짧은 검은 머리카락을 가지고 있다.

② Sylvia는 교실에서 책을 읽고 있었다.

③ Sylvia는 진열장 옆에 있는 한 소녀를 봤다.

④ Sylvia는 번개 때문에 집에 갔다.

⑤ Sylvia는 누군가가 유리창을 깨뜨리는 것을 들었다.

23 밑줄 친 문장은 '사람을 잘못짚었다'라는 의미로 자신은 범인이 아니라는 뜻을 나타낸다.

24 anything은 형용사가 뒤에서 수식한다.

25 ④ 왕자가 Rapunzel이 노래 부르는 것을 들었다고 했지만, 노래가 무엇인지는 나와 있지 않다.

---

01 clue   02 ②   03 ③   04 ④   05 ①   06 I guess Spot took it.   07 Because his mom doesn't like dogs.   08 ③
09 ④   10 ③   11 ④   12 ④   13 ⑤   14 (1) He will buy something new. (2) They did nothing wrong.   15 ③
16 ①   17 (1) where she lives (2) when your birthday is
18 ③   19 I wonder who else was here last night.   20 ①
21 ⓒ → She saw someone running away from the case.
22 ④   23 ⑤   24 (A) wrong (B) loud   25 ⑤

01 '누군가가 어떤 것을 찾는 데 도움을 주는 것'을 뜻하는 단어는 clue(단서)이다.

|해석| [조건] 1. 단어는 'c'로 시작한다.

2. 단어는 네 글자이다.

3. 단어는 '누군가가 어떤 것을 찾는 데 도움을 주는 것'을 의미한다.

02 ② high and low: 사방으로

|해석| ① 그는 콘서트의 끝에 도착했다.

② Bill은 잃어버린 신발을 사방으로 찾았다.

③ 너는 이번 주말에 내 고양이를 돌봐 줄 수 있니?

④ 나는 안전한 장소로 도망치고 싶었다.

⑤ 나는 Tim이 대회에서 일등을 할 것이라고 생각한다.

03 '학교를 책임지는 사람'을 뜻하는 principal(교장)이 포함된 문장은 ③ 이다.

|해석| ① 도둑은 문을 열려고 애썼다.

② 그 탐정은 몇 가지 단서를 발견했다.

③ 학생들은 교장과 함께 이야기를 나눴다.

④ 그는 낯선 사람이 문간에 서 있는 것을 보았다.

⑤ 그 육상선수는 1988년 올림픽에서 동메달을 땄다.

04 I guess ~.는 어떤 것을 추측하여 말할 때 사용하는 표현이다.

05 빈칸에는 상대방에게 도움을 요청하는 말이 와야 하는데 ① Can I help you?는 도움이 필요한지 상대방에게 묻는 말이다.

06 추측의 말을 할 때 「I guess (that)+주어+동사 ~.」를 사용한다.

07 Tony가 나래의 개를 돌봐 줄 수 없는 이유는 그의 엄마가 개를 좋아하지 않기 때문이다.

|해석| 다음 질문에 영어로 답하시오.

Q: Tony는 왜 나래를 도울 수 없는가?

A: 왜냐하면 그의 엄마가 개를 좋아하지 않기 때문이다.

08 나래의 마지막 말에서 수민이에게 전화할 것임을 알 수 있다.

09 ⓐ는 kitchen을 가리키고, 나머지는 모두 Brian의 스마트폰을 가리킨다.

10 물건을 잃어버린 이유는 대화에 언급되지 않았다.

11 형용사가 뒤에서 꾸며줄 수 있는 말은 -thing으로 끝나는 부정대명사이며, 문맥상 something이 알맞다.

|해석| 너무 춥다. 나는 따뜻한 무언가를 마시고 싶다.

12 -body로 끝나는 부정대명사(somebody)는 형용사(new)가 뒤에서 수식한다.

13 간접의문문은 「의문사＋주어＋동사」의 어순으로 쓴다.

14 something, nothing과 같이 -thing으로 끝나는 부정대명사는 형용사가 뒤에서 수식한다.

(1) '새로운'이라는 뜻의 형용사 new를 something 뒤에 쓴다.

(2) '잘못된'이라는 뜻의 형용사 wrong을 nothing 뒤에 쓴다. nothing은 부정의 의미를 포함하므로, 동사에 not을 중복하여 쓰지 않는다.

15 간접의문문은 「의문사＋주어＋동사」의 어순으로 쓴다.

①, ⑤는 어법상 옳은 문장이므로 고칠 필요가 없다.

② → when you were born

④ → how long you will stay here

|해석| ① 나는 그녀가 무슨 운동을 좋아하는지 그녀에게 묻고 싶다.

② 네가 언제 태어났는지 내게 말해 줄 수 있니?

③ 나는 네가 왜 아침을 거르는지 알고 싶다.

④ 네가 여기서 얼마나 오래 머물지 내게 알려 줘.

⑤ 그 상점이 언제 여는지 내게 말해 줘.

16 ① nothing은 형용사가 뒤에서 수식한다.

(wrong nothing → nothing wrong)

|해석| ① 그 책에는 잘못된 것이 없다.

② 네가 그들을 어떻게 발견했는지 내게 말해 줘.

③ 나는 누가 내 지갑을 훔쳤는지 모른다.

④ 나는 네가 가장 좋아하는 가수가 누구인지 알고 싶다.

⑤ 나는 그 파티에 맛있는 무언가를 가져갈 것이다.

17 (1) B가 그녀가 살고 있는 곳을 답하고 있는 것으로 보아, 어디에 사는지 알고 있는지 묻는 말이 되도록 의문사 where를 사용한 간접의문문을 완성한다.

(2) B가 자신의 생일을 말하고 있는 것으로 보아, 생일이 언제인지 말해 줄 수 있냐고 묻는 말이 되도록 의문사 when을 사용한 간접의문문을 완성한다.

|해석| (1) A: 너는 그녀가 어디에 사는지 아니?

B: 그녀는 샌프란시스코에 살아.

(2) A: 너는 네 생일이 언제인지 내게 말해 줄 수 있니?

B: 내 생일은 3월 24일이야.

18 ③ rush over는 '달려가다'라는 의미이다.

19 I wonder ~로 시작하는 문장을 완성한다. 간접의문문(의문사＋주어＋동사)이 wonder의 목적어가 되며, else(또 다른, 그 밖의)는 의문사 (who) 뒤에 써야 한다.

20 ① 「become＋형용사」는 '~해지다, ~이 되다'라는 의미를 나타내므로, 명사 thirst(갈증, 목마름)를 형용사 thirsty(목마른)로 고쳐 써야 한다.

21 ⓒ Jocelyn은 번개가 치면서 밝아졌을 때 누군가 진열장에서 도망치는 것을 봤다고 했다.

|해석| ⓐ Jocelyn이 연습하고 있던 노래는 무엇이었는가?

ⓑ Jocelyn은 어디로 물을 가지러 갔는가?

ⓒ 밝아졌을 때 Jocelyn은 무엇을 보았는가?

ⓓ 도둑은 누구였는가?

22 ④ 공포 영화 같았다는 말 다음에 주어진 문장이 이어지는 것이 자연스럽다.

23 ⑤ 누가 유리창을 깼는지는 글의 내용으로는 알 수 없다.

|해석| ① Sylvia는 어떻게 생겼는가?

② Sylvia는 교실에서 무엇을 하고 있었는가?

③ Sylvia는 비명 소리를 들었을 때 무엇을 했는가?

④ Sylvia는 왜 집으로 곧장 달려갔는가?

⑤ 누가 유리창을 깨뜨렸는가?

24 (A) 상대방에게 사람을 잘못짚었다고 말하는 상황이므로 wrong이 알맞다.

(B) 음악 소리가 정말 커서 아무 소리도 듣지 못했다고 하는 것이 자연스러우므로 loud가 알맞다.

25 ⑤ 누군가 노래를 부르는 소리만 들었고, 아무도 보지는 못했다고 했다.

01 ②   **02** flash   **03** ⑤   **04** ④   **05** ⑤   **06** ④   **07** ①, ③
08 ③   **09** ③   **10** ④ → Then I guess you left it somewhere in the kitchen.   **11** (1) his smartphone (2) in the kitchen (3) inside the refrigerator   **12** ③   **13** ①, ③
14 ③   **15** ③   **16** (1) who your favorite actor is (2) why you called me last night (3) if you have been to Busan
17 ④   **18** ②   **19** Do you know where the gold medal went?   **20** high and low   **21** ③, ④   **22** Could you tell me when this happened?   **23** ⑤   **24** ③   **25** ⑤ → I didn't see anyone.

01 ② thirst(갈증)와 thirsty(목마른)는 「명사 – 형용사」의 관계이고, 나머지는 모두 「형용사 – 부사」의 관계이다.

02 '짧은 시간 동안 빛나는 밝은 빛'을 뜻하는 다섯 글자의 단어는 flash(섬광, 번쩍임)이다.
|해석| 번개의 번쩍임이 있고 나서 집은 어두워졌다.
[조건] 1. 단어는 'f'로 시작한다.
2. 단어는 다섯 글자이다.
3. 단어는 '짧은 시간 동안 빛나는 밝은 빛'을 의미한다.

03 ⑤ take care of는 '～을 돌보다'라는 뜻으로 look after와 같은 의미이다. look for는 '～을 찾다'라는 의미이다.
|해석| ① 함께 큰 소리로 그 시를 읽어 보자.
② 그 마을 전체가 파괴되었다.
③ 나는 그녀의 이름을 완전히 잊어버렸다.
④ 갑자기 문에 노크 소리가 났다.
⑤ 잠시 내 개를 돌봐줄 수 있니?

04 바닥을 대걸레로 닦는 것을 도와줄 수 있는지 요청했으므로, 승낙(Of course. / No problem.)이나 거절(I'm afraid I can't. / I'm sorry, but I can't.)의 응답을 해야 한다. 만족을 표현하는 말인 ④는 알맞지 않다.
|해석| ① 물론이지.
② 문제없어.
③ 유감이지만 못 해.
④ 나는 만족스러워.
⑤ 미안하지만 못 해.

05 ⑤ B는 자전거 위에서 새가 아니라 깃털을 발견했다.

06 자신의 야구 모자를 봤는지 묻는 말(C)에 탁자 아래에서 봤다고 답(B)한 후, 그곳에 없다고 하자(D) Spot이 가져간 것 같다고 추측하는 말 (A)이 이어지는 것이 자연스럽다.

07 (A)와 ②, ④, ⑤는 도움을 요청하는 표현이다. ①은 자신이 도와주겠다는 의미의 표현이고, ③은 도움이 필요한지 묻는 표현이다.

08 주어진 문장은 도움을 요청하는 말에 대한 거절의 응답이므로 ③에 들어가는 것이 알맞다.

09 ③ 나래의 할머니가 개를 좋아하는지 여부는 대화를 통해서는 알 수 없다.

|해석| ① 나래는 그녀의 개를 돌봐 줄 수 있는 사람을 찾고 있다.
② 나래의 할머니는 부산에 사신다.
③ 나래의 할머니는 개를 좋아하지 않으신다.
④ Tony는 수민이가 나래의 개를 돌봐 줄 수 있다고 생각한다.
⑤ 나래는 수민이에게 도움을 요청할 것이다.

10 ④ 대화의 흐름상 '네가 그것을 부엌 어딘가에 둔 것 같아'의 의미가 되도록 동사 leave를 과거형 left로 바꿔 써야 한다.

11 Brian의 어머니는 Brian의 스마트폰이 부엌에 있다고 생각했고 냉장고 안에서 그것을 찾았다.
|해석| Brian의 어머니는 Brian이 자신의 스마트폰을 부엌 안 어딘가에 두었다고 추측했다. 결국 그녀는 냉장고 안에서 그것을 찾았다.

12 I have nothing special to tell you anymore.가 되므로 네 번째로 오는 단어는 special이다.

13 ① -thing으로 끝나는 부정대명사(anything)는 형용사(sweet)가 뒤에서 수식한다. (sweet anything → anything sweet)
③ 간접의문문은 「의문사+주어+동사」의 어순으로 쓴다.
(what did you buy → what you bought)

14 ③ something은 형용사가 뒤에서 수식하므로 ⓒ는 올바른 문장이다.
|해석| ⓐ 너는 그 신발 가게가 어디에 있는지 아니?
ⓑ 나는 매콤한 무언가를 먹고 싶다.
ⓒ 나는 너에게 말할 중요한 무언가가 있다.
ⓓ 나는 그 손님들이 언제 올지 알고 싶다.
ⓔ 네 팔에는 잘못된 어떤 것도 없다.

15 ⓑ, ⓒ, ⓔ는 옳은 문장이다.
간접의문문은 「의문사+주어+동사」의 어순으로 쓴다.
ⓐ → Tell me what you are interested in.
ⓓ → Alex asked me when I met Jenny.
|해석| ⓐ 네가 무엇에 관심이 있는지 내게 말해 줘.
ⓑ 너는 그가 어디 출신인지 아니?
ⓒ 나는 첫 수업이 언제 시작하는지 알고 싶다.
ⓓ Alex는 내가 언제 Jenny를 만났는지 내게 물었다.
ⓔ 은행이 어디에 있는지 내게 말해 줄 수 있니?

16 (1) 「의문사+주어+동사」의 어순으로 쓴다.
(2) 직접의문문이 과거시제로 쓰였으므로 간접의문문의 동사를 called로 써야 한다.
(3) 의문사가 없는 간접의문문이므로 접속사 if를 사용한다.
|해석| (1) 네가 가장 좋아하는 배우는 누구니?
→ 네가 가장 좋아하는 배우가 누구인지 내게 말해 줘.
(2) 너는 어젯밤에 왜 내게 전화했니?
→ 네가 어젯밤에 왜 내게 전화했는지 내게 말해 줄 수 있니?
(3) 너는 부산에 가 본 적이 있니?
→ 나는 네가 부산에 가 본 적이 있는지 궁금하다.

17 something은 형용사가 뒤에서 수식한다.
|해석| A: 여기가 좀 추운 것 같아.
B: 오, 정말? 내가 히터를 켜고 너에게 뜨거운 무언가를 가져다줄게.
A: 고마워.

18 역접의 의미를 나타내는 접속사 But이 알맞다.

19 간접의문문은 「의문사+주어+동사」의 어순으로 쓴다. 직접의문문이 과거시제로 쓰였으므로 간접의문문의 시제도 과거가 되는 것에 유의한다.

20 '모든 가능한 곳에'를 뜻하는 표현은 high and low(모든 곳에, 사방으로)이다.

21 ① Reese 씨가 Shirley를 범죄 현장으로 데리고 갔다.
② 진열장 유리창이 깨져 있었다는 내용이 있을 뿐, 범인이 어디로 도망쳤는지는 언급되지 않았다.
⑤ 범인의 달리기에 대해서는 언급되지 않았다.

22 Could you tell me 뒤에 간접의문문이 오도록 배열한다. 간접의문문은 「의문사(when)+주어(this)+동사(happened)」의 어순으로 쓰는 것에 유의한다.

23 ⓐ '~할 때'라는 뜻의 시간을 나타내는 접속사 when이 알맞다.
ⓑ Sylvia and Harry.라고 답하는 것으로 보아 Shirley는 누가 여기에 있었는지 궁금해한 것이므로 의문사 who가 알맞다.

24 춤 동작을 연습하고 있었고 이상한 소리를 듣지 못했다고 했으므로, 흐름상 음악 소리가 정말 컸다(loud)고 해야 자연스럽다.

25 ⑤ 글의 흐름상 아무도 보지 못했다고 해야 자연스럽다.

제 4 회 고난도로 내신 적중 모의고사   pp.158~161

01 ⑤   **02** ②   **03** ⑤   **04** Can I ask you a favor?   **05** (1) baseball glove   (2) help him find   (3) under the table   (4) guesses   **06** ①   **07** ④   **08** She(The girl) asks them(her classmates) to say hello when they see each other (next year).   **09** (1) Can you help me find it?   (2) Where were you at the time?   (3) I was making a sandwich.   **10** She guesses (that) Brian left the smartphone somewhere in the kitchen.   **11** ②   **12** ③   **13** I wonder where she bought this bag.   **14** (1) ⓐ → Can you tell me why you want to become a singer?   (2) ⓓ → Do you remember when you met Tom?   **15** (1) what grade she is in   (2) what subject she likes   (3) what her hobby is   (4) what she wants to be in the future   **16** ②   **17** ⑤   **18** Is there something wrong   **19** ③   **20** ③   **21** ③   **22** ③   **23** (1) She was reading her poem aloud (in the classroom). (2) She saw a girl next to the case.   (3) (It's) Because the thunder was too loud.   **24** ①   **25** 범인을 찾았기 때문이다.

---

01 ⑤ '천둥'을 뜻하는 thunder가 들어가는 것이 알맞다.
|해석| 큰 천둥소리가 난 다음 비가 퍼붓기 시작했다.

02 ② footprint(발자국)에 대한 설명으로 주어진 단어들에 해당하는 영어 뜻풀이가 아니다.
① horror(공포), ③ strange(이상한, 낯선), ④ talent(재능), ⑤ thief(도둑)의 영어 뜻풀이다.
|해석| ① 충격과 공포의 강한 감정
② 발이나 신발로 생긴 자국
③ 일상적이거나 평범한 것과는 다른
④ 무언가를 잘 하는 타고난 특별한 능력
⑤ 물건을 훔치는 사람

03 ⑤ feather(깃털)처럼 아주 가벼운 것을 나타내는 단어가 와야 자연스럽다.
|해석| ① 그들은 커다란 빨간색 글자로 그 안내문을 썼다.
② 그는 점심을 먹으러 그의 사무실 밖으로 나갔다.
③ 내 앞니 중 두 개가 없어졌다.
④ 내가 네 전화를 사용해도 되는지 궁금하다.
⑤ 그 어린 소녀는 진열장(→ 깃털)처럼 가벼웠다.

04 도움을 요청하는 말로 ask와 favor가 포함된 말은 Can I ask you a favor?가 알맞다.

05 Tony는 야구 글러브를 찾고 있고, 지나에게 그것을 찾는 걸 도와달라고 부탁한다. 그녀는 그것을 탁자 아래에서 봤지만 더 이상 거기에 없다고 하자, Spot이 그것을 가져갔다고 추측한다.
|해석| Tony는 그의 야구 글러브를 찾고 있다. Tony는 지나에게 그가 그것을 찾는 것을 도와달라고 부탁한다. 그녀는 그것을 탁자 아래에서 봤지만, 그것은 더 이상 그곳에 없다. 지나는 Spot이 그것을 가져갔다고 추측한다.

06 ① 도움을 요청하는 말에 긍정으로 답한 후 도울 수 없는 이유를 말하는 것은 어색하다.

07 ④ I guess ~.는 어떤 것을 추측하여 말할 때 사용하는 표현이다. 화자는 오직 몇 명(only a few of us)만이 내년에 같은 반이 될 것 같다고 추측했다.

08 이 담화를 말한 소녀는 반 친구들에게 내년에 서로 만나면 인사말을 건넬 것을 요청했다.

|해석| 다음 질문에 영어로 답하시오.

Q: 소녀는 학급 친구들에게 무엇을 해 달라고 부탁하는가?

09 (1) 도움을 요청하는 말이 들어가는 것이 알맞다.

(2) 이어지는 말에서 부엌이라고 답했으므로 어디에 있었는지 묻는 말이 들어가는 것이 알맞다.

(3) 부엌에서 하던 일을 말하는 것이 알맞다.

10 Brian의 엄마는 Brian이 부엌 어딘가에 스마트폰을 둔 것 같다고 추측했다.

|해석| Brian의 엄마는 스마트폰에 대해 무엇을 추측하는가?

11 ② know의 목적어 역할을 하는 간접의문문은 「의문사+주어+동사」의 어순으로 쓴다. (→ why he was absent from school)

|해석| ① 그녀의 이름이 무엇인지

② 왜 그가 학교에 결석했는지

③ 내가 애완동물이 몇 마리 있는지

④ 그녀가 무슨 종류의 음악을 좋아하는지

⑤ 어느 팀이 그 경기를 이겼는지

12 ③ -thing으로 끝나는 부정대명사는 형용사가 뒤에서 수식한다.

(→ something hot)

|해석| Kevin은 많은 종류의 음료수를 좋아하지만, 그는 뜨거운 것을 마시는 것을 좋아한다. 하지만 그는 더운 날씨에는 뜨거운 어떤 것도 마시지 않는다.

13 I wonder 다음에 「의문사+주어+동사」의 어순으로 간접의문문 where she bought this bag를 쓴다.

14 간접의문문은 「의문사+주어+동사」의 어순으로 쓴다.

|해석| ⓐ 너는 왜 가수가 되고 싶은지 내게 말해 줄 수 있니?

ⓑ 너는 다음 기차가 언제 오는지 아니?

ⓒ 나는 네가 어떤 종류의 영화를 좋아하는지 알고 싶다.

ⓓ 너는 네가 Tom을 언제 만났는지 기억하니?

15 간접의문문은 「의문사+주어+동사」의 어순으로 쓴다.

|해석| (1) 당신은 몇 학년입니까?

(2) 당신은 어떤 과목을 좋아합니까?

(3) 당신의 취미는 무엇입니까?

(4) 당신은 장래에 무엇이 되고 싶습니까?

　나는 새로운 친구 민지를 인터뷰할 예정이다. 처음에, 나는 그녀가 몇 학년인지 물을 것이다. 두 번째로, 나는 그녀가 어떤 과목을 좋아하는지 물을 것이다. 세 번째로, 나는 그녀의 취미가 무엇인지 물을 것이다. 마지막으로, 나는 그녀가 장래에 무엇이 되고 싶은지 물을 것이다.

16 ② 간접의문문은 「의문사+주어+동사」의 어순으로 쓴다.

|해석| ・너는 이 산이 얼마나 높은지 아니?

・차가운 무언가를 마실래요?

・나는 네가 그 답을 아는지 궁금하다.

17 ⓐ run across: ~을 가로질러(건너서) 뛰어가다

ⓑ in: (넓은 장소 앞에) ~에

ⓒ for: ~을 위해

18 의문문이므로 Is there ~로 시작하며, something은 형용사(wrong)가 뒤에서 수식한다.

19 ③ Shirley가 Reese 교장을 여러 번 도와주었는지는 글에서 언급되지 않았다.

|해석| 윗글의 내용과 일치하지 않는 것은?

① Reese 씨는 Bakersville 중학교의 교장이다.

② Reese 교장은 Shirley에게 도움을 요청했다.

③ Shirley는 Reese 교장을 여러 번 도와주었다.

④ Shirley는 마을에서 최고의 탐정으로 알려져 있다.

⑤ 장기 자랑 대회의 금메달을 도난당했다.

20 ③ it's 대신 the gold medal's를 의미하는 소유격 its가 알맞다. it's는 it is의 줄임말이다.

⑤ 간접의문문에 동사가 빠져 있으므로 who else 뒤에 be동사의 과거형 was가 들어가야 한다.

21 ⓐ에는 의문사 when이 알맞고, ⓑ에는 접속사 when이 알맞다.

22 ③ 누가 금메달을 가져갔는지는 알 수 없다.

|해석| ① Reese 교장은 Shirley를 어디로 데려갔는가?

② 금메달이 있던 곳에는 무엇이 있었는가?

③ 누가 금메달을 가져갔는가?

④ 누가 비명 소리를 들었는가?

⑤ Sylvia와 Harry는 어젯밤에 무엇을 하고 있었는가?

23 (1) Sylvia는 교실에서 큰 소리로 시를 읽고 있었다.

(2) Sylvia는 진열장 옆에 있는 한 소녀를 보았다.

(3) Sylvia가 유리창이 깨지는 소리를 듣지 못한 것은 천둥소리가 너무 컸기 때문이다.

|해석| (1) Sylvia는 교실에서 무엇을 하고 있었는가?

(2) Sylvia는 교실 밖으로 나갔을 때 무엇을 보았는가?

(3) Sylvia는 유리창이 깨지는 소리를 왜 듣지 못했는가?

24 집에 가기 전까지 교실에서 나가지 않았다는 Harry의 말에, 교실에 있을 때 이상한 소리를 들었는지 묻는 말(B)과 음악 소리가 커서 들을 수 없었다는 답(A)이 이어지는 게 자연스럽다. 그 후 집에 가는 길에 누구를 보았느냐는 질문(C)에 아무도 보지 못했다는 답(D)이 이어지는 것이 자연스럽다.

25 이어지는 문장에서 Shirley가 범인에게 메달을 돌려주는 게 어떠냐고 말하는 것으로 보아, Shirley가 범인을 찾아서 더 이상 다른 이야기를 들을 필요가 없다는 뜻이다.

Special Lesson 2
Frindle

STEP A

W Words 연습 문제
p. 165

A 01 소포
02 전체의
03 인근의, 가까이의
04 처벌하다, 벌주다
05 서명
06 어휘
07 상황
08 (신문의) 기사
09 만족하는, 받아들이는
10 퍼지다, 확산되다

B 11 local
12 envelope
13 dictionary
14 date
15 pleased
16 name
17 realize
18 choice
19 bark
20 hate

C 01 손을 쓸 수 없는
02 선택의 여지가 없다, 대안이 없다
03 전국에(서)
04 ~을 (사전 등에서) 찾아보다

D 01 local, 지역의, 현지의
02 extra, 여분의, 추가의
03 envelope, 봉투
04 cover, 보도하다
05 spread, 퍼지다, 확산되다

E 01 shortly after　02 Look up　03 out of hand
04 More and more

W Words 실전 TEST
p. 166

01 ③　02 ③　03 ①　04 ④　05 ⑤　06 name
07 out of hand

01 '누군가가 잘못한 것에 대해 고통받게 하다'를 뜻하는 것은 punish(처벌하다, 벌주다)이다.
02 문맥상 '소포(package)를 부치러 우체국에 갔다'는 뜻이 되는 것이 알맞다.
|해석| 그녀는 소포를 부치러 우체국에 갔다.

03 entire(전체의)는 whole과 바꿔 쓸 수 있다.
|해석| 나는 혼자 피자 한 판 전체를 먹을 수 있다.
04 주어진 문장과 ④의 cover는 '보도하다'라는 뜻으로 쓰였다.
①, ②, ③ 덮다　⑤ 가리다
|해석| 그는 월드컵을 보도하기 위해 이탈리아에 갔다.
① 그녀는 남동생을 담요로 덮어 주었다.
② 냄비를 덮고 그 감자들을 15분 동안 끓여라.
③ 모든 가구가 먼지로 뒤덮여 있었다.
④ 그 이야기는 국내 뉴스에 보도되지 않았다.
⑤ 그 빛이 너무 밝아서 나는 내 눈을 가려야 했다.
05 ⑤ look up: ~을 (사전 등에서) 찾아보다
|해석| ① 그 파티는 자정 무렵에 끝났다.
② 선택의 여지가 없을 때, 그저 최선을 다해라.
③ 나는 그것에 관해 점점 더 생각하고 있는 나 자신을 발견한다.
④ 그들은 전국적으로 특별한 행사들을 개최하고 있다.
⑤ 너는 웹사이트에서 개점 시간을 찾아봐 줄 수 있니?
06 첫 번째 문장의 빈칸에는 '이름'이라는 의미의 명사 name이 알맞고, 두 번째 문장의 빈칸에는 '이름을 지어 주다'라는 의미의 동사 name이 알맞다.
|해석| • 그 양식에 당신의 성명과 주소를 적어 주세요.
• 우리는 우리 개에게 Leo와 Kay라는 이름을 지어 주기로 결정했다.
07 out of hand: 손을 쓸 수 없는

R Reading 핵심 구문 노트
p. 167

QUICK CHECK
1 (1) himself
(2) myself
(3) themselves
2 (1) nice
(2) clean
(3) healthy

1 |해석| (1) 그 소년은 넘어져서 다쳤다.
(2) 여러분에게 제 소개를 할게요.
(3) 그들은 바위 뒤에 그들 자신을 숨겼다.
2 |해석| (1) 우리는 이웃들이 상냥하다는 것을 알게 되었다.
(2) 너는 네 방을 깨끗하게 유지해야 한다.
(3) 채소를 많이 먹는 것은 너를 건강하게 해 준다.

Reading 빈칸 채우기 pp. 171~172

01 was excited about　02 was famous for

03 have a good dictionary　04 look up

05 Who decides　06 an animal that barks

07 entire town　08 all agreed　09 gives　10 satisfied

11 said to himself　12 to test　13 took out

14 to use the word　15 During　16 extra

17 borrow　18 was not pleased　19 it already has

20 found this funny　21 cool word

22 getting out of hand　23 to stop　24 can't stop

25 started as　26 have no choice

27 took out an envelope　28 is over　29 hates me

30 began a war　31 punish any student

32 made things worse　33 more and more　34 spread

35 wrote an article　36 found out　37 By the time

38 Time flew by　39 received a package　40 Inside it

41 fifth grade　42 yellow note　43 said

Reading 바른 어휘 • 어법 고르기 pp. 173~174

01 starting, worried　02 for　03 Everyone　04 look up

05 meanings　06 that　07 and　08 agreed　09 gives

10 satisfied　11 himself　12 to test　13 From

14 to use　15 During　16 held up　17 borrow

18 pleased　19 perfectly　20 funny　21 cool

22 out　23 saying　24 can't　25 as　26 no

27 to sign　28 when　29 hates　30 with　31 it

32 worse　33 more　34 to　35 knew　36 found out

37 used　38 turned　39 One　40 Inside　41 from

42 note　43 said

Reading 틀린 문장 고치기 pp. 175~176

01 ×, excited → was excited　02 ×, difficulty → difficult

03 ×, has → have　04 ○　05 ×, decide → decides

06 ×, meanings → means　07 ○

08 ×, disagreed → agreed　09 ×, their → its　10 ○

11 ×, him → himself　12 ○　13 ×, that → this

14 ×, asked to use five friends → asked five friends to use

15 ×, mine → my　16 ○　17 ×, lend → borrow　18 ○

19 ×, old → new

20 ×, found funny this → found this funny

21 ○　22 ×, in hand → out of hand

23 ×, to say → saying　24 ○　25 ×, finished → started

26 ○　27 ×, asked Nick signs → asked Nick to sign

28 ×, from you → to you　29 ×, real → really

30 ×, stopped → began　31 ○　32 ○

33 ×, no more → more and more

34 ×, nearly → nearby　35 ○

36 ×, covers → covered　37 ○　38 ○　39 ○

40 ×, them → it　41 ○　42 ○

43 ×, They said → It said

Reading 실전 TEST pp. 180~181

01 ④　02 ④　03 ④　04 ③　05 ③　06 ①　07 ⑤　08 ④

09 ③

[서술형]

10 You can look up the meanings of new words in it.

11 사람들 모두가 함께 결정하고 동의하여 단어의 의미가 정해진다.

12 (1) He was worried about Mrs. Granger's English class.

　　(2) She wanted everyone to have a good dictionary.

　　(3) He called it a *frindle*.

01 5학년을 시작하는 Nick이 Granger 선생님의 수업을 걱정하는 내용
(C) 뒤에 Granger 선생님의 첫 수업 때 Nick이 단어의 뜻을 누가 정하
는지 묻고 선생님이 답하는 내용(A)이 이어진 후, Nick이 선생님의 생각
을 시험해 보기로 결심했다는 내용(B)이 이어지는 흐름이 자연스럽다.

02 ④ 목적어 him이 주어와 동일한 대상을 가리키므로 재귀대명사
himself가 되어야 한다.

03 ⓐ decided의 목적어로 쓰인 명사절을 이끄는 접속사 that이 알맞다.
　ⓑ 선행사 an animal을 수식하는 주격 관계대명사 that이 알맞다.

04 ⓒ는 사물인 펜을 가리키고, 나머지는 모두 Nick이 만든 새 단어 'frindle'
을 가리킨다.

05 (A) 펜에는 이미 'pen'이라는 이름이 있다는 것을 확인시켜 주는 것으
로 보아, Granger 선생님은 학생들이 펜에 'frindle'이라는 다른 이름
을 붙여 말하는 상황이 즐겁지 않았음(not pleased)을 알 수 있다.
　(B) 학생들은 'frindle'이라는 단어를 사용하는 것이 재미있어서(funny)
더더욱 그 단어를 사용하기 시작했다는 말이 되는 것이 알맞다.

06 주어진 문장은 Granger 선생님이 Nick에게 부탁하는 내용이므로,
Nick이 거절하는 응답 앞에 들어가는 것이 알맞다.

07 (A) Granger 선생님이 'frindle'이라는 단어를 사용하는 학생에게 벌을 주겠다고 한 것이 상황을 더 악화시켜(worse) 학생들이 그 단어를 더더욱 사용하고 싶어 했다는 내용이 되는 것이 알맞다.

(B) 'frindle'이라는 단어가 근처 학교로 빠르게 퍼졌다(spread)는 내용이 되는 것이 알맞다.

(C) 텔레비전 방송국에서 그 소식을 보도했다(covered)는 내용이 되는 것이 알맞다.

08 Nick이 초등학교를 졸업할 때쯤 나라의 대부분의 학생들이 'frindle'이라는 단어를 사용했다는 내용이 되는 것이 알맞다. '~할 무렵에는'을 뜻하는 말은 by the time이다.

09 ③ 지역 신문에 기사가 실려서 마을의 모든 사람들이 'frindle'에 관해 알게 되었다는 것으로 보아, 'frindle'의 확산이 지역 사회의 관심을 끌었음을 알 수 있다.

10 of(~의)를 써서 '새 단어의 뜻'이라는 어구를 the meanings of new words로 표현한다.

11 Granger 선생님은 사람들이 뜻을 결정하고 동의하여 단어의 의미를 정한다고 했다.

12 (1) Nick은 어려운 어휘 수업으로 유명한 Granger 선생님의 영어 수업을 걱정하였다.

(2) Granger 선생님은 모두가 좋은 사전을 가지고 있기를 바랐다.

(3) Nick은 펜을 'frindle'이라고 불렀다.

|해석| (1) Q: Nick은 무엇을 걱정했는가?

A: 그는 Granger 선생님의 영어 수업을 걱정했다.

(2) Q: Granger 선생님은 모두가 무엇을 가지고 있길 바랐는가?

A: 그녀는 모두가 좋은 사전을 가지고 있길 바랐다.

(3) Q: Nick은 펜을 무엇이라고 불렀는가?

A: 그는 그것을 'frindle'이라고 불렀다.

STEP B

W Words 고득점 맞기   p. 182

01 ①   **02** punish   **03** ②   **04** ⑤   **05** ②   **06** ④
07 (1) borrowed   (2) nearby   (3) bark

01 ①은 형용사이고, 나머지는 모두 명사이다.

|해석| ① 전체의 ② 선택권, 선택 ③ (신문의) 기사 ④ 소포 ⑤ 봉투

02 choose(고르다, 선택하다)와 choice(선택권, 선택)는 「동사-명사」의 관계이다. '처벌'을 뜻하는 punishment의 동사형은 punish(처벌하다, 벌주다)이다.

03 첫 번째 문장의 빈칸에는 '펼치다'라는 뜻의, 두 번째 문장의 빈칸에는 '퍼지다'라는 뜻의 spread(spread-spread-spread)의 과거형이 들어가는 것이 알맞다.

|해석| • 그는 책상 위에 지도를 펼쳤다.

• 그 소식은 온 마을에 빠르게 퍼졌다.

04 ⑤ '특정 사건에 관해 뉴스를 보도하다'를 뜻하는 것은 punish(처벌하다, 벌주다)가 아니라 cover(보도하다)이다.

|해석| ① (개가) 짖다: (개가) 짧고 큰 소리를 내다

② 날짜를 적다: 무언가에 날짜를 적다

③ 봉투: 편지, 카드 등을 위한 종이 용기

④ 어휘: 사람이 알고 사용하는 단어들

05 '당신에게 영향을 끼치는 사실과 사건들; 일의 상태'를 뜻하는 situation(상황)이 쓰인 문장은 ②이다.

|해석| 당신에게 영향을 끼치는 사실과 사건들; 일의 상태

① 그 개는 항상 낯선 사람에게 짖는다.

② James는 모두에게 그 상황을 설명했다.

③ 아침 식사는 추가 비용 없이 제공된다.

④ 신용카드 영수증에 당신의 서명이 필요합니다.

⑤ Sue는 대개 근처의 식당에서 그녀의 친구들을 만난다.

06 ④ 첫 번째 문장의 cover는 '덮다'라는 뜻으로 쓰였고, 두 번째 문장의 cover는 '보도하다'라는 뜻으로 쓰였다.

|해석| ① 그들은 그 아기를 Andrew라고 이름 지을 계획이다.

우리는 우리 딸을 Sarah로 이름 지었다.

② 나는 그가 파티에 올 건지 궁금하다.

그녀는 그 소음이 무엇이었는지 궁금했다.

③ 그 정치인은 거짓말을 한 것에 벌을 받았다.

부모들은 때때로 아이들에게 벌을 준다.

④ 우리는 큰 담요로 소파를 덮었다.

그녀는 BBC 방송국에서 미국 선거를 보도하고 있다.

⑤ 8월 30일 날짜가 적힌 당신의 편지에 감사합니다.

그것의 맨 아래에 서명을 하고 날짜를 적으세요.

07 (1) '어제 도서관에서 소설을 빌렸다'는 뜻이 자연스러우므로 borrow(빌리다)의 과거형이 알맞다.

(2) '가까운 도시에'라는 뜻이 자연스러우므로 nearby(가까이의)가 알

맞다.

(3) '그 개는 짖기 시작했다'는 뜻이 자연스러우므로 bark((개가) 짖다)가 알맞다.

|해석| (1) Dan은 어제 도서관에서 소설을 빌렸다.

(2) 그녀의 어머니는 가까운 도시에 사셨다.

(3) 그 개는 그녀가 앞문으로 걸어갔을 때 짖기 시작했다.

R Reading 고득점 맞기 pp. 185~186

01 ③ 02 ① 03 ④ 04 ④ 05 ② 06 ① 07 ⑤ 08 ②
09 ①, ②
[서술형]
10 spread
11 By the time Nick graduated from elementary school
12 more and more, spread, in the country

01 ③ it의 소유격은 its로 쓴다.

02 '사전에서 새 단어의 의미를 찾아볼 수 있다'고 하는 것이 알맞다. '~을(사전 등에서) 찾아보다'를 뜻하는 것은 look up이다.

|해석| ② look out: 조심해라 ③ look after: ~을 돌보다

④ look around: 둘러보다 ⑤ look up to: ~을 존경하다

03 ④ dog가 아니라 pen에 'frindle'이라는 다른 이름을 지었다.

04 ④ stop은 목적어로 동명사가 오므로 saying으로 고쳐야 한다.

05 학급 친구들이 'frindle'이라는 단어를 점점 더 많이 사용하면서 3일만에 학교에서 쓰는 '멋진(cool)' 단어가 되었다고 하는 것이 알맞다.

|해석| ① 나이 먹은, 오래된 ③ 정확한 ④ 예의 바른, 공손한

⑤ 끔찍한

06 ① '무언가를 매우 많이 싫어하다'를 뜻하는 hate(몹시 싫어하다, 미워하다)는 글에 쓰이지 않았다.

②는 extra(여분의, 추가의), ③은 envelope(봉투), ④는 choice(선택권), ⑤는 date(날짜를 적다)의 영어 뜻풀이다.

|해석| ② 평소보다 또는 필요한 것보다 더 많은

③ 편지, 카드 등을 위한 종이 용기

④ 선택할 권리 혹은 선택할 가능성

⑤ 무언가에 날짜를 적다

07 ⑤ Granger 선생님이 봉투를 꺼내 Nick에게 뒷면에 서명을 하고 날짜를 적게 했다고 했을 뿐, 봉투에서 무언가를 꺼냈다는 언급은 없었다.

08 문장 ⓐ와 ①, ③, ④, ⑤는 「주어+동사+목적어+형용사」의 형태로 쓰인 5형식 문장이고, ②는 「주어+동사+목적어+to부정사(형용사적 용법)」의 형태로 쓰인 3형식 문장이다.

|해석| ① James는 그 퀴즈가 매우 쉽다는 것을 알아냈다.

② 나는 네게 말할 것이 있다.

③ 그 건물은 사람들이 안전하도록 유지해 줄 것이다.

④ 그 소년을 그렇게 놀라게 한 것은 무엇인가?

⑤ 내 여동생은 그 문을 열린 채로 두었다.

09 ① Granger 선생님이 Nick을 어떻게 벌주었는지는 언급되지 않았다.

② 학생들은 단어 'frindle'을 사용하고 싶어 했고, 다른 단어에 관해서는 언급되지 않았다.

|해석| ① Granger 선생님은 Nick을 어떻게 벌주었는가?

② 학생들이 사용하고 싶어 했던 다른 단어들은 무엇이었는가?

③ 지역 신문 기자는 무엇에 대해 썼는가?

④ Nick은 소포 안에서 무엇을 발견했는가?

⑤ 노란색 쪽지에 뭐라고 적혀 있었는가?

10 '넓은 지역 또는 더 많은 사람들에게 영향을 미치다'를 뜻하는 것은 spread(퍼지다, 확산되다)이다.

11 '~할 무렵에는'을 뜻하는 by the time을 문두에 쓰고, '~를 졸업하다'를 뜻하는 graduate from을 이용하여 쓴다.

12 Granger 선생님이 단어 'frindle'을 못 쓰게 하자 학생들은 더더욱 그 단어를 쓰고 싶어 했다. 단어가 빠르게 퍼져 나갔고, 나중에는 이 나라의 대부분의 학생들이 그 단어를 사용했다.

|해석| Granger 선생님은 학생들이 단어 'frindle'을 사용하는 것을 중지시키려고 했다. 하지만 이것은 그들이 더더욱 그 단어를 사용하게 했다. 그 단어는 빠르게 퍼져 나갔고, 이후에 이 나라의 대부분의 학생들이 그것을 사용했다.

모의고사

제 1 회 대표 기출로 내신 적중 모의고사 pp. 187~189

01 ② 02 ④ 03 ⑤ 04 ③ 05 ③ 06 "When did I agree?" he said to himself. 07 ⑤ 08 ④ 09 ⑤ 10 This is getting out of hand. 11 It's because it(the word frindle) started as Nick's word, but now it's the students' word. 12 ② 13 ③ 14 (1) She would punish any student for using frindle. (2) He was 21 (years old) when he received a package. 15 (1) Emily looked at herself in the mirror. (2) Dan himself cooked the food. (3) We wanted to draw a picture of ourselves.

01 '특정 지역에 속한'을 뜻하는 것은 local(지역의, 현지의)이다.

02 ④ '전체의'라는 뜻의 형용사 entire가 되는 것이 알맞다.

|해석| ① 스테이크가 완벽하게 요리되었다.

② 그 개는 갑자기 우리에게 짖기 시작했다.

③ 나는 그 일을 끝내기 위해 추가 2주를 요청했다.

④ 내 완전히(→ 전체) 인생에서 가장 최악의 날이었다.

⑤ 너는 그것을 부치기 전에 봉투 위에 우표를 붙여야 한다.

03 ⑤ have no choice: 선택의 여지가 없다

|해석| ① 운 좋게도 구급차가 곧 도착했다.

② 그 소음은 나를 점점 더 스트레스 받게 했다.

③ 나를 위해 이 단어의 의미를 찾아봐 줄 수 있니?

④ 우리는 손을 쓸 수 없게 되기 전에 그 상황을 처리해야 한다.

⑤ 우리는 여기에 머물러야 한다. 우리는 그 문제에 있어서 선택의 여지가 없다.

04 (A) 전치사 뒤에는 동명사가 와야 알맞다.

(B) 의문사 who가 주어로 쓰이면 단수 취급하므로 동사도 단수형 decides가 알맞다.

(C) 앞의 선행사 an animal을 수식하는 주격 관계대명사로 that이 와야 알맞다.

05 ⓐ에는 '어휘'를 뜻하는 vocabulary가 들어가야 알맞다. vocabulary가 쓰인 문장은 ③이다.

|해석| ① 그들은 밖에서 개가 짖는 소리를 들었다.

② 나는 한 개의 큰 소포로 책들을 보냈다.

③ 독서는 네 어휘를 늘려줄 것이다.

④ 나는 그냥 기차 시간을 찾아볼 것이다.

⑤ 만약 당신이 만족하지 않는다면, 당신은 돈을 되돌려 받을 수 있다.

06 목적어가 주어와 동일한 대상을 가리키므로, him을 재귀대명사 himself로 고쳐 써야 한다.

07 ⑤ Nick이 펜에 새로운 이름을 붙인다는 것만 언급되어 있고, Granger 선생님의 반응은 글에서 언급되지 않았다.

08 ④ '그는 John이라는 필명으로 글을 쓴다.'라는 문장은 Nick의 부탁으로 친구들이 'frindle'이라는 단어를 사용하게 된 글의 내용과 관계없다.

09 3일 만에 'frindle'이 학교에서 멋진 단어가 되었다는 것으로 보아, Nick의 친구들이 점점 더(more and more) 그 단어를 사용하기 시작했다는 말이 되는 것이 알맞다.

10 '손을 쓸 수 없는'을 뜻하는 out of hand를 사용하여 문장을 완성한다.

11 Nick이 만든 단어이지만 지금은 학생들 모두 쓰고 있으므로 Nick은 이것을 멈출 수 없다고 했다.

|해석| Q: Nick에 따르면, 그는 왜 그의 친구들이 'frindle'을 말하는 것을 멈출 수 없는가?

12 ⓐ와 ②의 date는 '날짜를 적다'를 뜻하는 동사로 쓰였다.

①, ③, ⑤는 '날짜'를 뜻하는 명사로 쓰였고, ④는 '데이트를 하다'라는 뜻의 동사로 쓰였다.

|해석| ① 오늘의 날짜는 며칠인가?

② 그 편지는 2월 23일로 날짜가 적혀 있다.

③ 당신의 이름, 주소, 그리고 출생 연월일을 써 주세요.

④ 그들은 결혼하기 전에 5년 동안 데이트했다.

⑤ 우리는 여행 날짜를 변경할 필요가 있다.

13 Granger 선생님이 'frindle'이라는 단어와의 전쟁을 시작하여 이 단어를 사용하면 벌을 주겠다고 하자 학생들은 그 단어를 더더욱 사용하고 싶어 했다.

14 (1) Granger 선생님은 'frindle'이라는 단어를 사용한다면 어떤 학생이든 벌을 주겠다고 했다.

(2) Nick은 21살이 되었을 때 소포를 받았다.

|해석| (1) Granger 선생님은 누구를 벌할 것이었는가?

(2) Nick은 소포를 받았을 때 몇 살이었는가?

15 (1), (3)은 '~ 자신'이라는 뜻으로 재귀대명사의 재귀 용법으로 쓴다.

(2)는 '스스로, 직접'이라는 뜻으로 재귀대명사의 강조 용법으로 쓴다.

제2회 대표 기출로 내신 **적중** 모의고사   pp. 190~192

01 ①   02 ②   03 ②   04 ②   05 ⑤   06 ④   07 ④   08 (A) he asked five friends to use the word *frindle*   (B) Nick's classmates found this funny   09 ④   10 친구들이 'frindle'을 말하는 것   11 ④   12 ②   13 (1) middle and high schools (2) local (3) national   14 (1) He found a pen, an envelope and a dictionary.   (2) 모범답 He would find the word *frindle* in it.   15 ⓑ → Amy introduced herself to the class. ⓒ → Michael always keeps his room clean.

01 문맥상 '날짜를 적다'라는 뜻의 date의 수동형(be+과거분사)이 되도록 dated가 들어가는 것이 알맞다.

|해석| 그 소포는 11월 24일로 날짜가 적혀 있다.

02 out of hand: 손을 쓸 수 없는

look up: ~을 (사전 등에서) 찾아보다

|해석| • 싸움이 손을 쓸 수 없게 됐을 때 나는 경찰을 불렀다.

• 사전에서 네가 모르는 단어들을 찾아봐라.

03 '특정 사건에 관해 뉴스를 보도하다'와 '보호하거나 숨기기 위해 다른 것 위에 무언가를 놓다' 모두를 뜻하는 것은 cover(보도하다, 덮다)이다.

① 몹시 싫어하다.

③ 퍼지다, 확산되다

④ 받다

⑤ 졸업하다

04 ⓐ와 ②는 '~ 자신'이라는 뜻으로 목적어가 주어와 같을 때 사용하는 재귀대명사의 재귀 용법으로 쓰였다. 나머지는 재귀대명사의 강조 용법으로 쓰였다.

|해석| ① 나는 스스로 컴퓨터를 고쳤다.

② 그들은 축구 연습하는 동안 그들 자신이 다쳤다.

③ Jin은 이 샌드위치를 직접 만들었다.

④ 너는 그것을 스스로 할 수 있다.

⑤ 우리는 우리 스스로 그 프로젝트를 곧 끝낼 수 있다.

05 글의 마지막에 Nick이 Granger 선생님의 생각을 시험하기로 결심해서 펜에 'frindle'이라는 이름을 붙였다고 했으므로, 다음에 이어질 내용으로 ⑤가 알맞다.

06 Granger 선생님이 단어의 뜻을 정하는 주체로 Nick과 Granger 선생님 자신, 온 마을과 나라를 언급했다. ④ '외국 사람들'은 언급하지 않았다.

07 ④ Granger 선생님이 Nick의 학교에서 얼마 동안 근무했는지는 언급되어 있지 않다.
① 이야기의 주인공은 Nick과 Granger 선생님이다. ② Granger 선생님은 영어를 가르쳤다. ③ Nick은 Granger 선생님의 영어 수업을 걱정했다. ⑤ Granger 선생님은 학생들이 좋은 사전을 가지고 있길 바랐다.
|해석| ① 이야기의 주인공들은 누구인가?
② Granger 선생님은 무슨 과목을 가르쳤는가?
③ Nick은 무엇을 걱정했는가?
④ Granger 선생님은 Nick의 학교에서 얼마 동안 근무했는가?
⑤ Granger 선생님은 각 학생들이 무엇을 가지고 있길 바랐는가?

08 (A) '～에게 …을 부탁하다'라는 뜻의 문장이 되도록 「ask+목적어+목적격보어(to부정사)」의 5형식 문장으로 쓴다.
(B) '～을 …하다고 여기다'라는 뜻의 문장이 되도록 「주어+find+목적어+목적격보어(형용사)」의 5형식 문장으로 쓴다.

09 ④ and 뒤의 asked와 병렬 구조가 되도록 과거시제 took로 고친다.
① '～에게 말하다'라는 뜻이 되도록 say to ~로 쓰는 것이 알맞다.
② 현재진행시제가 되도록 is get을 is getting으로 쓰는 것이 알맞다.
③ tell은 목적격보어로 to부정사를 쓰므로 stop을 to stop으로 고쳐 쓰는 것이 알맞다.
⑤ 주어가 3인칭 단수이므로 동사는 단수 동사인 hates로 쓴다.

10 Nick이 멈출 수 없다고 말한 것은 '친구들이 frindle이라는 단어를 말하는 것'을 가리킨다.

11 (A) 지역 신문 기자가 단어 'frindle'이 근처의 학교들로 빠르게 퍼져 나간 상황(situation)에 관한 기사를 썼다고 해야 자연스럽다.
(B) 점점 더 많은 사람들이 'frindle'을 알게 되었다는 내용이므로 대부분의(most) 학생들이 그 단어를 사용했다는 것이 자연스럽다.
(C) "541쪽을 확인해 봐."라고 적혀 있었다(said)는 것이 자연스럽다.

12 주어진 문장의 this는 Granger 선생님이 'frindle'이라는 단어를 사용하는 학생들에게 벌을 주겠다고 한 것을 가리킨다.

13 Nick 학교의 학생들이 펜을 'frindle'이라고 부르기 시작한 후, 근처 중·고등학교 순으로 퍼진 후, 지역 신문 기사로 실리고, 전국 텔레비전 방송국에서 보도될 정도로 전국적으로 퍼졌다는 내용의 글이다.
|해석| 〈단어 'frindle'은 어떻게 퍼져 나갔는가〉
Nick은 펜을 'frindle'이라고 불렀다. Nick의 학교 학생들은 그 단어를 사용하기 시작했다. 그러고 나서 그것은 Nick 학교 주변의 <u>중학교</u> <u>와 고등학교</u>로 퍼져 나갔다.
한 <u>지역 신문 기자</u>가 단어 'frindle'에 관한 기사를 썼다.
한 <u>전국 텔레비전 방송국</u>에서 그 소식을 보도했다. 그 다음에 이 나라의 대부분의 학생들이 단어 'frindle'을 사용했다.

14 (1) Nick은 소포 안에서 펜, 봉투, 사전을 발견했다고 했다.
(2) 'frindle'이 전국적으로 사용되는 단어가 되었기 때문에, 사전에 'frindle'이 등재되었을 것이라고 추론할 수 있다.
|해석| (1) Nick은 소포 안에서 무엇을 발견했는가?

→ 그는 펜, 봉투, 그리고 사전을 발견했다.
(2) 추측하여 답하시오. Nick은 사전의 541쪽에서 무슨 단어를 발견했을 것인가?
→ 그는 그 페이지에서 단어 'frindle'을 발견했을 것이다.

15 ⓑ 재귀대명사의 재귀 용법으로 목적어 자리에 재귀대명사가 와야 알맞다. (herself introduced → introduced herself)
ⓒ keep 등의 5형식 동사가 문장에서 쓰일 때는 목적격보어 자리에 형용사가 온다. '～을 …하게 유지하다'라는 뜻의 「keep+목적어+형용사」의 형태로 쓴다. (to clean → clean)
|해석| ⓐ 나는 직접 저녁을 만들었다.
ⓑ Amy는 반 학생들에게 그녀 자신을 소개했다.
ⓒ Michael은 항상 자신의 방을 깨끗하게 유지한다.
ⓓ 우리는 그 게임이 재미있다는 것을 알게 되었다.

기출예상문제집

중학 영어 2-2 기말고사 이병민

정답 및 해설

영역	브랜드	초1~2	초3~4	초5~6	중1	중2	중3	고1	고2	고3
독해	[중등] 기본서 READING CLEAR				READING CLEAR 1	READING CLEAR 2	READING CLEAR 3			
	[고등] 기본서 Supreme 구문독해 / 유형독해							Supreme 구문독해	Supreme 유형독해	
	[중·고등] 문장독해 공식으로 통하는 문장독해 기본 완성							공통문 기본	공통문 완성	
듣기	[중등] 듣기모의고사 LISTENING CLEAR 중학영어 듣기모의고사				LISTENING CLEAR 1	LISTENING CLEAR 2	LISTENING CLEAR 3			
	[고등] 듣기모의고사 Supreme 수능 영어 듣기 모의고사 기본 실전							Supreme 기본	Supreme 실전	
기출	[중등] 기출예상문제집 특급기출 (중간, 기말) 윤정미, 이병민				특급기출 2-1		특급기출 3-2			
어휘	[초·중·고등] 영단어, 영숙어 뜯어먹는 시리즈	뜯어먹는 필수 영단어 1	뜯어먹는 필수 영단어 2		뜯어먹는 필수 영단어 1200	뜯어먹는 영단어 1800	뜯어먹는 중학 1000	뜯어먹는 수능 1800	뜯어먹는 수능 1800	뜯어먹는 수능 1200
	[중·고등] 영단어 보카클리어				보카 클리어	보카 클리어	보카 클리어	보카 클리어 고교필수편	보카 클리어 수능편	

문제로 영문법이 쉬워진다!

그래머 클라우드 3000제

중학영문법을 쉽게 이해하고 싶어 하는
학생들에게 추천합니다!

✔ 핵심 문법 Point와 연습 문제로 자연스럽게 개념 이해

✔ 3단계 개념완성 Test로 유형별 문제와 서술형까지 집중 훈련

✔ 학교 시험에 자주 출제되는 문제로 내신 완벽 대비